KB024896

2024 최신개정

개정5판 인쇄 2024년 4월 20일
개정5판 발행 2024년 4월 25일

지은이 이은하
펴낸이 유해룡
펴낸곳 (주)스마트북스
출판등록 2010년 3월 5일 | 제2021-000149호
주소 서울시 영등포구 영등포로5길 19, 동아프라임밸리 1007호
편집전화 02)337-7800 | **영업전화** 02)337-7810 | **팩스** 02)337-7811

원고 투고 www.smartbooks21.com/about/publication
홈페이지 www.smartbooks21.com

ISBN 979-11-93674-11-6 13320

오늘부터 1일

이은하 지음

스마트북스

머리말

부동산 세금, 아는 만큼 아낀다

지난 18년 동안 4,000명이 넘는 부동산 투자자들과 직접 만나 세무상담을 해왔다. 이 과정에서 절세기술이 얼마나 중요한지를 실감하곤 했다. '절세법을 알고 미리 준비했다면 수백, 수천, 심지어 수억원도 아낄 수 있었을 텐데…' 안타까운 적이 많았다.

뭐든 아는 만큼 보인다지만, 부동산 세금이야말로 정말 그렇다. 예로 한시적인 세법 특례를 줄 때 놓치지 않고 활용하는 사람들도 많다.

특히 요즘 같은 시대에는 세금을 아끼는 것이 최고의 재테크이기 때문에 전보다 눈에 띄게 많은 사람들이 부동산 세금에 관심을 가지고 공부하고 있다.

'실제로 겪은 사례들을 중심으로 하여 절세전략을 제대로 알려주는 책을 써보자'는 마음으로 『부동산 절세 오늘부터 1일』을 출간했는데, 다행히 반응이 뜨거워 개정판을 거듭 내게 되었고, 이번에도 많

은 독자분들이 개정판을 기다려 주셔서 무척 감사한 마음이다.

매년 개정하는데도 바꿀 내용이 많다는 것이 부동산 세금의 특징인 것 같다. 기존의 해석이 변경되어서 이미 냈던 세금을 돌려받을 수 있는 경우도 생긴다. 이때도 역시 알아야 더 낸 세금을 환급받을 수 있다. 달라진 세법 내용이 무엇인지, 앞으로 달라질 내용은 무엇인지를 알아야 합리적인 의사결정을 할 수 있다. 세금에서 손해보지 않고 내 수익을 온전히 챙기기 위해서는 매년 세금 공부는 필수적이다.

부동산 투자, 세후 수익률이 진짜다

집값 오른 것만 생각하고 좋아하다가 막상 양도소득세를 계산해 보니 어마어마한데다가, 보증금을 빼주고 나면 실제로 남는 돈이 별로 없어, 오히려 양도소득세 낼 돈을 마련해야 되는 경우가 종종 있다. 세금을 내고 난 후의 세후수익률이 진짜다.

특히 부동산을 팔았을 때 내는 양도소득세는 금액이 크기 때문에 세전이익과 세후이익이 크게 차이나는 경우가 많다. "부동산 투자에서 가장 중요한 것 중 하나가 세금"이라는 말이 나오는 이유다.

꼼꼼한 자산가들은 세금부터 체크한다

"내가 몰라서 그런 건데도 이렇게 많은 세금을 다 내야 하나요?"라고 반문하는 분들이 있다. 세법 내용을 몰랐다고 면책이 되는 것이 아니다.

꼼꼼한 자산가들은 주택을 구입하기 전에 먼저 세금부터 체크한다. 단순히 지금 사고파는 물건 하나만이 아니라 내가 보유한 부동산들의 전체 리스트를 작성하여 종합적으로 검토하고, 양도소득세뿐만 아니라 취득세, 종합부동산세, 종합소득세, 건강보험료까지 따져본다.

부동산 세금 A to Z, 그리고 절세의 기술

부동산 세금이 복잡해지면서 A부터 Z까지 깊이 있게 다루는 책이 필요하다는 생각이 들었다. 이 책은 그동안 4,000명이 넘는 투자자들과 상담하면서 접했던 실제 사례를 중심으로 절세 노하우와 팁을 최대한 공유하고자 했다.

많은 사람들이 '세금은 어렵다'는 선입견을 가지고 있다. 그래서 이 책은 직접 만나 상담할 때처럼 각 상황에 따른 절세법을 쉽게 설명하고자 했다. 순서대로 따라가다 보면 세법에 대한 감을 키울 수 있을 것이다.

2024년 최신 세법, 시행령, 시행규칙, 절세법, 건강보험료까지

2024년 개정된 최신 세법, 시행령, 시행규칙을 모두 반영했다. 1주택자, 다주택자, 주택임대사업자가 알아야 할 양도소득세, 종합소득세뿐만 아니라 최근 다주택자들의 최대 고민이 된 종합부동산세, 상속/증여, 그리고 비사업용토지 및 농지, 수용토지, 입주권 및 분양권, 재개발 및 재건축, 요즘 늘어난 해외 부동산 투자에 대한 세금까지 다루었다. 세법을 알면 시기에 따

라서 절세를 위해 현명하게 움직일 수 있을 것이다.

부동산 세금에 대한 잘못된 정보, 옥석을 가린다

그 어느 때보다 부동산 세금에 대한 공부 열의가 높고, 인터넷과 유튜브 등에도 정보가 넘쳐나지만, 이중에는 잘못된 내용도 섞여 있기 때문에 옥석을 가리는 것 또한 만만하지 않다. 이 책으로 부동산 세금에 대한 두려움과 고민이 해소되었으면 한다.

마지막으로 네이버 블로그 '과세사례 연구'를 운영하시는 파랑새 님, 늘 곁에서 많은 도움과 의지가 되어주는 손광해 세무사님, 이현종 작가님, 스마트북스 사장님과 직원분들에게 깊이 감사드린다. 열심히 다 잘해내고 있는 자랑스러운 딸 지호에게 사랑의 마음을 전하고 싶다.

2024년 4월

이은하 드림

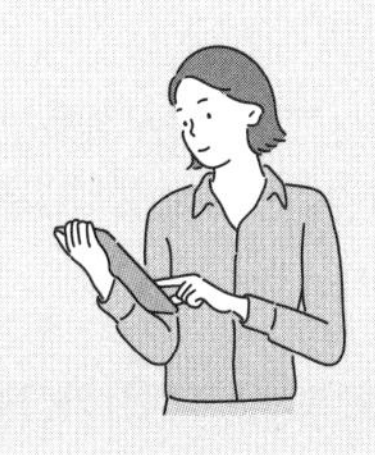

1 부동산 세무상담 4,000건! 생생한 현장 사례로 배우자

18년간 4,000명이 넘는 부동산 투자자들과 상담한 경험을 토대로, 가장 궁금해 하는 절세 노하우와 팁을 꼼꼼하게 정리했다.

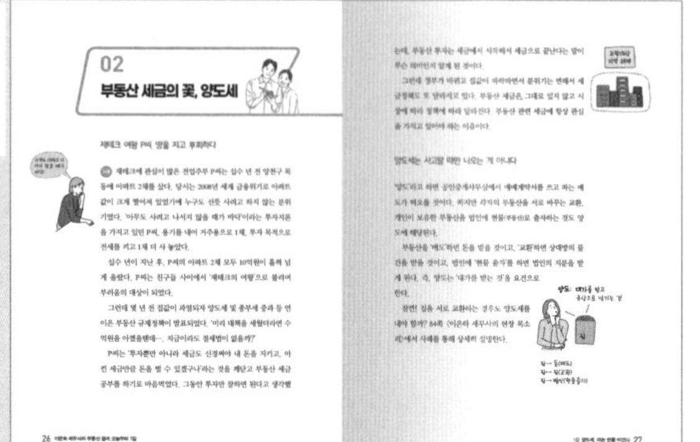
02
부동산 세금의 꽃, 양도세

2 자주 하는 질문 Q&A 형식으로 정리

실제 부동산 세금 컨설팅 과정에서 자주 받는 질문을 알기 쉬운 Q&A 형식으로 정리하고, 절세 사례를 구체적으로 살펴 누구나 쉽게 이해할 수 있도록 구성했다.

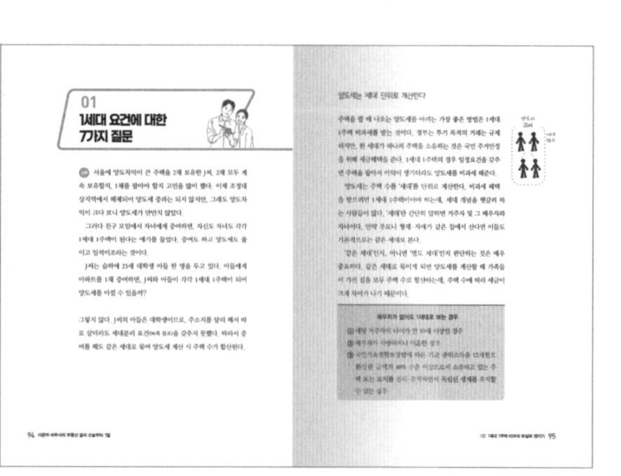
01
1세대 요건에 대한 7가지 질문

3 <체크리스트>와 <한눈에 보기>로 절세법이 머리에 쏙~

아는 만큼 아낀다는 부동산 세금, 〈체크리스트〉에서 절세법을 단계별로 설명한다.
아울러 〈한눈에 보기〉와 쉽고 재미있는 삽화로 복잡한 부동산 세금을 머리에 쏙 넣어 준다.

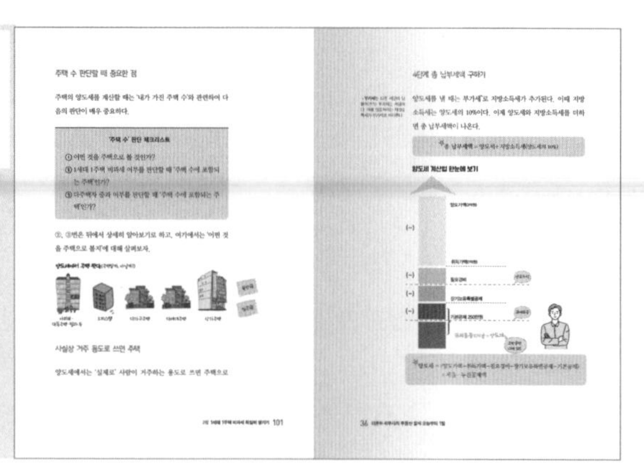

4 꼭 알아야 할 부동산 세금 총망라!

양도소득세 기본 개념부터
1세대 1주택 비과세, 다주택자 중과,
종합부동산세, 종합소득세, 주택임대사업자,
상속/증여, 토지보상에 대한 세금까지,
부동산 세금 A부터 Z까지 총망라했다.

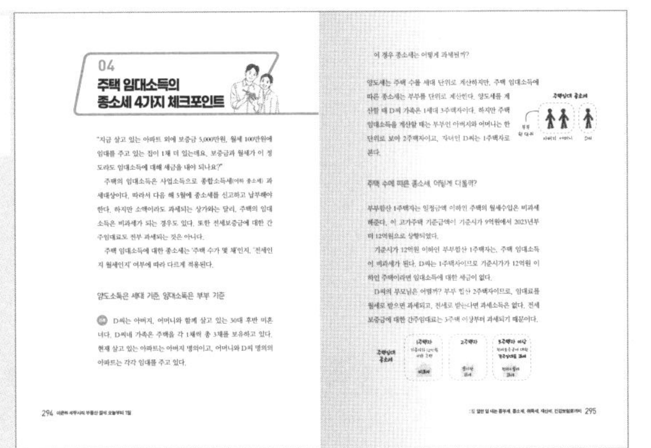

04
주택 임대소득의 종소세 4가지 체크포인트

"지금 살고 있는 아파트 외에 보증금 5,000만원, 월세 100만원에 임대를 주고 있는 집이 1채 더 있는데요, 보증금과 월세가 이 정도라도 임대소득에 대해 세금을 내야 되나요?"

주택의 임대소득은 사업소득으로 종합소득세(이하 종소세) 과세대상이다. 따라서 다음 해 5월에 종소세를 신고하고 납부해야 한다. 하지만 소액이라도 과세되는 상가와는 달리, 주택의 임대소득은 비과세가 되는 경우도 있다. 또한 전세보증금에 대한 간주임대료도 전부 과세되는 것은 아니다.

주택 임대소득에 대한 종소세는 '주택 수가 몇 채'인지, '전세인지 월세인지' 여부에 따라 다르게 적용된다.

양도소득은 세대 기준, 임대소득은 부부 기준

D씨는 아버지, 어머니와 함께 살고 있는 30대 후반 미혼녀다. D씨네 가족은 주택을 각 1채씩 총 3채를 보유하고 있다. 현재 살고 있는 아파트는 아버지 명의이고, 어머니와 D씨 명의의 아파트는 각각 임대를 주고 있다.

294 이은하 세무사의 부동산 절세 오늘부터 1일

이 경우 종소세는 어떻게 과세될까?

양도세는 주택 수를 세대 단위로 계산하지만, 주택 임대소득에 따른 종소세는 부부를 단위로 계산한다. 양도세를 계산할 때 D씨 가족은 1세대 3주택자이다. 하지만 주택 임대소득을 계산할 때는 부부인 아버지와 어머니는 한 단위로 보아 2주택자이고, 자녀인 D씨는 1주택자로 본다.

주택 수에 따른 종소세, 어떻게 다를까?

부부합산 1주택자는 일정금액 이하인 주택의 월세수입은 비과세해준다. 이 고가주택 기준금액이 기준시가 9억원에서 2023년부터 12억원으로 상향되었다.

기준시가 12억원 이하인 부부합산 1주택자는, 주택 임대소득이 비과세가 된다. D씨는 1주택자이므로 기준시가가 12억원 이하인 주택이라면 임대소득에 대한 세금이 없다.

D씨의 부모님은 어떨까? 부부 합산 2주택자이므로, 임대료를 월세로 받으면 과세되고, 전세로 받는다면 과세소득은 없다. 전세보증금에 대한 간주임대료는 3주택 이상부터 과세되기 때문이다.

295

5 최신 개정 세법 충실 반영

최근 개정된 세법, 시행령, 시행규칙을 충실히
반영하고, 앞으로 개정될 가능성이 있는
주요 부동산 세금정책과 그에 따른 절세법까지!

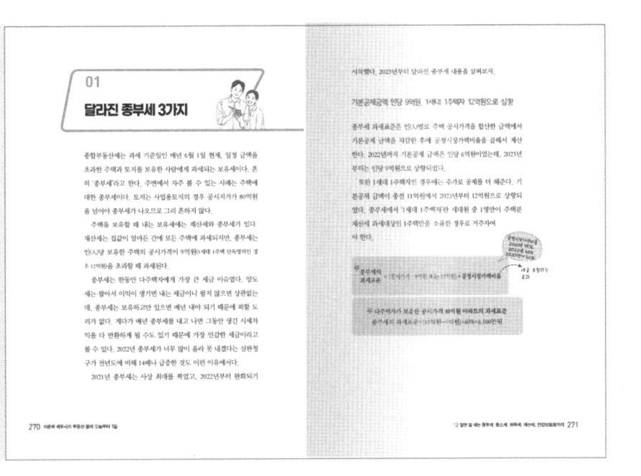

01
달라진 종부세 3가지

종합부동산세는 과세 기준일인 매년 6월 1일 현재, 일정 금액을 초과한 주택과 토지를 보유한 사람에게 과세되는 보유세이다. 흔히 '종부세'라고 한다. 주변에서 자주 볼 수 있는 사례는 주택에 대한 종부세이다. 토지는 사업용토지의 경우 공시지가가 80억원을 넘어야 종부세가 나오므로 그리 흔하지 않다.

주택을 보유할 때 내는 보유세에는 재산세와 종부세가 있다. 재산세는 집값이 얼마든 간에 모든 주택에 과세되지만, 종부세는 인(人)당 보유한 주택의 공시가격이 9억원(1세대 1주택 단독명의인 경우 12억원)을 초과할 때 과세된다.

종부세는 한동안 다주택자에게 가장 큰 세금 이슈였다. 양도세는 팔아서 이익이 생기면 내는 세금이니 팔지 않으면 상관없는데, 종부세는 보유하고만 있으면 매년 내야 되기 때문에 피할 도리가 없다. 게다가 매년 종부세를 내고 나면 그동안 생긴 시세차익을 다 반환하게 될 수도 있기 때문에 가장 민감한 세금이라고 볼 수 있다. 2022년 종부세가 너무 많이 올라 못 내겠다는 심판청구가 전년도에 비해 14배나 급증한 것도 이런 이유에서다.

2021년 종부세는 사상 최대를 찍었고, 2022년부터 완화되기

270 이은하 세무사의 부동산 절세 오늘부터 1일

시작했다. 2023년부터 달라진 종부세 내용을 살펴보자.

기본공제금액 인당 9억원, 1세대 1주택자 12억원으로 상향

종부세 과세표준은 인(人)별로 주택 공시가격을 합산한 금액에서 기본공제 금액을 차감한 후에 공정시장가액비율을 곱해서 계산한다. 2022년까지 기본공제 금액은 인당 6억원이었는데, 2023년부터는 인당 9억원으로 상향되었다.

또한 1세대 1주택자인 경우에는 추가로 공제를 더 해준다. 기본공제 금액이 종전 11억원에서 2023년부터 12억원으로 상향되었다. 종부세에서 '1세대 1주택자'란 세대원 중 1명만이 주택분 재산세 과세대상인 1주택만을 소유한 경우로 거주자여야 한다.

종부세의 과세표준 = (공시가격 − 9억원 또는 12억원) × 공정시장가액비율

※ 다주택자가 보유한 공시가격 10억원 아파트의 과세표준
종부세의 과세표준=(10억원−9억원)×60%=6,000만원

271

부동산 투자자를 위한 풍성한 보너스 <특집>

법인에 대한 과세, 해외 부동산 투자 세금,
부동산 시장의 흐름과 세금정책까지!

차례

+ **머리말** + 부동산 세금, 아는 만큼 아낀다 4
+ **한눈에 보기** + 부동산 절세 14가지 핵심전략 21

1장 양도세, 아는 만큼 아낀다

01 부동산 세금 한눈에 보기 24
부동산 세금 삼총사

02 부동산 세금의 꽃, 양도세 26
재테크 여왕 P씨, 땅을 치고 후회하다
양도세는 사고팔 때만 나오는 게 아니다
양도세가 '부동산 세금의 꽃'인 이유

03 양도세 과세대상은 무엇이 있을까? 30
분양권이나 권리금, 양도세 내야 할까?
양도세는 열거주의 세금
부동산 양도세 과세대상 알아보기

04 양도세 구하는 4단계 과정 33
1단계 양도차익 구하기
2단계 장기보유특별공제 & 기본공제 빼고, 과세표준 구하기
3단계 양도세 구하기
4단계 총 납부세액 구하기

05 취득가액 신고하는 4가지 방법 37
실제 거래한 취득가액 증빙하는 법
매매계약서나 영수증 없다면 매매사례가액 체크
감정가액을 쓰는 방법도 있다
환산취득가액도 쓴다

06 환산취득가액으로 신고하는 게 유리할까? 41
환산취득가액, 어떻게 계산할까?
환산취득가액은 시골 땅, 단독주택 유리
일부러 환산취득가액으로 신고해도 될까?

07 필요경비로 양도세 줄이는 법 44
취득비용은 필요경비로 인정한다
자본적 지출액은 어떤 게 있을까?
양도비용은 필요경비로 인정한다

08 장기보유특별공제는 어떻게 적용될까? 48
보유기간 길수록 공제율 커진다
같은 세대원한테 상속받은 1세대 1주택, 장특공은 언제부터 계산?
1세대 1주택 장특공 변천사
아파트 팔 때 보유 및 거주 요건 따로 챙겨라
상가→주택 용도변경 시 장특공 계산법
잔금일 정할 때 주의할 점

09 양도세 과세표준, 세율 알아보기 57
과세표준이 뭐지?
양도세는 계단식 누진세
과세표준에서 누진공제액 빼는 이유

10 양도세 중과되는 경우 60
실수요 아닌 경우 중과한다
조정대상지역 내 다주택자는 중과한다(한시적 유예: 2022년 5월 10일~2025년 5월 9일)
비사업용토지는 중과한다
분양권 & 미등기 부동산은 중과한다
단기보유도 중과한다

11 양도세는 어떻게 신고·납부할까? 65
주의! 양도세 기본공제는 1년에 1번만
무신고 및 납부지연 가산세에 주의하자

12 다운계약서 문제 들여다보기 68
다운계약서 썼더라도, 양도세 적게 내는 법
다운계약서 제재, 이렇게 바뀌었다
다운계약서 쓰면 이런 불이익 당한다
다운계약서 잡는 세무당국

+ 알뜰신잡 부동산 상식 + 무서운 가산세 사총사 72
+ 알뜰신잡 부동산 상식 + 세금 계산 전에 조정대상지역부터 확인하자 74
+ 알뜰신잡 부동산 상식 + '부동산 공시가격 알리미' 사이트에서 기준시가 보는 법 79

+ 알뜰신잡 부동산 상식 + 사례로 알아보는 양도세 계산법 연습 82
+ 이은하 세무사의 현장 목소리 + 손해 봐도 양도세 내야 할까? 84
+ 이은하 세무사의 현장 목소리 + 양도소득은 다른 소득과는 합산되지 않는다 84
+ 이은하 세무사의 현장 목소리 + 교환도 양도세 과세대상일까? 85
+ 이은하 세무사의 현장 목소리 + 직접 신축한 건물 양도 시 주의할 점 86
+ 이은하 세무사의 현장 목소리 + 건물 신축, 이런 증빙서류 꼭 챙겨두자 87
+ 현장사례로 보는 절세전략 + 부동산 매도·매수 계획은 연초부터 세워라 88
+ 현장사례로 보는 절세전략 + 손실 난 부동산, 이익 난 부동산과 같은 해에 처분하라 90

2장 | 1세대 1주택 비과세 확실히 챙기기

01 1세대 요건에 대한 7가지 질문 94
양도세는 '세대' 단위로 계산한다
부모와 따로 사는 대학원생, 별도 세대로 볼까?
부모와 따로 사는 미혼 자녀, 별도 세대 되려면
대학생이라도 아르바이트 하면 별도 세대 될까?
주말부부의 각자 명의 아파트, 1세대 1주택일까?
같은 집의 부모·형제, 별도 세대로 인정받으려면
미국 사는 L씨, 거주자로 비과세 받을 수 있을까?

02 내가 가진 '주택 수' 판단하기 100
주택 수 판단할 때 중요한 점
사실상 거주 용도로 쓰면 주택
오피스텔은 주택 수에 포함될까?
다가구주택, 다세대주택의 주택 수는?
다가구주택, 옥탑방 있다면 주의해야 한다
다세대주택 → 다가구주택으로 주택 수 줄이기
상가주택은 주택 수를 어떻게 계산할까?
12억원 초과 상가주택 양도세 달라졌다(2022년 1월 1일 이후)
12억원 이하 상가주택이라면 주택 면적 중요하다
잔금청산 전에 주택→상가 용도변경 또는 멸실, 1주택 비과세 못 받는다

03 분양권은 주택 수에 포함될까? 111
분양권 양도세, 보유기간 따라 세율 다르다
분양권 양도했는데 주택이라니?
'1주택 + 분양권', 주택 팔 때 양도세 비과세 가능할까?
'다주택 + 분양권', 분양권 주택 수에 포함된다
오피스텔 분양권도 주택 수에 포함될까?

04 보유 및 거주 기간 체크하기 119
비과세 요건 못 갖췄다고 지레 포기하지 말자
8.2 부동산 대책으로 바뀐 보유 및 거주 기간 요건
2017년 8월 2일 이전 계약금 완납 무주택 세대, 거주요건 적용될까?
2017년 8월 3일 이후 산 주택, 비과세를 받으려면

05 다주택자에 희소식! 최종 2년 보유·거주 기간 재기산 규정 폐지 124
06 2년 보유 및 거주 안 해도, 받을 수 있는 비과세 특례 126
07 2년 거주 안 해도, 받을 수 있는 비과세 특례 128
2019년 12월 16일 이전 임대주택으로 신청한 경우
2019년 12월 17일 이후 신청분부터는 '거주요건 예외' 안 된다
상생임대주택은 2년 거주한 것으로 확대 적용

08 고가주택 양도세 절세법 132
1세대 1주택 고가주택의 장기보유특별공제
고가주택 1주택자, 거주기간별 양도세는?
거주기간에 따라 장기보유특별공제 달라진다
+ 이은하 세무사의 현장 목소리 + 1세대 1주택 비과세 위해 위장 이혼하려는 J씨, 가능할까? 136
+ 이은하 세무사의 현장 목소리 + 이혼 시 재산분할 vs. 위자료, 무엇이 유리할까? 138
+ 이은하 세무사의 현장 목소리 + 부부 공동명의 유리한 세금 알아보기 140
+ 이은하 세무사의 현장 목소리 + 부부 공동명의 주의할 점 143
+ 현장사례로 보는 절세전략 + 토지와 건물 소유자 다른 단독주택, 주택 수 어떻게 계산할까? 147

3장 | 2주택이라도 비과세 받는 법

01 이사로 인한 일시적 2주택 질문 150
일시적 2주택 비과세 처분기한 점차 완화
2023년 1월 12일 이후 양도분부터는 다시 3년
신규주택 취득일, 어떤 걸 지켜야 할까?
취득원인에 따른 취득일의 기준은?
종전주택 처분기간 5년인 비과세 특례는?

02 부모님 봉양 또는 결혼으로 인한 2주택자 156
부모님 봉양으로 인한 2주택자의 비과세
결혼으로 인한 2주택자의 비과세

03 상속주택 특례에 관한 9가지 질문 158
1주택 상속받아 2주택 된 경우
같이 살던 부모님의 사망으로 2주택 된 경우
외할머니로부터 대습상속, 상속주택 특례 될까?
상속주택과 일반주택, 파는 순서 중요하다
상속주택 2채 이상인 경우
상속주택 2채 이상, 특례주택을 '누가' 상속받을지가 중요
형제가 1채 공동상속한 경우
공동상속 소수지분 여러 채 있는 경우, 다주택자 중과는?
공동상속 주택의 주된 상속인은 주의해야 한다

04 다주택자 거주주택 비과세 8가지 질문 168
다주택자 거주주택 비과세 요건은?
임대기간 못 채운 상태에서 비과세 받는 방법은?
장기임대주택이 재개발로 멸실, 거주주택 비과세 특례는?
거주주택 팔기 전, 임대주택 등록 말소되었다?
자진말소, 자동말소 후에도 요건을 계속 지켜야 하나?
거주주택 비과세, 생애 한 번으로 축소(2019년 2월 12일 이후 취득한 주택부터)
'거주주택+임대주택' 매도순서는?
거주주택 비과세 후 양도하는 주택의 양도세는?

+ 현장사례로 보는 절세전략 + 이사로 인한 2주택자, 종전주택 3년 안에 못 팔았다면 180
+ 현장사례로 보는 절세전략 + 오피스텔로 인한 2주택자의 절세법 182
+ 현장사례로 보는 절세전략 + 2주택자와 결혼, 누구 주택 먼저 팔까? 184

4장 | 다주택자의 양도세 절세법

01 다주택자의 절세 기술, 사전 체크리스트 188
19대 정부의 다주택자 양도세 중과 부활 및 강화
20대 정부 다주택자 양도세 중과 유예, 세부담 얼마나 줄까?(2022년 5월 10일~2025년 5월 9일 한시적 조치)
다주택자가 미리 체크할 것들

02 다주택자 양도세 중과 5가지 질문 191
다주택자 양도세 중과, 무엇이 있을까?
조정대상지역 아닌 경우 다주택자 중과는?
2채 이상이면 무조건 양도세 중과될까?
조정대상지역 외 주택, 먼저 파는 것이 유리하다(중과 가정 시)
2009~2012년에 산 주택(조정대상지역) '중과되지 않는다'로 해석 변경

03 다주택자 중과 시 '주택 수'에서 제외되는 주택 198
다주택자 중과, 주택 수에서 빼는 주택

다주택자의 주택 수 연습문제
며칠 빨리 팔았을 뿐인데, 양도세 중과 가벼워지네?
소형 신축주택 및 준공 후 미분양주택도 주택 수에서 제외된다
'주택 수' 계산에서 자주 혼동하는 것

04 조정대상지역이라도 괜찮은 중과배제주택 204
2주택 & 3주택 이상, 모두 적용되는 중과배제주택
2주택자만 해당되는 중과배제주택
'주택 수에서 제외되는 주택'과 중과배제주택의 차이점

05 알아두어야 할 임대주택사업자 관련 법 209
단기임대주택 및 아파트 장기임대주택 폐지
아파트 외 장기임대주택 임대의무기간 8년→10년으로 연장
자진말소와 자동말소

06 임대주택사업자, 소득세법으로 절세하기 212
임대주택 등록은 신중하게 하자
소득세법상 임대주택 세제혜택은?
양도세 중과되지 않으려면
임대주택 양도세 중과배제 4가지 요건
거주주택 비과세 특례 또는 거주요건 적용배제를 받으려면

07 임대주택 양도세 중과배제, 자주 하는 5가지 질문 216
단기임대주택 등록했는데(2018년 3월 31일 이전), 자동말소 됐다면?
자동말소 후 임대주택 요건 계속 지켜야 하나?
단기 임대주택과 장기임대주택 중 아파트를 자진말소 했다면?
임대의무기간의 50%는 몇 년을 의미할까?
2020년 8월 18일 이후 임대주택 등록분부터는 10년 이상 임대해야

08 다주택자의 임대주택, 조세특례제한법으로 절세하기 219
임대주택 세제혜택 축소
양도세 100% 감면 받으려면
장기보유특별공제 과세특례 받으려면
장특공 매년 2%씩 추가공제 받으려면

09 수도권 기준시가 6억원 이하, 지금이라도 임대주택 등록할까? 225
9.13 대책 이전에 산 주택이라면
9.13 대책 후에 산 주택이라면
다주택자가 2024년 조정대상지역에서 산 주택이라면

10 임대료 인상률 5% 상한제 4가지 핵심질문 229
환산보증금 어떻게 구할까?
다음 세입자, 임대료 5% 초과 못 올릴까?
2019년 10월 24일부터 바뀐 임대료 인상률 규정
임대주택 등록 시 지켜야 할 기타 의무

11 임대주택 등록 시 취득세, 재산세 혜택 235
취득세 감면은 어떻게?
재산세 감면은 어떻게?

+ 알뜰신잡 부동산 상식 + 세제혜택 위한 임대주택 등록 및 말소 237
+ 현장사례로 보는 절세전략 + 신축감면주택 있는 다주택자의 절세전략 243
+ 현장사례로 보는 절세전략 + 거주주택 비과세, 일시적 2주택자 동시 적용 시 양도세 246
+ 한눈에 보기 + 임대주택 세제혜택 한눈에 보기 248
+ 이은하 세무사의 현장 목소리 + 다주택자 절세 체크리스트 250

5장 재개발·재건축 주택의 양도세

01 관리처분계획 인가일, 청산금이 중요하다 254
관리처분계획 인가일 전은 주택, 이후는 입주권
완공 후 팔 때는 청산금을 고려하라

02 입주권의 양도세 256
입주권 자체를 팔 때 양도세
입주권 보유 상태에서 주택 팔 때 양도세
3년이 지나도 비과세 방법 있다
승계조합원의 입주권 양도세

03 재건축 후 완공된 신축 아파트 양도세 계산하기 261
04 청산금, 재건축 공사기간 2가지 질문 264
청산금도 양도세 내야 할까?
재건축 공사기간도 보유기간에 포함될까?

05 재건축 동안의 거주용 대체주택 비과세 될까? 266
재건축 1주택자의 대체주택, 양도세 비과세 받으려면

6장 알면 덜 내는 종부세, 종소세, 취득세, 재산세, 건강보험료까지

01 달라진 종부세 3가지 270
02 1세대 1주택자 종부세 절세법 275
단독명의 1세대 1주택자, 3억원 추가 공제
고령자 및 장기보유 세액공제 한도

부부 공동명의 1주택자도 세액공제
일시적 2주택자, 상속주택이나 지방 저가주택 있어도 1세대 1주택으로 본다
일시적 2주택자, 3년 이내에 종전주택 팔면 1세대 1주택 과세특례 가능
주택 수 판정에서 제외되는 상속주택은?
지방 저가주택의 요건은?
1주택과 주택 부수토지 소유한 경우 종부세는?
1세대 1주택자는 고령자 납부유예를 신청할 수 있다

03 다주택자 종부세 얼마나 낼까? 285
조정대상지역 2주택자, 기본세율 적용
종부세 세율 적용 시, 주택 수 어떻게 계산할까?
공동소유 주택의 종부세는?
종부세 중과, 주택 수에서 제외되는 주택은?
다주택자가 종부세 비과세 받는 법
종부세 비과세 요건은?

04 주택 임대소득의 종소세 4가지 체크포인트 294
양도소득은 세대 기준, 임대소득은 부부 기준
주택 수에 따른 종소세, 어떻게 다를까?
공동소유 주택, 임대소득 계산할 때 주택 수는?
2020년부터 소수지분자의 임대소득세

05 주택 임대수입 계산하는 법 298
주택 임대수입 어떻게 계산할까?
보증금은 간주임대료로 환산한다

06 임대수입 연 2,000만원 이하인 경우 302
분리과세와 종합과세, 무엇을 선택할까?
종소세 감면되는 임대주택

07 임대수입 연 2,000만원 초과인 경우 305
추계신고란?
단순경비율이 유리하다
임대소득 높으면 기준경비율
신규사업자 임대수입 연 7,500만원 미만인 경우
08 임대수입 장부 작성 5가지 질문 309
장부 작성 필요한 경우는?
간편장부와 복식장부가 뭐지?
무기장 가산세와 기장세액공제
장부 작성 시 필요경비로 인정받는 것은?
감가상각비 절세의 기술

09 임대수입 추적 강화에 대비하자 313
임대주택 등록 안해도, 이제 세무당국은 알 수 있다
주택임대소득자, 사업자등록 안하면 가산세 낸다

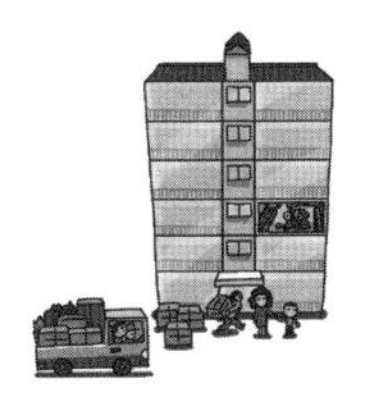

렌트홈의 사업자등록과 무엇이 다른가?
사업자등록 안 했을 경우 가산세 부담은?

10 취득세 절세하기 318
취득원인과 물건에 따라 어떻게 다를까?
주택 수에 따라 세율이 다르다
주택 수 계산하는 세대의 개념은?
생애 최초와 출산·양육을 위한 주택 구입은 취득세 감면
일시적 2주택 취득세 중과배제
취득세 중과 적용, 주택 수에서 제외되는 주택
취득세 중과, 분양권·입주권·오피스텔은?
다주택자가 증여한 주택, 취득세율 중과
2023년 1월 1일 이후 증여하면 취득세 더 낸다
2023년 1월 1일부터 취득세도 부당행위계산부인이 적용된다

11 재산세 절세하기 328
재산세는 6월 1일 현재 소유자에게 과세
주택의 재산세율

12 다주택자 건강보험료 체크하기 330
임대사업자 등록하려니 건강보험료 걱정이다
피부양자 3가지 요건 알아보기
임대주택 등록, 건강보험료 어떻게 달라질까?
+ 알뜰신잡 부동산 상식 + 임대사업자 등록, 내 지역 건강보험료 얼마일까? 334
+ 이은하 세무사의 현장 목소리+ 이제 부동산 신탁에 맡겨도 소용없다 336
+ 이은하 세무사의 현장 목소리 + 이런 임대사업자, 국세청이 눈여겨본다 337
+ 현장사례로 보는 절세전략 + 부부 공동명의 특례신청, 내게 유리한지 알아보기 338
+ 현장사례로 보는 절세전략 + 다주택 임대사업자의 종소세 절세법 341

7장 | 증여를 통한 양도세 절세법

01 증여세 기본기 익히기 346
증여세 어떻게 계산할까?
관계에 따라 공제액 다르다
결혼 또는 출산한 (손)자녀에게 1억원 '혼인·출산 증여재산공제' 신설
과세표준에 따라 세율 다르다
증여세는 10년 합산한다
증여공제 그룹별로 10년에 한 번만

02 부동산별 증여재산가액 계산하기 353
증여 부동산 가격 평가하기
아파트보다 토지·단독주택·상가가 증여에 유리한 이유
부동산에 대한 감정평가

03 부담부증여로 절세하기 357
부담부증여가 뭐지?
부담부증여, 어떤 경우에 유리할까?
부담부증여 할 때 주의할 점

04 자녀에게 저가양도 한 경우 360
자녀에게 팔면 국세청은 일단 증여로 의심한다

05 자금출처 조사에 미리 대비하자 363
구입자금의 80% 소명해야 한다
일부 증여했다면 어땠을까?
2020년부터 자금출처 조사 더 강화

+ 이은하 세무사의 현장 목소리 + 꼬마빌딩 증여세 신고 주의할 점 367
+ 현장사례로 보는 절세전략 + 자녀 증여 통한 절세의 기술 368
+ 현장사례로 보는 절세전략 + 2023년 이후 증여 받으면 이월과세 10년으로 길어진다 371
+ 현장사례로 보는 절세전략 + 부담부증여 하면 오히려 총 세금 많아지는 경우 373
+ 현장사례로 보는 절세전략 + 토지 증여 시기 결정은 그해 공시지가가 상승하냐, 하락하냐에 따라 다르다 376
+ 현장사례로 보는 절세전략 + 부동산 증여 3가지 절세의 기술 377

8장 | 비사업용토지, 농지 양도세 절세법

01 비사업용토지 양도세 7가지 질문 382
비사업용토지 중과, 어떻게 변했을까?
사업용/비사업용토지, 세금 얼마나 차이날까?
비사업용토지를 사업용토지로 인정받는 법
상속받은 농지, 비사업용토지로 중과될까?
회사 다니면서 농사 중, 사업용토지로 인정될까?
주말농장, 비사업용토지일까?
비사업용토지 여부 알 수 있는 방법은?

02 농지 양도세 감면 3가지 질문 389
농사짓던 농지를 팔려고 하는데…
농지 2필지 양도세 줄이려면
상속받은 토지, 자경감면이 될까?

+ 현장사례로 보는 절세전략 + 부모님이 짓던 농지, 공동상속 유리하다 392

9장 | 토지 수용과 세금

01 수용토지와 집, 양도세 3가지 질문 396
수용토지, 양도세 얼마나 감면될까?
수용된 주택, 거주요건 못 채워도 비과세 될까?
수용된 비사업용토지, 가산세율 적용될까?

02 대체취득 세제혜택 4가지 질문 399
보상금으로 인근 토지 매수, 취득세 비과세는?
대토보상 특례는 어떻게?
농지를 대토로 받을 경우 양도세 혜택 더 크다
보상에 이의신청을 한 경우는?

03 거액 보상금, 세무조사에 대비하는 법 404
보상금 증여신고 없이 주면 위험하다
거액 보상금 받은 부모님, 사용증빙이 필요하다

+ 특집 1+ **법인에 대한 과세** 406
+ 특집 2+ **해외 부동산과 세금** 408
+ 특집 3+ **부동산 시장의 흐름과 세금정책 – 정부의 세금정책에 올라타는 법** 412

부동산 절세 14가지 핵심전략

1. 부동산을 살 때는 세금부터 고려하라.

2. 가족 누구 명의로 사는 것이 유리한지 체크하라.

3. 필요경비 그때그때 챙겨두자.

4. 부동산 팔 생각이면, 연초부터 계획을 세워라.

5. 손실 난 부동산은 이익 난 부동산과 같은 해에 팔아라.

6. 보유 부동산 리스트를 만들어 다각도로 검토하라.

7. 1세대 1주택 비과세 요건을 갖추는 게 최고의 절세다.

8. 다주택자는 주택 리스트 만들어 세제혜택 여부 체크하자.

9. 양도차익 적은 것부터 팔아라.

10. 양도차익 큰 부동산은 양도보다 자녀 증여가 유리할 수 있다.

11. 올해 공시가격 상승 vs. 하락에 따라 유리한 증여 시기가 달라진다.

12. 배우자 증여, 10년 후에 팔면 양도세 아낄 수 있다.

13. 부담부증여는 절세효과의 득실을 따져봐야 한다.

14. 정부의 부동산 세금 정책에 주목하자.
절세의 좋은 기회가 될 것이다.

1

CHAPTER

"지금이라도 세금을 좀더 아낄 수 있는 절세법이 있나요?"
부동산 투자자 4,000명과 상담하면서 자주 듣던 말이다.
부동산 세금이야말로 아는 만큼 아낄 수 있다. '부동산 세금의 꽃'이라고 하는
양도세를 중심으로 절세의 기본기를 닦아보자.

양도세,
아는 만큼 아낀다

01 부동산 세금 한눈에 보기

생애 첫 아파트를 마련한 직장인부터 주택 여러 채로 임대사업을 하는 수십억, 수백억 자산가까지, 부동산을 사는 순간부터 팔 때까지 세금은 중요한 의사결정 요소이다. 먼저 부동산 세금은 어떤 것이 있는지부터 살펴보자.

부동산 세금 삼총사

부동산의 세금은 취득할 때, 보유할 때, 양도할 때 크게 3가지로 나눌 수 있다.

부동산을 취득•할 때는 취득세를 내야 한다. 취득세는 주택, 토지, 상가 등 취득 물건과 매수·증여·상속 등 취득 원인에 따라 세율이 다르다(318쪽에서 자세히 살펴본다).

• 우리가 흔히 접하는 매수(사는 것)뿐만 아니라 증여, 상속 등도 **취득**이다.

부동산을 가지고 있는 동안에는 매년 6월 1일을 기준으로 재산세가 나온다. 일정금액 이상의 부동산을 소유한 경우에는 종합부동산세(이하 '종부세')도 내야 한다. 또한 주택이나 상가, 사무실 등을 임대하여 세를 받는다면 임대수입에 대해 종합소득세(이하 '종소세')가 나올 수 있다.

부동산 세금의 3가지 유형

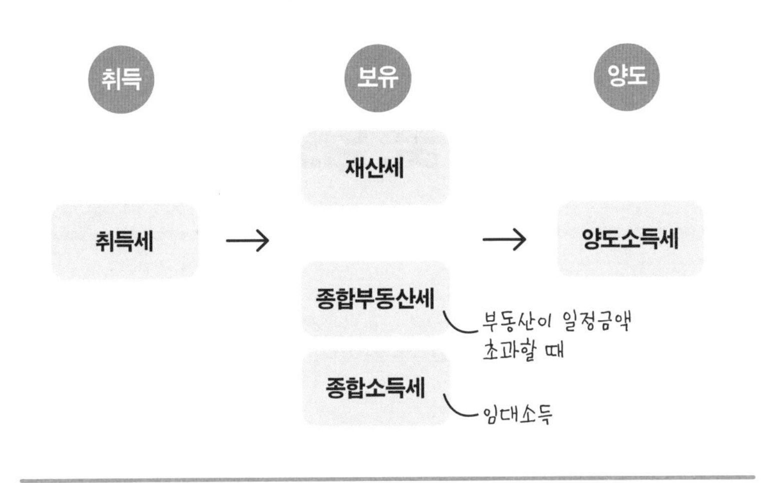

마지막으로 부동산을 팔 때는 양도차익*에 대해 양도소득세(이하 '양도세')를 내야 한다.

* 양도차익에 대해서는 34쪽에서 상세히 살펴본다.

부동산 등 재산에 대해 내는 세금을 '재산세제'라고 한다. 상속세, 증여세, 양도세 등이다. 대부분의 사람들이 내는 근로소득세나 부가가치세와 달리, 재산세제는 이른바 '부자세금'이라고 할 수 있다. 특히 상속세는 상위 6%(2022년 기준)에만 해당되는 세금이다. 사망자 100명당 겨우 여섯 명 정도만 그 가족이 상속세를 낸다는 의미다.

그런데 재산세제 중에서도 양도세는 많은 사람들이 살면서 최소 한 번 이상은 내게 되는 세금이자 가장 많은 관심을 받는 세금이다. 게다가 수천만원, 수억원이 나오는 경우도 흔하다. 그래서 이 책에서는 특히 양도세의 절세방안을 꼼꼼하게 다룬다.

02

부동산 세금의 꽃, 양도세

재테크 여왕 P씨, 땅을 치고 후회하다

사례 재테크에 관심이 많은 전업주부 P씨는 십수 년 전 양천구 목동에 아파트 2채를 샀다. 당시는 2008년 세계 금융위기로 아파트 값이 크게 떨어져 있었기에 누구도 선뜻 사려고 하지 않는 분위기였다. '아무도 사려고 나서지 않을 때가 바닥'이라는 투자지론을 가지고 있던 P씨, 용기를 내어 거주용으로 1채, 투자 목적으로 전세를 끼고 1채 더 사 놓았다.

십수 년이 지난 후, P씨의 아파트 2채 모두 10억원이 훌쩍 넘게 올랐다. P씨는 친구들 사이에서 '재테크의 여왕'으로 불리며 부러움의 대상이 되었다.

그런데 몇 년 전 집값이 과열되자 양도세 및 종부세 중과 등 연이은 부동산 규제정책이 발표되었다. '미리 대책을 세웠더라면 수억원을 아꼈을텐데…. 지금이라도 절세법이 없을까?'

P씨는 '투자뿐만 아니라 세금도 신경써야 내 돈을 지키고, 아낀 세금만큼 돈을 벌 수 있겠구나'라는 것을 깨닫고 부동산 세금 공부를 하기로 마음먹었다. 그동안 투자만 잘하면 된다고 생각했

는데, 부동산 투자는 세금에서 시작해서 세금으로 끝난다는 말이 무슨 의미인지 알게 된 것이다.

그런데 정부가 바뀌고 집값이 하락하면서 분위기는 변해서 세금정책도 또 달라지고 있다. 부동산 세금은 그대로 있지 않고 시장에 따라 정책에 따라 달라진다. 부동산 관련 세금에 항상 관심을 가지고 있어야 하는 이유이다.

양도세는 사고팔 때만 나오는 게 아니다

'양도'라고 하면 공인중개사무실에서 매매계약서를 쓰고 파는 매도가 떠오를 것이다. 하지만 각자의 부동산을 서로 바꾸는 교환, 개인이 보유한 부동산을 법인에 현물(부동산)로 출자하는 것도 양도에 해당된다.

부동산을 '매도'하면 돈을 받을 것이고, '교환'하면 상대방의 물건을 받을 것이고, 법인에 '현물 출자'를 하면 법인의 지분을 받게 된다. 즉, 양도는 '대가를 받는 것'을 요건으로 한다.

잠깐! 집을 서로 교환하는 경우도 양도세를 내야 할까? 84쪽 〈이은하 세무사의 현장 목소리〉에서 사례를 통해 상세히 설명한다.

질문 부모가 자녀에게 아파트를 증여하는 것은 양도일까?

이 경우 아파트를 자녀에게 넘겨주는 것이긴 하지만, 대가를 받는 것(유상)이 아니라 공짜(무상)로 주는 것이기 때문에 양도가 아니라 증여이다. 증여는 양도세가 아니라 증여세를 내야 한다.

부모 —아파트→ 자녀

구분	세금	납세 의무자
유상	양도세	부모(양도자)
무상	증여세	자녀(수증자)

이외에 유상과 무상이 섞여 있는 개념인 '부담부증여'가 있다. 부담부증여에 대해서는 357쪽에서 상세히 살펴본다.

양도세가 '부동산 세금의 꽃'인 이유

사례 평소 부동산 투자에 관심이 많던 C씨는 2013년 4월 부동산 절세 세미나에 참석했다가, 지금 1세대 1주택자가 보유한 아파트를 사면 나중에 양도세를 감면해 준다는 정보를 알게 되었다.*

당시 서울시 송파구 잠실에 살고 있던 C씨는 같은 단지의 아파트를 1채 더 사기로 결정했다. 공인중개사에게 단지 내에 1세대 1주택자가 취득한 지 2년 이상이 된 전용면적 85㎡(약 33평) 이하 아파트를 찾아달라고 부탁해 구매했다.

5년 후인 2018년, C씨는 아파트 가격이 크게 올라 수억원의 시

• 정부의 세금정책을 알면 돈이 보인다
2013년 당시 주택경기가 너무 침체되자, 정부는 1세대 1주택자가 2년 이상 보유한 전용면적 85㎡(약 33평) 이하 주택을 사면, 다른 주택을 팔 때 해당 주택을 주택 수에서 제외해 주고, 해당 주택은 취득 후 5년 간 차익에 대한 양도세를 감면해 준다는 정책을 내놓았다.

세차익을 봤다. 하지만 양도세는 100% 면제받아 한푼도 내지 않았고, 농어촌특별세만 약간 내고 수익을 챙겼다.

남들은 다주택자 중과를 걱정하던 때에 오히려 양도세를 100% 감면받은 C씨. 비결을 묻는 사람들에게 이렇게 말했다.

"세법이 개정될 때 항상 관심을 기울이고, 세금 감면 같은 혜택을 주는 때에 사면 나중에 큰돈을 버는 기회가 될 수 있어요."

2013년 당시 1세대 1주택자가 보유한 아파트를 사면 양도세를 감면해 준다는 정책이 발표되었을 때, 발빠르게 주택을 추가로 구매해 나중에 감면 혜택을 받은 이들이 많았다.

양도세는 '부동산 세금의 꽃'이라고 할 수 있다. 부동산은 오랫동안 보유하다가 파는 경우가 많기에 시세차익이 크고, 그러다 보니 양도세도 덩달아 커져서 수억원대도 흔하다. 역으로 보면 절세효과가 그만큼 크다는 의미이다.

• 부동산 시장의 흐름과 정부의 세금정책에 대해서는 〈특집〉에서 상세히 살펴본다.

또한 양도세는 모든 세금 중에서도 가장 복잡한 세금에 속하는데, 복잡한 만큼 절세할 수 있는 전략들도 여기저기 숨어 있다. 그래서 양도세는 '알면 덜 낼 수 있고, 모르면 더 내는 세금', '절세의 미(美)를 최대한 발휘할 수 있는 세금'이라고도 할 수 있다.

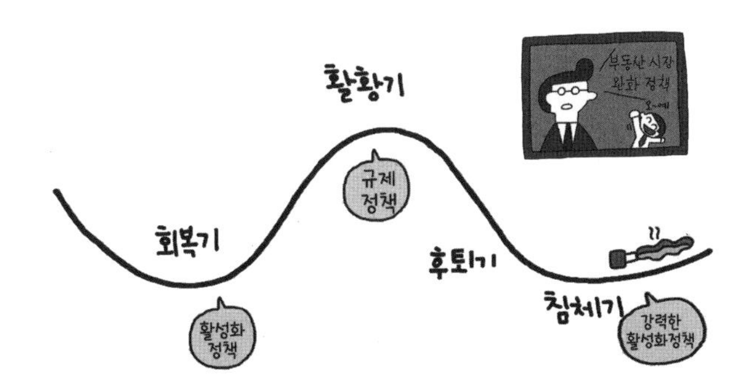

03
양도세 과세대상은 무엇이 있을까?

분양권이나 권리금, 양도세 내야 할까?

질문1 강원도 양양에 사는 B씨, 근방에 신규 아파트를 분양한다는 소식에 들뜬 마음으로 청약을 신청해 1순위로 당첨되었다. 그런데 사정이 생겨서 어쩔 수 없이 8개월 만에 분양권을 팔기로 했는데, 그사이 프리미엄이 3,000만원 붙었다. 이 경우 양도세를 내야 할까?

질문2 상가 1층의 작은 점포를 빌려 파스타 가게를 차린 젊은 사장 D씨, 그 지역의 맛집으로 알려지며 비교적 성공을 거두자 더 핫한 지역으로 옮기려고 점포를 내놓았다. 신생 상가에 권리금을 내지 않고 들어온 것이지만, 장사가 잘되는 덕에 다음 세입자에게 권리금으로 5,000만원을 받게 되었다. D씨는 양도세를 내야 할까?

부동산을 취득할 권리: 분양권, 입주권, 권리금

니들도 양도세 내니?

부동산을 취득할 수 있는 권리인 분양권•이나 입주권•은 양도세 과세대상이다. B씨가 분양권을 취득한 지 1년 안에 팔 경우 프리미엄의 77%(지방소득세 포함) 가량을 양도세로 내야 한다. 프리미엄 3,000만원 중 약 2,100만원을 세금으로 내야 하는 것이다.

• 분양권은 111쪽, 입주권은 256쪽에서 상세히 살펴본다.

권리금은 경우에 따라 소득의 구분이 다르다. 만약 자기 소유 점포라면 상가를 팔 때 가격에 권리금인 영업권 금액도 포함된다. 이때 권리금은 양도세 과세대상이다. 하지만 사례의 D씨는 점포를 빌린 임차인이므로, 이때의 권리금은 양도소득이 아니라 기타소득으로 과세된다.

양도세는 열거주의 세금

무엇이든 팔아서 소득이 생겼다고 해서 양도세를 내야 하는 것은 아니다. 양도세는 세법에서 세금을 내는 대상이라고 열거해 놓은 물건의 양도차익에만 과세된다. 이를테면 아이 돌잔치 때 받은 금반지를 팔아서 이익이 생겼더라도 양도세를 내지 않는다. 양도세를 내라고 세법에서 열거한 대상이 아니기 때문이다.

하지만 부동산이나 분양권, 입주권, 골프회원권 등을 팔면서 매매차익이 생기거나, 비상장주식이나 해외주식을 팔아서 시세차익을 보거나, 상장주식의 대주주가 해당 종목을 이익을 보고 팔았을 때는 양도세를 내야 한다.

부동산 양도세 과세대상 알아보기

양도세 중에서 부동산과 관련된 내용을 좀더 살펴보자.

- 주택, 토지, 상가, 오피스텔 등을 팔아 생긴 소득은 양도세 과세대상이다. 즉, 토지 또는 건물을 팔아 생긴 소득은 양도세를 내야 한다.
- 부동산을 취득할 수 있는 권리인 분양권, 입주권도 양도세 과세대상이다.
- 사업용 고정자산과 함께 양도하는 영업권도 양도세 과세대상이다. 이를테면 내 상가에서 내가 장사를 하다가 팔면, 건물 값에 영업권의 가치도 포함되어 있으므로 이런 경우에는 권리금도 양도소득으로 과세된다.
- 골프회원권, 콘도회원권, 헬스회원권 등 시설물 이용권도 양도세 과세대상이다. 골프회원권을 1억원에 샀다가 나중에 1억 5,000만원에 팔았다면 양도차익 5,000만원에 대해 양도세를 내야 한다.

• **지상권**도 양도세 과세대상이다. 지상권은 다른 사람의 토지에 자기 건물을 짓거나 나무를 심을 수 있는 권리이다.

이를테면 A씨가 김포의 땅주인에게 2,000평을 빌려 30년 동안 지상권을 설정하고 소나무를 심었다고 하자. A씨가 15년 후 이 지상권을 조경업자에게 팔아서 1억원의 시세차익을 얻었다면 양도세를 내야 한다.

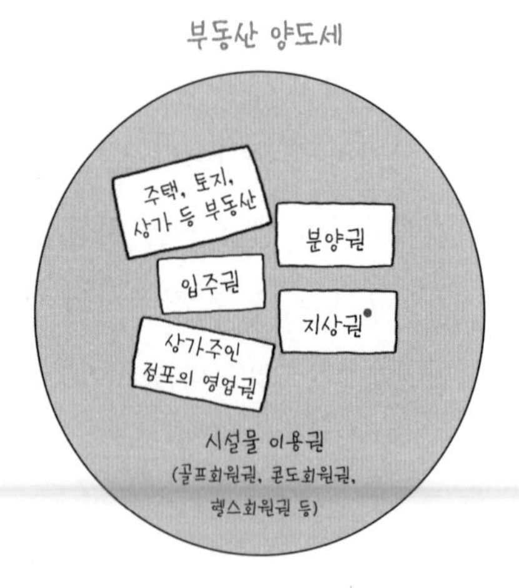

04

양도세 구하는 4단계 과정

질문 B씨는 2015년 경기도 신도시의 소형 아파트를 1억원에 사서 전세를 놓았다. 그런데 GTX A노선(수도권 광역급행 철도)이 착공되는 등 부동산 호재로 3억원으로 올랐다. 이 아파트를 팔려고 하는데 양도세를 얼마나 내야 할까?

B씨가 이 아파트를 팔아 생기는 이익은 2억원(3억원-1억원)이다. 이 양도차익에 대해 필요경비 등을 제하고 내는 세금을 '양도세'라고 한다.

부동산 양도세는 돈이나 대가를 받고 부동산을 남에게 넘겨 얻은 이익에 부과되는 세금이다. 즉, 양도세는 양도한 사실 자체에 대해서 내는 거래세가 아니라, '부동산을 사서 얼마나 이익을 보았느냐'를 따져서 그 소득에 대해서만 내는 소득세이다(참고로 부동산을 살 때 내는 취득세는 거래세이다).

양도세를 계산하는 것은 생각보다 어렵지 않다.

각 항목에 대한 정의만 잘 알고 있다면 누구나 쉽게 대략적인 세금을 계산할 수 있다.

1단계 양도차익 구하기

양도차익은 양도가액에서 취득가액 및 필요경비를 빼서 구한다. 양도가액은 부동산을 '실제로' 양도한 가격, 취득가액은 부동산을 '실제로' 산 가격이다. 실제로 거래한 가격이란 점에 유의하자.

필요경비

그런데 아파트를 사서 보유하다가 파는 데에는 경비가 든다. 아파트를 살 때 내야 하는 취득세, 부동산 중개수수료, 베란다를 확장하는 데도 돈이 든다. 세법에서는 이처럼 부동산의 가치를 높이고 사고파는 데 드는 비용을 '필요경비'라고 하여 양도세 계산에서 빼준다. 따라서 양도세를 절감하려면 필요경비를 많이 인정받을수록 좋다.

파는 가격 / 산 가격

양도차익 = 양도가액 (3억원) − 취득가액 (1억원) − 필요경비

만약 내가 아파트를 1억원에 사서 3억원에 팔았다면, 이때 내가 산 가격인 1억원이 취득가액이고, 판 가격인 3억원이 양도가액이 된다. 양도가액과 취득가액의 차이(2억원)에서 다시 필요경비•를 제한 금액이 '양도차익'이다.

• 필요경비는 44쪽에서 상세히 설명한다.

2단계 장기보유특별공제 & 기본공제 빼고, 과세표준 구하기

양도차익에서 장기보유특별공제•를 빼준다. 장기보유특별공제는 부동산을 오래 보유하면 보유기간에 따라 양도차익의 일정비율을 공제해 주는 것이다. 물가상승을 감안해 주려는 취지에서이다. 흔히 '장특공'이라고 줄여 말하기도 한다. 여기에 다시 기본공제 250만원을 차감하면 과세표준이 된다.

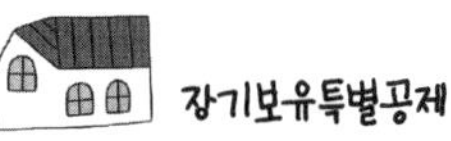

• 장기보유특별공제는 50쪽에서 상세히 다룬다.

과세표준 = 양도차익 − 장기보유특별공제 − 기본공제 250만원

3단계 양도세 구하기

과세표준에 해당하는 양도세 세율••을 곱하고 누진공제액••을 빼준다. 이제 양도세를 얼마나 내야 하는지 계산이 끝난 것이다.

•• 양도세 세율과 누진공제액은 59쪽에 상세히 소개한다.

양도세 = 과세표준 × 세율 − 누진공제액

4단계 총 납부세액 구하기

• **부가세**는 다른 세금에 덧붙여(부가) 부과되는 세금이다. 예로 양도세에는 지방소득세가 부가세로 따라온다.

양도세를 낼 때는 부가세•로 지방소득세가 추가된다. 이때 지방소득세는 양도세의 10%이다. 이제 양도세와 지방소득세를 더하면 총 납부세액이 나온다.

> ☆**총 납부세액** = 양도세+지방소득세(양도세의 10%)

양도세 계산법 한눈에 보기

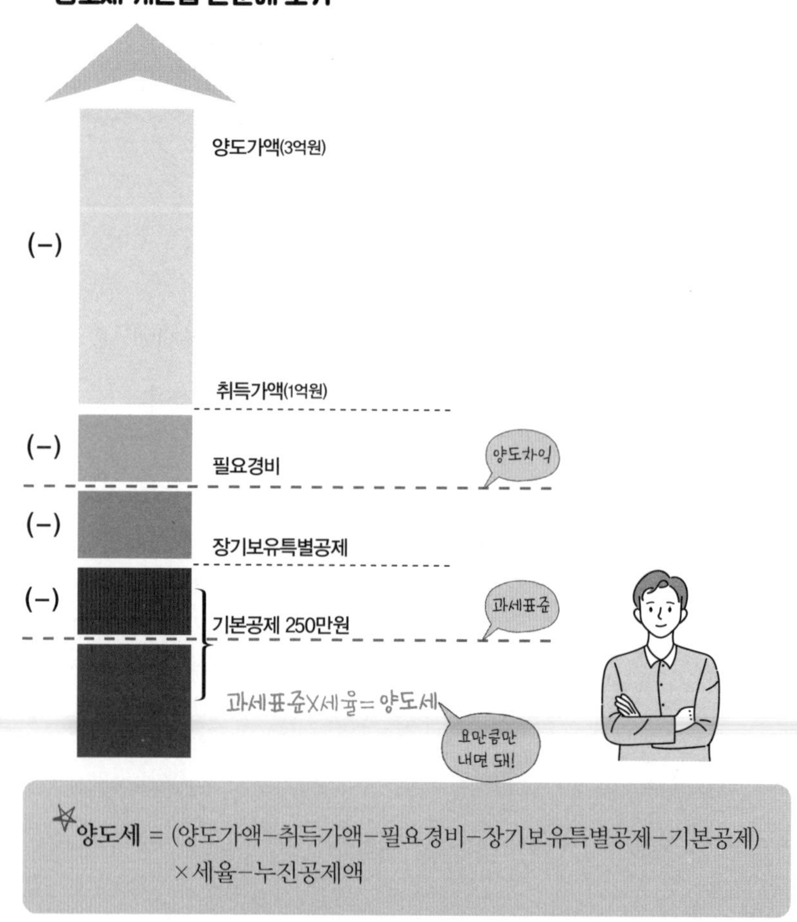

> ☆**양도세** = (양도가액−취득가액−필요경비−장기보유특별공제−기본공제) ×세율−누진공제액

05 취득가액 신고하는 4가지 방법

실제 거래한 취득가액 증빙하는 법

양도세를 계산하려면 실제 그 부동산을 산 가격(취득가액)을 알아야 한다. '실제' 양도가액에서 '실제' 취득가액을 빼어 양도차익을 구하기 때문이다. 실제 취득가액은 매매계약서·영수증 등 증빙 서류로 확인할 수 있다. 간혹 다운계약서•를 쓰는 경우도 있는데 이는 위법임을 명심하자.

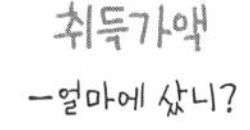

• 다운계약서는 실제 거래액보다 줄여서 부동산 값을 적은 계약서를 말한다. 파는 쪽이 양도세를 줄이기 위해 쓰자고 하는 경우가 있다. 68쪽에서 상세히 다룬다.

실제 취득가액 증빙 서류

부 동 산 매 매 계 약 서

얼마에 샀는지 모른다면 어떻게 할까?

2006년 1월 1일 이후부터는 부동산 거래 신고제도가 도입됨에 따라 국토교통부 실거래가 공개시스템(http://rt.molit.go.kr)을 통해 주택, 오피스텔, 토지, 사업용 부동산의 실거래가를 조회할 수 있다. 또한 2006년 6월 1일 이후부터는 등기부등본(매매목록)에서 실제 매매거래가액을 확인할 수 있다. 즉, 2006년 이후에 취득했다면 해당 부동산의 실제 취득가액을 찾을 수 있다고 보면 된다.

실제 취득가액을 찾을 수 없는 경우는 대부분 2006년 전에 취득한 부동산에서 생긴다. 만약 부동산을 오래전에 사서 매매계약서가 어디로 갔는지 없고, 입증할 만한 금융거래 증빙도 없다면 무엇으로 실제 취득가액을 신고할까? 실제로 이런 상담을 해온 사람들이 제법 있다.

사례 S씨는 최근 홍천 땅을 사겠다는 사람이 있으니 팔라는 전화를 받고 이참에 정리할 생각이다. 그런데 홍천 땅을 산 지도 십수년이 지나 아무리 뒤져봐도 살 때의 매매계약서가 보이지 않았다. 이처럼 취득 당시의 실제 거래가를 확인할 수 없는 경우, 취득가액을 매매사례가액, 감정가액, 환산취득가액의 순서로 인정한다.

취득가액 인정 순서

실제로 거래된 가액 > 매매사례가액 > 감정가액 > 환산취득가액

매매계약서,
영수증,
금융거래 내역
등 증빙서류

매매계약서나 영수증 없다면 매매사례가액 체크

매매사례가액이란 취득일 전후 각 3개월 이내에 동일하거나 유사한 물건이 거래된 경우 그 가격을 말한다. 이를테면 인근 지역에서 최근 거래된 물건 중에서 위치, 용도 및 종목, 기준시가가 동일하거나 유사한 물건의 거래가가 매매사례가액이 된다. 하지만 오래전 취득한 부동산의 유사 매매사례를 찾아내기란 어렵다.

매매사례가액
옆집은 얼마에 거래됐을까?
32평
옆동 32평

감정가액을 쓰는 방법도 있다

감정가액이란 취득일 전후 3개월 이내에 둘 이상의 감정평가기관이 평가한 감정가의 평균•을 말한다. 그런데 부동산을 살 때 이렇게 감정평가를 받는 경우는 거의 없다. 또한 세월이 한참 지난 후 취득 당시의 가격에 대해서 소급 감정을 받는다 해도 세무서에서 신뢰성을 인정받기는 힘들다. 그래서 취득가액을 모르는 오래된 부동산의 취득가액으로는 사용되기 어려운 방법이다.

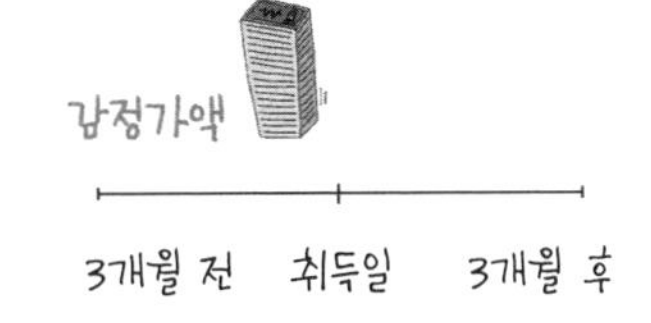

• 2020년 2월 11일 이후 양도하는 분부터는 기준시가 10억원 이하 부동산은 하나의 감정기관 감정가액도 인정한다.

환산취득가액도 쓴다

환산취득가액

취득한 가격을 세법에 따라 **환산**해 신고

매매계약서 등의 실제 취득가액 증빙이 없을 경우, 가장 많이 사용되는 것이 환산취득가액이다.

환산취득가액이란 세법상 정한 기준으로 '환산'해서 계산한 취득가액이란 뜻이다. 현재 파는 가격인 양도가액에 취득 및 양도 당시의 기준시가*의 비율을 곱해 구한다.

B라는 사람의 토지가 현재 양도가액이 10억원이고, 취득 시 기준시가가 1억원, 양도 시 기준시가가 5억원이라면, 환산취득가액은 다음과 같이 구한다. 이 경우 B씨는 환산취득가액인 2억원을 취득가액으로 하여 양도세를 계산하면 된다.

• **기준시가**란 부동산을 매매, 상속 또는 증여할 때 세금을 부과하는 기준이 되는 가격을 말한다.

$$\textbf{환산취득가액} = \text{양도가액} \times \frac{\text{취득 시 기준시가}}{\text{양도 시 기준시가}}$$

$$\text{B씨의 토지 환산취득가액} = \text{10억원} \times \frac{\text{1억원}}{\text{5억원}} = \text{2억원}$$

이때 양도가액은 실제로 매매계약서에 적혀 있는 '매매대금'이고, 취득 및 양도 시의 기준시가는 '부동산 공시가격 알리미' 사이트** 에서 주소지만 입력하면 조회할 수 있다. 그런데 환산취득가액으로 신고하는 것이 양도세를 덜 낼 수 있을까? 다음에서 이 부분을 깊이 들여다보자. 절세의 기술이 숨어 있다.

•• **부동산 공시가격 알리미 사이트**에서 기준시가를 조회하는 방법은 79쪽에서 설명한다.

06
환산취득가액으로 신고하는 게 유리할까?

사례 Y씨는 2000년 강원도에 있는 땅을 샀다. 동계올림픽으로 주변이 개발되고, KTX 강릉선으로 교통도 편리해지자 땅값은 기대한 것보다도 훨씬 올랐다. 하지만 이제 팔아서 차익을 실현할 생각으로 양도세를 가계산을 해보니 세금이 너무 많이 나올 것 같았다.

"매매계약서나 금융 거래내역 같은 증빙서류가 있냐?"

세금에 밝은 친구가 물었다.

"그동안 이사를 다니다가 분실한 것 같아."

친구는 오히려 잘되었다는 듯 "환산취득가액을 구해서 다시 계산해 보고 신고해"라고 했다. 과연 Y씨가 친구 말대로 하면 양도세를 줄일 수 있을까?

환산취득가액, 어떻게 계산할까?

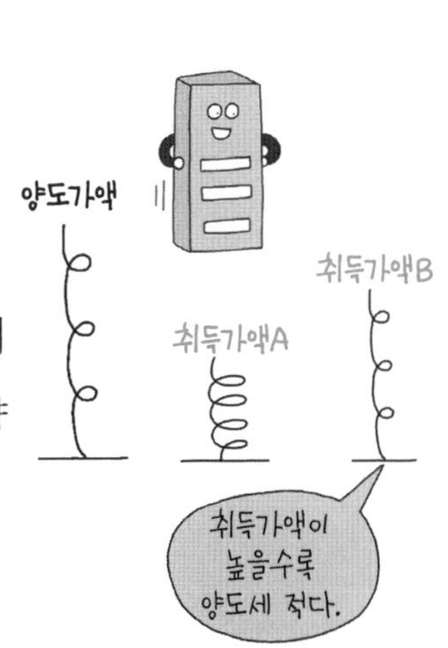

Y씨 친구의 말처럼, 환산취득가액이 실제 취득가액보다 더 높게 나오는 사례는 생각보다 많다. 취득가액이 높으면 양도차익이 그만큼 줄어들게 되어 양도세도 적어진다.

또한 양도 및 취득 시의 기준시가가 비슷할수록 취득가액이 양도가액에 가까워져서 양도세가 적게 나오게 된다.

질문 A씨는 오래전에 산 토지를 10억원에 팔게 되었는데, 증빙서류가 없어 환산취득가액으로 양도세를 신고하기로 했다. 양도 시 기준시가는 5억원, 취득 시 기준시가는 4억원이라면 환산취득가액은 얼마일까?

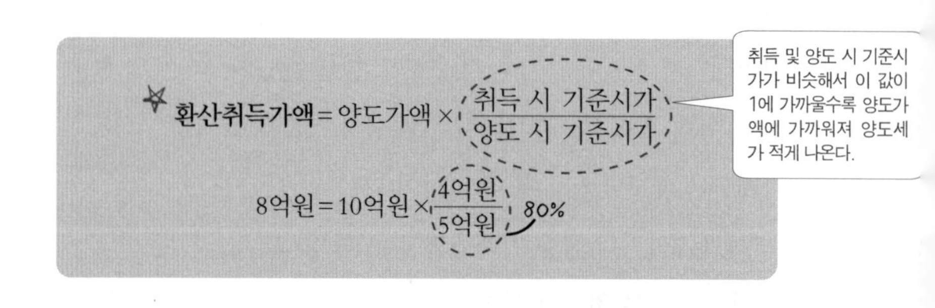

A씨의 경우 토지의 환산취득가액을 계산해 보면 8억원이다. 양도 시 기준시가 대비 취득 시 기준시가 비율이 80%이므로, 환산취득가액이 양도가액의 80%로 나오는 것이다.

환산취득가액은 시골 땅, 단독주택 유리

오래전에 산 시골 땅의 경우, 시가는 많이 오른 반면 기준시가의 상승폭은 크지 않은 경우가 매우 많다. 주변에 개발계획이 있어 실제로 거래되는 땅값은 평당 80만원인데, 세금을 내는 기준시가는 겨우 몇 만원인 경우도 보았다. 이처럼 현재 거래되는 땅값(시가)과 기준시가 사이의 갭이 큰 지역들은 환산취득가액이 실제 취득가액보다 더 크게 나오는 경우가 많다. 이런 경우 양도세를 계산할 때 실제 취득가액보다 환산취득가액으로 하는 게 유리하긴 하다. 하지만 세무당국은 그리 녹록하지 않다.

일부러 환산취득가액으로 신고해도 될까?

취득가액을 모를 때는 환산취득가액으로 양도세를 신고할 수 있지만, 관할 세무서에서 정말 취득가액이 불분명한지 조사한다.

만약 세무서에서 조사하여 실제 거래한 가격이 확인되면, 양도세를 실거래가로 내야 할 뿐만 아니라 과소신고로 납부세액의 10%를 가산세로 내야 한다(납부지연가산세도 추가됨: 1일 0.022%, 연 8.030%*). 절세는 세금을 꼼꼼히 챙기고 합법적으로 해야 한다는 것을 명심하자.

• 2022년 2월 15일 이후 가산세를 부과하는 분부터 적용됨(종전 기간에 대한 부과분은 종전 규정 연 9.125% 적용)

세무서에서도 최소한 2006년 이후 취득분부터는 실제 취득가액을 알 수 있다. 2006년 전이라도 안심하고 써도 되는 것은 아니다. 특히 전 소유자가 양도가액을 실제 거래가액으로 신고했거나 경매를 통해 낙찰받은 부동산, 또는 분양받은 아파트처럼 실제 거래가액이 확인되는데도 불구하고, 취득가액을 환산취득가액으로 신고한 경우에는 바로 적발될 수 있으니 주의해야 한다. 따라서 무턱대고 환산취득가액으로 신고했다가는 막대한 가산세를 두들겨 맞는다는 것을 명심하자.

07 필요경비로 양도세 줄이는 법

"집수리를 하면서 쓴 비용도 양도세를 계산할 때 빼 주나요?"

부동산을 팔고 나서 신고할 때 많이 하는 질문이다. 결론부터 말하면, 양도세에서 비용으로 인정해서 빼 주는 경비가 있고, 비용으로 인정해 주지 않는 경비가 있다.

양도세를 계산할 때 필요경비로 공제해 주는 것은 크게 취득비용, 자본적 지출액, 양도비용 등 3가지이다.

취득비용은 필요경비로 인정한다

부동산을 취득하는 과정에서 지출된 취득세, 중개수수료, 법무사 비용, 소유권 관련 소송 및 화해비용 등은 필요경비로 인정해 준다. 양도세를 절감할 수 있으므로 관련 자료를 꼼꼼히 챙기는 것이 좋다.

자본적 지출액은 어떤 게 있을까?

자본적 지출액은 부동산의 수명을 연장시키거나 가치를 높이기 위해 지출한 수선비를 말한다. 발코니 샷시 설치 및 교체비, 방/베란다 확장 공사비, 바닥 시공비, 보일러 교체비 등이다. 대부분 팔 때 집값을 더 받을 수도 있는, 비교적 큰 수리비들이 이에 속한다.

예전에는 실제 지출한 사실이 은행계좌 송금내역 등 금융거래 증빙이 있으면 필요경비로 인정하다가, 2016년 2월 17일 이후 지출분부터는 (세금)계산서, 신용카드 매출전표, 현금영수증 등이 있어야만 경비로 인정했다. 그런데 2018년 4월 1일 이후 양도분부터는 다시 세금계산서 등 증명서류가 없더라도, 은행계좌 송금내역 등 금융거래 증명서류로 확인되면 필요경비로 인정해 주고 있다.

화장실 수리

베란다 확장

싱크대 교체

수익적 지출은 필요경비로 인정 못 받는다

같은 수리비라도 부동산의 기능을 유지해 주는 일상적 수리비는 '수익적 지출'이라고 하며, 필요경비로 인정해 주지 않는다. 벽지·장판·싱크대·문·조명·하수도관 교체비, 외벽 도색비, 보일러 수리비, 옥상 방수 공사비, 타일 및 변기 공사비 등이 이에 속하며, 이들은 필요경비로 빼주지 않는다.

양도비용은 필요경비로 인정한다

집을 팔 때 드는 중개수수료나 세무 신고 수수료 등도 필요경비로 인정해 준다.

2018년 2월 13일 이후 양도분부터는 매매계약서상의 인도의무를 이행(매매특약)하기 위해 양도자가 지출한 명도소송비 등 명도비용도 필요경비로 인정된다.

양도세에서 공제해 주는 필요경비를 미리 알아두고, 그때그때 증빙서류들을 잘 챙겨 두어야 한다. 아파트를 덜컥 팔고 세금을 낼 때가 되어서야 챙기려고 하면, 오래된 증빙자료를 찾을 수 없는 경우가 태반이기 때문이다.

단, 이러한 필요경비는 '실제 취득가액'으로 양도세를 신고할 때에만 빼준다. 환산취득가액 등으로 신고할 경우, 실제 들어간 필요경비와 상관없이 취득 당시 기준시가의 3%를 필요경비로 일괄 공제한다.

필요경비 체크리스트

항목	체크리스트	체크 표시(✓)
취득	취득세	
	중개수수료	
	법무사 비용	
	소유권 관련 소송 및 화해비용	
자본적 지출액	베란다 설치 및 교체비	
	방/베란다 확장 공사비	
	시스템 에어컨(이동이 되지 않는 매립형 고정식 에어컨)	
	바닥 시공비	
	보일러 교체비	
양도	중개수수료	
	세무 신고 수수료	
	명도비용(매매특약에 있는 경우에 한함)	
필요경비로 인정 못 받는 것	벽지·장판·싱크대·문·조명·하수도관 교체비, 외벽 도색비, 보일러 수리비, 옥상 방수 공사비, 타일 및 변기 공사비	

필요경비로 빼준다

08
장기보유특별공제는 어떻게 적용될까?

장기보유특별공제란 말 그대로 부동산을 장기간 보유하면 양도세에서 특별히 공제해 주는 것을 말한다. 흔히 줄여서 '장특공'이라고들 한다. 집값의 화폐가치가 물가상승으로 시간이 갈수록 떨어지는 것을 감안해 준다는 취지이다.

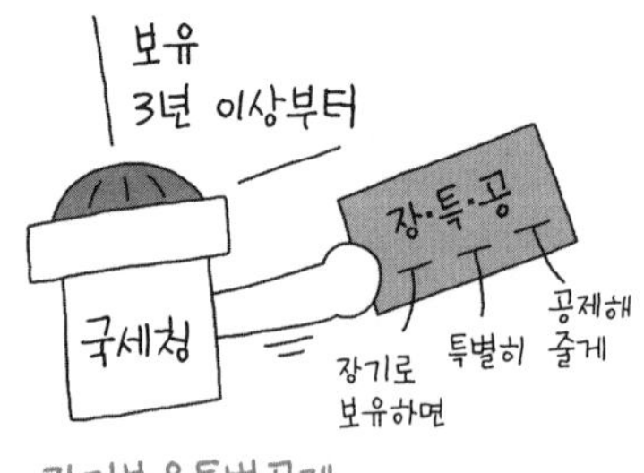

장특공은 3년 이상 보유한 경우에 보유기간에 따라 양도차익의 일정비율만큼을 공제해 준다. 단, 미등기자산은 장특공을 못 받는다. 조정대상지역의 다주택자는 중과시기에는 장특공을 받을 수 없었지만 중과유예기간인 2022년 5월 10일부터 2025년 5월 9일에 양도하면 장특공을 받을 수 있다.

보유기간 길수록 공제율 커진다

장기보유특별공제에서 일단 챙겨봐야 할 것은 보유기간이다. 부동산을 사서 오래 보유했을수록 장특공을 많이 받을 수 있다. 이때 보유기간은 취득일부터 양도일까지의 일수로 계산하는데, 가장 흔한 매매의 경우 잔금일과 등기접수일 중 빠른 날이 취득일 또는 양도일이다. 장기보유특별공제율은 일반적인 경우(표1)와 1세대 1주택(표2)인 경우로 구분된다.*

• 조세특례제한법상 요건을 갖춘 임대주택에 한해 50%, 70% 공제율이 적용되는 경우도 있지만, 여기서는 가장 기본적인 소득세법에서의 장특공을 다루고, 조세특례제한법에 의한 특례는 219쪽에서 다루기로 한다.

1세대 1주택이 아닌 경우

장특공은 최소 3년 이상 보유해야 받을 수 있는데, 1세대 1주택이 아닌 경우 가령 다주택자이거나 주택이 아닌 상가, 토지 등을 양도할 때 보유기간에 따라 연 2% 공제율이 적용된다. 3년 이상 4년 미만이면 6%이며, 해마다 2%씩 올라가고, 최대 공제율은 15년 이상 보유일 때 받을 수 있는 30%이다. 2018년 4월 1일 이후 양도분부터 다주택자가 조정대상지역 주택을 파는 경우 장특공을 안해줬었다. 하지만 다주택자 양도세 중과 한시적 유예기간인 2022년 5월 10일~2025년 5월 9일 중에 양도하는 경우에는 조정대상지역의 다주택자도 장특공을 받을 수 있다.

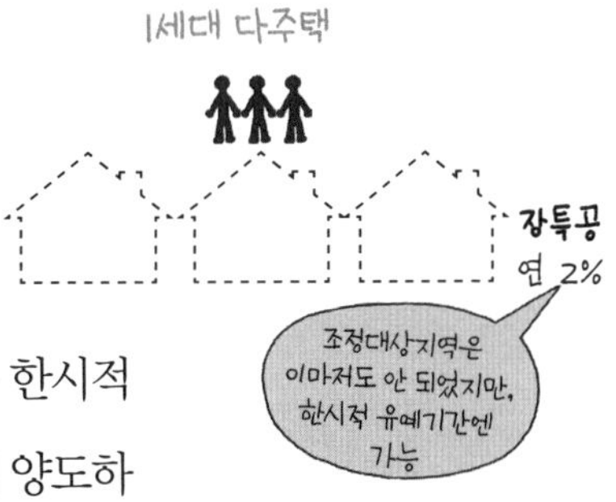

[표1] 일반적인 장기보유특별공제율

보유기간	3년 이상 ~4년 미만	4년 이상 ~5년 미만	5년 이상 ~6년 미만	6년 이상 ~7년 미만	7년 이상 ~8년 미만	8년 이상 ~9년 미만	9년 이상 ~10년 미만	10년 이상 ~11년 미만	11년 이상 ~12년 미만	12년 이상 ~13년 미만	13년 이상 ~14년 미만	14년 ~15년 미만	15년 이상
공제율	6%	8%	10%	12%	14%	16%	18%	20%	22%	24%	26%	28%	30%

1세대 1주택인 경우

1세대 1주택 비과세 요건을 채운 경우는 장특공이 상관없다. 즉,

1세대 1주택
양도가액 12억원 이하

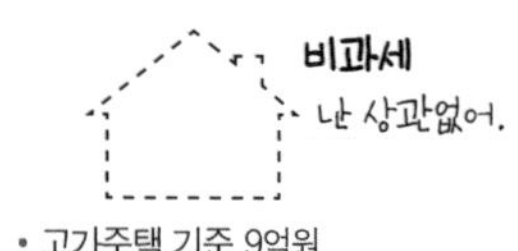

양도가액이 12억원* 이하인 경우 양도세가 비과세라서 공제를 받고 말고 할 게 없다.

그런데 양도일 현재 2년 이상 보유 및 거주한 1세대 1주택이라도, 양도가액이 12억원을 초과하는 고가주택은 양도세 비과세를 해주지 않는다. 고가주택에 세금혜택을 너무 많이 주지 않으려는 취지이다. 그렇다고 양도차익 전체에 과세하는 것은 아니고 12억원을 초과하는 양도차익에 대해서만 과세한다(132쪽 참조). 또한 3년 이상 보유하고 2년 이상 거주한 경우 보유·거주 기간에 따라 각각 연 4%씩 최대 80%까지 공제받을 수 있다. 실제로 고가주택도 장특공을 80%까지 받으면 양도세가 크게 줄어든다.

• 고가주택 기준 9억원 →12억원(2021년 12월 8일 이후 양도분)

1세대 1주택
12억원 초과 고가주택

장특공
보유 및 거주
기간에 따라 장특공
각각 연 4%씩

[표2] 1세대 1주택자 장기보유특별공제율

기간	3년~	4년~	5년~	6년~	7년~	8년~	9년~	10년 이상
보유 공제율	12%	16%	20%	24%	28%	32%	36%	40%
거주 공제율	12(8*)%	16%	20%	24%	28%	32%	36%	40%
합계	24(20*)%	32%	40%	48%	56%	64%	72%	80%

* 보유기간이 3년 이상(12%)이고, 거주기간이 2~3년(8%)인 경우 장특공 공제율 20% 적용

같은 세대원한테 상속받은 1세대 1주택, 장특공은 언제부터 계산?

사례 K씨는 3년 전 남편이 사망하면서 서울 송파구의 주택을 상속받았다. 남편과 이 집에서 15년 동안 함께 거주했지만, 상속받은 후 재건축이 되면서 상속일 이후로 거주한 적은 없다. 재건축이 완공되고 이 집을 팔려고 하는데, 현 시세는 20억원 정도이고 상속받을 당시 가액은 16억원이었다.

K씨는 1세대 1주택이지만 고가주택이라 양도세를 내야 한다는 건 알고 있는데, 장특공을 얼마나 받을 수 있는지 궁금해 했다(재건축으로 인한 청산금 납부분은 없다고 가정함).

여기서 쟁점은 두 가지다. 첫째, 장기보유특별공제율 적용 시 일반적인 공제율인 [표1]을 적용할지, 1세대 1주택 공제율인 [표2]를 적용할지, 둘째, 같은 세대원에게 상속받은 주택의 장기보유특별공제율 계산 시 보유기간을 언제부터로 계산할 것인지이다.

3년 이상 보유하고 보유기간 중 거주기간이 2년 이상인 1세대 1주택인 경우 공제율이 큰 [표2]를 적용받을 수 있고, 그렇지 않은 경우에는 일반적인 공제율인 [표1]을 적용받는다.

K씨는 상속받은 후에는 이 집에 거주한 적이 없지만, 같은 세대원에게 상속받은 주택이기 때문에 1세대 1주택 요건 판단 시 남편의 보유 및 거주 기간이 합산된다. 즉, 1세대 1주택 공제율인 [표2]를 적용받을 수 있다.

그렇다면 상속받은 주택의 장기보유특별공제율 계산 시 보유기간은 언제부터 계산될까?

상속 개시일인 피상속인(K씨 남편)의 사망일부터 양도일까지로 계산한다. 따라서 K씨는 [표2]의 공제율을 적용받지만, 보유기간은 3년이고 거주한 적은 없기 때문에 장기보유특별공제율은 12%

이다. 거주기간 없이 보유기간만으로 [표2]를 적용하는 특수한 경우에 해당한다.

장기보유특별공제율의 보유기간을 계산할 때는 같은 세대원에게 상속받은 주택이라도 피상속인의 보유 및 거주 기간과 통산되지 않는다는 점에 주의하자.

장특공 보유기간 계산은?

- 원칙: 취득일~양도일
- 상속받은 주택: 상속 개시일(사망일)~양도일
- 배우자 등 이월과세 적용되는 경우: 증여자 취득일~양도일

1세대 1주택 장특공 변천사

예전에는 지금보다 장특공을 많이 받기가 쉬웠다. 2019년 말까지 양도하는 경우에는 1세대 1주택에 해당하면, 양도가액이 9억원* 초과인 고가주택이라도 보유기간이 3년 이상이기만 하면 장특공으로 연 8%를 공제받을 수 있었다. 그러다 2020년 1월 1일 이후부터 12월 31일까지 양도분은 2년 이상 거주한 경우에 한해서 보유기간에 따라 연 8% 공제율을 적용해 주었다.

• 2021년 12월 8일 전 양도분이므로 고가주택 기준이 9억원이다. 현재는 12억원이 기준이다.

하지만 2021년 1월 1일 이후 양도분부터는 장특공에서 실거주 요건이 한층 강화되었다. 최소 2년 이상 거주한 경우에 한해서 보유기간별로 연 4%, 거주기간별로 연 4%씩을 적용한 금액을 합산해 공제해 준다. 만약 거주기간이 2년이 안 된다면 보유기간에 대

해서 연 2% 공제율을 적용받는다.

1세대 1주택 양도세의 장기보유특별공제 변화

양도일	2009년 1월 31일 ~2019년 12월 31일	2020년 1월 31일 ~2020년 12월 31일	2021년 1월 1일 이후
내용	3년 이상 보유 시 보유기간에 따라 연 8%, 10년 이상 보유 시 최대 80%	3년 이상 보유, 2년 이상 거주 시 보유기간에 따라 연 8%, 10년 이상 보유 & 2년 이상 거주 시 최대 80%	3년 이상 보유, 2년 이상 거주 시 보유 및 거주 기간에 따라 각각 연 4%씩, 10년 이상 보유 & 10년 이상 거주 시 최대 80%

아파트 팔 때 보유 및 거주 요건 따로 챙겨라

질문 B씨의 아파트는 보유기간은 10년 이상이고, 거주기간은 2년 2개월이다. 2021년 이후에 팔면 장특공을 얼마나 받을 수 있을까? B씨의 아파트는 현재 시가가 17억원이고, B씨는 1세대 1주택자이다.

B씨는 보유기간은 10년 이상, 거주기간은 2년 2개월이므로, 50쪽의 표를 보면 보유기간에 대해 장특공으로 40% 공제율, 거주기간에 대해 8% 공제율이 적용되어 두 개를 합한 48%가 공제된다. 결국 2021년부터 고가주택 1주택 보유자가 양도세를 최대한 아끼려면 보유뿐만 아니라 거주도 10년 이상 해야 하는 것이다.

사례 W씨는 서울의 자기 소유 아파트에 살고 있는데, 2017년 8

월 2일 이전에 취득한 것이다.

"예전에 산 집이라서 1세대 1주택 비과세 요건에 2년 거주요건이 없어요. 그렇다면 장특공 축소와 상관없는 것 아닌가요?"라며 물어왔다. 과연 W씨의 말은 맞을까?

W씨는 1세대 1주택 비과세 요건과 장특공의 요건을 구분하지 않고 섞어서 생각하는 바람에 혼동하고 있는 것이다.

2017년 8월 2일 이전에 취득한 주택은 양도가액이 12억원 이하이면, 조정대상지역이라도 2년 이상 보유만 해도 1세대 1주택 비과세를 받아 양도세가 없다(당시는 조정대상지역도 2년 거주요건이 없었다). 따라서 W씨의 아파트가 12억원 이하라면 거주기간에 상관없이 양도세가 없다.

하지만 W씨의 아파트가 고가주택이라면 또 하나 고려할 것이 있다. 즉, 1세대 1주택이라도 양도가액 12억원 초과분에 해당하는 양도차익에 대해서는 양도세가 과세된다. 고가주택의 경우 1세대 1주택 장특공을 받으려면(보유기간 연 4%, 거주기간 연 4%) 최소 2년 이상 거주를 해야 한다. 결국, 최대 80% 장특공을 받으려면 보유기간 10년뿐만 아니라 거주기간도 10년이어야 한다.

만약 보유기간은 10년 이상 11년 미만이지만, 거주한 적이 없다면 장특공은 20%(연 2% 적용)밖에는 받지 못한다. 거주기간이 장특공에 영향을 주기 때문에 세부담이 달라진다는 뜻이다. 즉, 1세대 1주택 비과세 요건과 장특공의 요건은 별개이므로 혼동하지 말자.

상가→주택 용도변경 시 장특공 계산법

상가로 보유하다가 주택으로 용도변경해서 1세대 1주택이 된 경우 장특공은 어떻게 적용할까? 여기에 대한 명확한 법규정이 없이 예규에 따라 전체 보유기간에 대해 일반공제율(연 2%)을 적용한 금액과 용도변경일~양도일에 대해 1세대 1주택 공제율(보유기간, 거주기간에 따라 각각 연 4%)을 적용한 금액 중 큰 금액을 적용하고 있다.

2023년 세법개정으로 용도변경 시 장특공 계산방법이 법 조문에 신설되어 각 용도기간별 보유·거주기간별 공제율을 합산하여 아래와 같이 계산한다. 2025년 1월 1일 이후 양도하는 분부터 적용된다.

> **장기보유특별공제 계산 : (①+②)**
>
> ① (보유기간 공제율*) 비주택 보유기간에 대한 일반 공제율(연 2%) + 주택 보유기간에 대한 1세대 1주택 공제율(연 4%)
>
> *최대 40%적용
>
> ② (거주기간 공제율) 주택 거주기간에 대한 1세대 1주택 공제율 (연 4%)

잔금일 정할 때 주의할 점

매매계약서를 작성할 때는 부동산의 보유기간을 계산해 본 후에 잔금일을 정해야 한다.

가령 2013년 1월 9일에 산 상가를 2023년 1월 7일에 판다면,

보유기간 10년에 겨우 하루 부족한 9년이어서 장기보유특별공제율이 18%이다. 하지만 하루 뒤인 1월 8일에 팔면 보유기간이 10년이어서 공제율이 20%가 된다.

이처럼 고작 하루 차이로 양도세를 수십만원에서 수천만원 넘게 아낄 수 있으므로, 매매계약서를 쓸 때는 보유기간을 꼼꼼히 체크해서 잔금일을 정해야 한다.

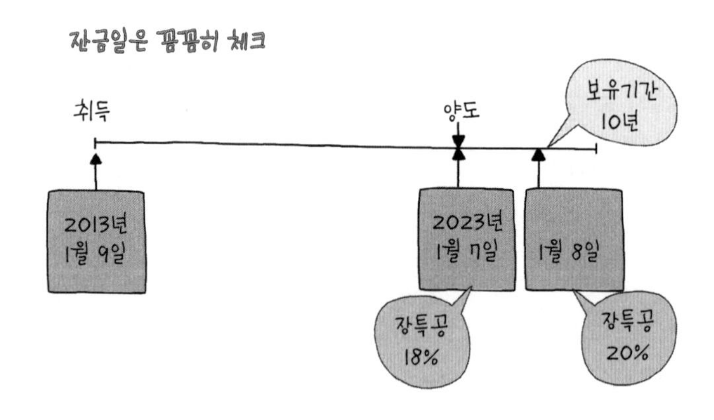

09 양도세 과세표준, 세율 알아보기

과세표준이 뭐지?

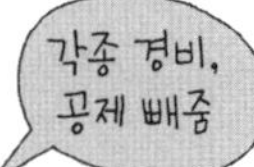

과세표준이란 세금을 부과하는 기준이 되는 금액을 말한다. 이를테면 내 연봉이 6,000만원이라면 세무당국은 이 총급여에 세금을 부과하는 것이 아니다. 꼭 필요한 지출비용은 소득으로 치지 않고 빼주며(근로소득공제), 그밖에도 부양가족, 연금보험료, 카드사용료, 주택자금 등 각종 공제를 빼준다. 이런 공제를 제한 것이 바로 세금을 부과하는 기준이 되는 과세표준이다.

따라서 똑같이 연봉 6,000만원을 받더라도, 나는 과세표준이 5,300만원으로 세율이 6~24%인데, 옆 동료는 과세표준이 3,000만원으로 세율 6~15%를 적용받을 수도 있다.

과세표준을 구하는 방법은 세금의 종류에 따라 다르다. 양도세에서는 양도가액에서 취득가액과 필요경비를 빼어 양도차익을 구한 다음, 장기보유특별공제와 기본공제를 뺀 금액이 과세표준이다. 과세표준에 세율을 곱하면 양도세 산출세액이 나온다.

양도세는 계단식 누진세

양도세 세율
과세표준 7,000만원일 때

양도세는 과세표준이 올라감에 따라 세율이 더 높아지는 누진세이다. 누진세는 계단을 연상하면 된다. 계단처럼 일정금액 구간까지는 같은 세율이 적용되고, 한 계단이 올라간 구간에서는 더 높은 세율이 적용되는 식이다.

간혹 가다 누진세율 구조를 혼동하여 이런 질문을 하는 분들이 있다.

"과세표준이 7,000만원이면 전체에 대해서 24% 세율이 적용되나요?"

결론부터 말하면 그렇지 않다. 만약 양도세 과세표준이 7,000만원이라면 1,400만원까지는 6% 세율이, 그다음 단계인 3,600만원(5,000만원-1,400만원)은 15% 세율이, 나머지 2,000만원(7,000만원-5,000만원)에 대해서는 24% 세율을 곱하면 된다. 이 셋을 합하면 과세표준이 7,000만원인 경우 양도세는 1,104만원이 나온다.

과세표준에서 누진공제액 빼는 이유

그런데 위와 같은 방식으로 세금을 계산하면 너무 번거롭다. 그래서 대부분 누진공제액을 차감하는 방식으로 세금을 계산한다. 즉, 과세표준에 양도세 세율을 곱한 다음 그 과세표준에 해당하는 누진공제액을 빼주는 것이다.

예를 들어 과세표준이 7,000만원일 경우, 해당 세율 24%를 곱한 다음에 누진공제액 576만원을 빼면 양도세가 1,104만원이 나온다. 이는 과세표준의 구간별로 세율을 각기 달리 곱해 계산하는 것과 결과가 같다.

양도세=과세표준×세율－누진공제액
=7,000만원×24%－576만원
=1,104만원

과세표준에 따른 양도세 세율과 누진공제액은 다음과 같다.

과세표준에 따른 양도세 세율과 누진공제액

과세표준	양도세 기본세율	누진공제액
~1,400만원 이하	6%	-
1,400만원 초과~5,000만원 이하	15%	126만원
5,000만원 초과~8,800만원 이하	24%	576만원
8,800만원 초과~1억 5,000만원 이하	35%	1,544만원
1억 5,000만원 초과~3억원 이하	38%	1,994만원
3억원 초과~5억원 이하	40%	2,594만원
5억원 초과~10억원 이하	42%	3,594만원
10억원 초과	45%	6,594만원

양도세 과세표준이 7,000만원인 경우

10

양도세 중과되는 경우

실수요 아닌 경우 중과한다

전 세계 거의 대부분의 국가들이 토지 및 주택 거래에 대해 세금정책 등을 통해 개입한다. 부동산이란 상품의 온갖 부분을 규제하고 간섭하려 한다. 토지는 한정된 자원이라 공공적 성격을 가지고 있으며, 아파트 등 주택은 인간이 살아가는 데 가장 필수적인 의식주 중 하나여서 국민의 주거안정이 매우 중요할 수밖에 없기 때문이다.

따라서 전 세계의 많은 국가가 부동산 시장에 개입한다. 특히 우리나라처럼 인구밀도가 높은 국가는 더욱 그렇다. 이처럼 부동산이 국민경제와 개인의 자산에 미치는 영향력이 크다 보니, 정부의 부동산 정책, 그중에서도 세금정책에 대한 반응도 항상 뜨겁다.•

우리나라도 실수요가 아닌 투기적 목적이 큰 거래는 억제하려고 한다. 그 중 하나가 양도세 중과이다.

• 정부가 항상 부동산 시장을 규제하는 것은 아니다. 때로는 규제를 크게 완화하고 혜택을 주기도 한다.
부동산 세금정책은 때로는 부동산 투자의 신호가 되기도 한다. 정부의 세금정책과 부동산 시장의 흐름에 대해서는 <특집>에서 상세히 다룬다.

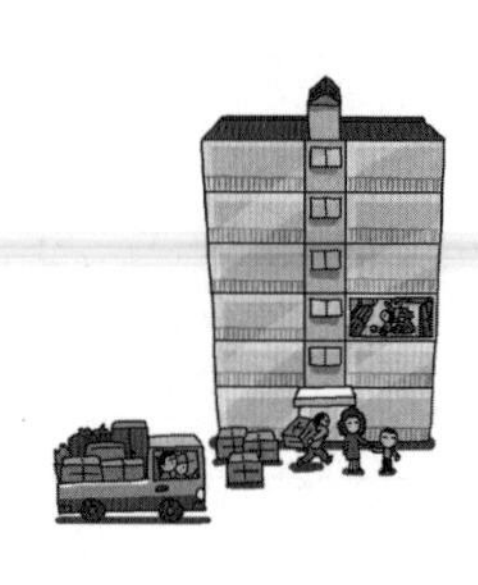

조정대상지역 내 다주택자도 중과되지 않는다(한시적 유예: 2022년 5월 10일~2025년 5월 9일)

질문 서울 강남구와 서초구에 아파트 3채를 가진 T씨. 아파트 1채를 팔아 과세표준 1억원의 이익을 얻었다면, 이 아파트의 양도세 세율은 얼마일까?

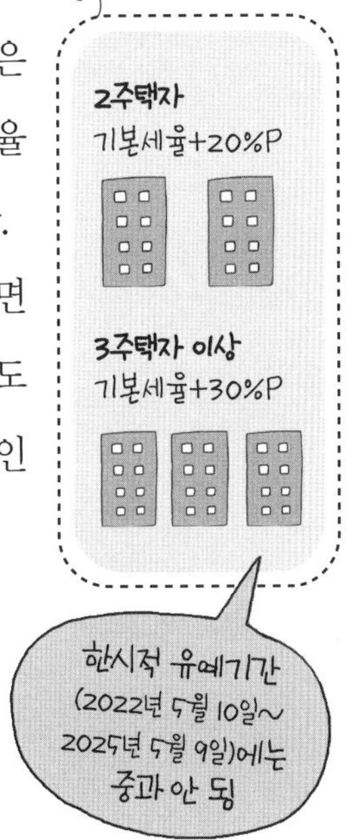

다주택자 중과 세율은 원래 과세표준 1억원의 양도세 기본세율은 59쪽 표에서 보듯 35%인데, 조정대상지역의 2주택자는 이 세율에 20%P가 가산되며, 3주택자 이상은 30%P가 가산되는 것이다.

T씨는 아파트 3채를 가진 3주택자로서 양도세가 중과된다면 조정대상지역에 있는 주택을 팔면 가산세율 30%P가 붙어서 양도세 세율이 65%가 된다. 하지만 양도세 중과 한시적 유예기간인 2022년 5월 10일부터 2025년 5월 9일 기간에 양도하면 다주택자의 조정대상지역 내 주택도 중과되지 않는다.

정부는 '2024년 경제정책방향'에 따라 다주택자에 대한 양도세 중과배제를 1년 더 연장하였다. 앞으로도 조정대상지역 내 다주택자라면 향후 세금 개정 추이를 지켜볼 필요가 있다.

조정대상지역 다주택자의 양도세 중과

양도일 / 주택수	2021년 6월 1일 이후 양도
2주택자	기본세율 + 20%P
3주택 이상	기본세율 + 30%P

단, 한시적 유예기간, 즉 2022년 5월 10일~2025년 5월 9일 양도 시 중과되지 않음

비사업용토지는 중과한다

양도세 중과

• **부재지주**는 농지의 소재지에 살지 않으며, 다른 사람에게 빌려주어 농사를 짓게 하고 소유만 하는 사람을 말한다.

신도시 근처에서 개발하지 않고 농사도 짓지 않은 채 수년째 그냥 놀리는 땅을 본 적이 있을 것이다. 또는 수도권에 사는 사람이 투자 목적으로 충청도의 토지를 사는 경우도 있다. 이처럼 나대지나 부재지주• 등 실수요가 아니라 목적과 다르게 사용되는 토지를 '비사업용토지'라고 한다. 이런 토지는 투기 목적이 있다고 보아 양도세 세율이 중과된다.

–비사업용 토지 양도세 세율: 기본세율+10%P

분양권 & 미등기 부동산은 중과한다

•• 2021년 5월 31일까지 양도한 분양권에 대해서는 조정대상지역 내 분양권에 대해서만 50% 세율로 중과했다.

분양권 거래는 실수요가 아니라 투기 목적이 있다고 보아 양도세가 중과된다. 2021년 6월 1일 이후 양도분부터 1년 미만 보유한 분양권은 70%, 1년 이상 보유한 분양권은 60% 세율로 중과된다.••

예를 들어 1년 이상 보유한 분양권의 양도소득이 2억원이라면 1억 3,000만원(지방소득세 포함) 가량을 세금으로 내는 것이다. 미등기 부동산의 거래도 투기 목적이 있다고 보아 세율이 높다. 양도차익의 무려 70%를 세금으로 내야 한다.

–분양권 양도세 세율: 1년 미만 보유: 70%
1년 이상 보유: 60%

–미등기 부동산 양도세 세율: 70%

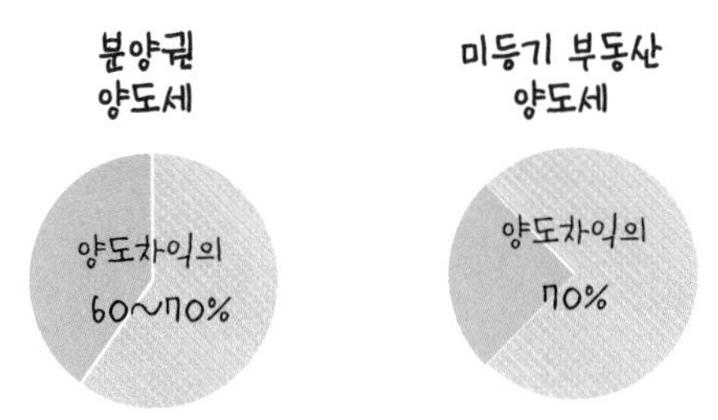

단기보유도 중과한다

정부는 투기적 거래를 억제하기 위해 단기보유의 경우 양도세를 중과한다. 아파트를 샀다가 1년도 안 되어 팔고 사는 등 거래가 잦으면 실수요가 아닌 투기 목적이 있다고 보며, 부동산 가격이 급등하는 데 영향을 준다고 생각하기 때문이다.

2021년 6월 1일 이후 양도분부터는 주택에 대한 단기양도 세율이 대폭 강화됐다. 1년 미만 보유는 단기양도 세율이 70%, 1년 이상 2년 미만은 60%가 적용된다. 한마디로 주택을 단기간 보유했다가 팔면 그만큼 양도세 부담이 커지게 된 것이다.

주택
양도세 중과
금방 사고팔고
사고팔고…

정부는 분양권, 주택·입주권에 대한 단기양도 세율을 인하할 계획이라고 밝힌 바 있다. 앞으로 세법 개정 여부는 관심을 가지고 지켜보는 것이 좋겠다.

주택과 조합원 입주권 단기양도 시 세율

구분		주택 외 부동산	주택, 조합원 입주권	
			2021년 5월 31일까지 양도	2021년 6월 1일 이후 양도
보유 기간	1년 미만	50%	40%	70%
	1년 이상~ 2년 미만	40%	기본세율	60%
	2년 이상	기본세율	기본세율	기본세율

질문 서울에 아파트가 3채 있는 K씨는 1채를 팔려고 한다. 이 아파트는 취득한 지 1년 2개월이 지났고 양도차익은 4억원이다. 단기양도 세율인 60%가 적용되는지, 3주택자로서 기본세율에 30%P를 더한 중과세율•이 적용되는지 궁금해 했다. K씨는 유리한 쪽으로 골라서 신고해도 될까?

• 한시적 유예기간인 2022년 5월 10일~2025년 5월 9일 기간에 양도시에는 조정대상지역 다주택자도 중과되지 않는다.

그렇지 않다. 하나의 자산이 둘 이상의 세율에 해당되면, 그중에 산출세액이 큰 것을 그 세액으로 한다. 따라서 K씨의 경우 단기양도 세율을 적용하면 양도세가 2억 3,850만원이고, 3주택자 중과세율을 적용하면 2억 5,285만원인데, 둘 중 큰 금액인 2억 5,285만원이 산출세액이 된다.

양도세의 계산 자체는 어렵지 않다. 하지만 계산 전에 '비과세 여부, 다주택자 중과 여부, 비사업용토지 여부, 어떤 특례가 적용되는지, 어떤 감면을 받을 수 있는지, 절세법이 있는지'를 찾아내는 것이 어렵다. 이것이 양도세 절세의 진짜 실력이다. 이 부분에 대해서는 2장부터 꼼꼼히 살펴볼 것이다.

11

양도세는 어떻게 신고·납부할까?

양도세는 부동산을 양도한 달의 말일로부터 2개월 이내에 신고·납부해야 한다. 가령 아파트를 7월 20일에 양도했다면, 7월 말일로부터 2개월 이내인 9월 30일까지 양도세를 세무서에 신고하고 세금을 은행에 납부해야 한다. 이를 '예정신고'라고 한다. 예정신고라고 해서 신고를 누락해서는 안 된다. 예정신고 기간을 놓치면 가산세가 나온다.

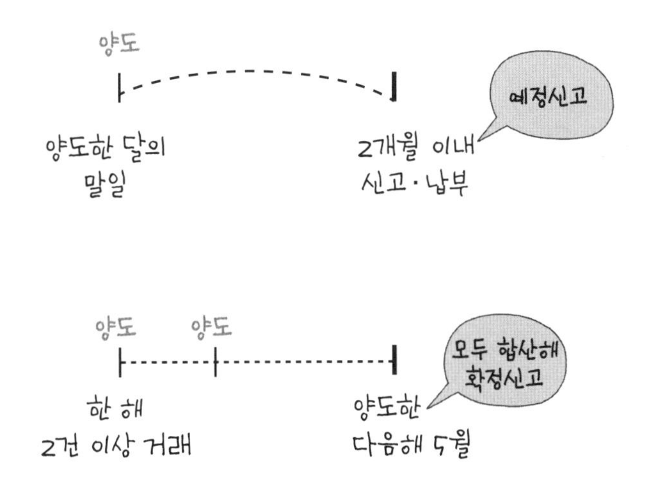

만약 그해 1월부터 12월까지 부동산을 1건만 양도했다면 예정신고로 마무리된다. 하지만 한 해에 2건 이상 양도했다면, 예정신고

를 한 후 양도한 연도의 다음해 5월에 직전년도에 발생한 양도소득을 모두 합산하여 신고해야 한다. 이것을 '확정신고'라고 한다.

양도세는 1,000만원이 넘으면 2번에 걸쳐 나누어 낼 수 있다. 납부기한까지 1번, 그리고 납부기한으로부터 2개월 이내에 1번, 이렇게 2번에 걸쳐 분할해서 납부(분납)할 수 있다.

주의! 양도세 기본공제는 1년에 1번만

양도세 기본공제 250만원은 인당 연 1회에 한해 적용된다. 그런데 한 해에 여러 건을 양도한 경우 신고할 때마다 기본공제를 적용해서 과소신고 하는 사례가 꽤 발생한다. 첫 번째 신고할 때 기본공제 250만원을 전부 적용했다면, 그다음부터는 공제받을 수 없다는 것을 꼭 기억하자.

무신고 및 납부지연 가산세에 주의하자

양도세를 예정신고 기한 안에 신고·납부하지 않으면 무신고 가산세와 납부지연 가산세를 내야 한다.

무신고 가산세는 납부할 세액의 20%이다. 만약 양도세 세액이 4,000만원이라면 무신고 가산세로 무려 800만원을 더 내야 한다. 단, 예정신고 누락 후 확정신고 기간인 다음해 5월까지 신고하면 무신고 가산세의 50%를 감면해 준다.

게다가 납부지연 가산세도 무섭다. 납부지연 가산세는 미납기간 1일당 0.022%, 무려 연 8.030%이다. 만약 1년 동안 양도세 4,000만원을 내지 않았다면 납부지연 가산세가 약 321만원에 달한다. 결국 제때 신고하지 않아서 무신고 및 납부지연 가산세로 약 1,121만원이나 내야 하는 것이다.

납부지연 가산세

하루에 납부세액의 0.022%
1년에 8.030%

헉!

납부지연 가산세는 생각보다 무서울 수 있다

세무당국에서 1년 후에 세금이 누락되었다는 걸 알고 무신고 가산세와 납부지연 가산세를 매길 수도 있지만, 5년 후에 연락이 올 수도 있다. 이 경우 납부지연 가산세가 납부세액의 40.15%나 된다.

만약 양도세 세액이 4,000만원이었는데 신고하지 않고 5년이 흘렀다면, 무신고 가산세 800만원, 납부지연 가산세 1,606만원, 합해서 2,406만원을 더 내야 하는 것이다. 신고·납부 기한을 지키는 것이 추가 비용을 아끼는 길임을 명심하자.

양도세 신고·납부 기한

구분	신고·납부 기한
예정신고	양도한 날이 속하는 달의 말일로부터 2개월 이내
확정신고	다음해 5월 1일~31일

한 해 2건 이상
양도한 경우만

12
다운계약서 문제 들여다보기

사례 H씨는 2004년 서울시 강동구 성내동의 단독주택을 샀다. 당시 실제 계약서와 다운계약서, 이렇게 2부의 계약서를 작성했다.

실제로는 6억 5,000만원에 구입했지만, 다운계약서에는 매매가를 기준시가인 5억 5,000만원으로 썼다. 매도자가 1세대 1주택 양도세 비과세를 받으려 당시 고가주택 기준인 6억원보다 낮게 다운계약서를 써달라고 했던 것이다.

십수 년이 지난 지금, H씨의 단독주택은 시세가 크게 올랐다. 그런데 취득가액을 1억원이나 낮게 썼으니, 2주택자인 H씨는 양도세가 걱정이다. H씨는 당시의 실제 매매계약서를 보관하고 있는데, 다운계약서가 아니라 이 실제 매매계약서의 실거래가로 양도세를 신고해도 되는지 궁금해 했다.

다운계약서 썼더라도, 양도세 적게 내는 법

다운계약서는 매매가를 실제 계약한 금액보다 낮게 쓴 가짜 계약서를 말한다. 매도자가 가격을 낮추어 신고함으로써 양도세를 줄이려는 목적으로 써달라고 하는 경우가 있다.

업계약서는 실제 거래가보다 금액을 높여서 작성한 가짜 계약서이다. 1세대 1주택 비과세를 받는 매도자는 어차피 세금이 없으므로 업계약서를 써도 별 상관이 없다. 반면 매수자는 취득세를 좀더 내야겠지만, 나중에 양도세를 덜 낼 욕심, 또는 대출금액을 늘릴 요량으로 업계약서를 요구하기도 한다.

그런데 다운계약서를 써 주었더라도, 나중에 집을 팔 때 실제로 산 가격으로 신고하여 양도세를 줄일 수 있다. 양도세를 신고할 때, 실제 매매계약서, 영수증, 금융기관 지급 증빙, 통장사본과 같은 서류를 제출하면 된다. 이 경우 예전의 매도자는 양도세를 추가로 내야 하며, 부당 과소신고 가산세도 내야 한다.

단, 다운계약서를 작성한 경우 양도세를 부과할 수 있는 제척기간•은 10년이다. 그런데 H씨가 이 주택을 산 지는 10년이 넘었으므로, H씨에게 이 주택을 판 사람은 다운계약서로 양도세를 부당하게 줄여 신고했지만 아무런 불이익을 받지 않는다.

• **제척기간**은 어떤 종류의 권리에 대해 법률이 정하고 있는 존속기간이다. 제척기간이 지나면 권리가 소멸된다.

다운계약서 제재, 이렇게 바뀌었다

과거 고가주택이나 분양권, 투기지역의 부동산, 1년 이내 단기양도 자산 등을 제외하고는, 양도세를 기준시가로 신고하는 것이 원칙인 때가 있었다. 이런 경우 양도가액과 취득가액이 모두 기준시가로 고정되기에, 다운계약서를 써도 양도세를 줄일 수 없었다. 그래서 다운계약서에 대한 제재가 크지 않고 관행처럼 많이 쓰였다.

하지만 2004~2005년 주택시장이 과열되자, 참여정부가 2006년 실거래가 신고 제도를 전면적으로 도입하면서 다운계약서에 대해 과태료를 부과하기 시작했고, 2011년 7월부터는 다운계약서를 쓰면 양도세 비과세나 감면을 받을 수 없게 되었다.

다운계약서 쓰면 이런 불이익 당한다

사례 L씨는 2020년 9월 분양권을 3억원에 사면서 매수가를 2억원으로 다운계약서를 작성했다. 발각될 경우의 불이익은?

다운계약서를 쓰지 않았다면, 아파트 완공 후 입주하여 1세대 1주택 비과세 요건을 갖추고 팔면 양도세를 한푼도 안 내도 된다(단, 양도가액 12억원 초과 시 과세). 하지만 다운계약서를 쓴 것이 적발되면, 요건을 충족하더라도 비과세 혜택을 모두 받을 수는 없다.

다음의 둘 중에서 적은 금액을 비과세 받을 세액에서 뺀다.

다운계약서 적발 시 비과세 받을 세액에서 빼는 금액

① 비과세를 적용 안한 경우의 양도세
② 다운계약서의 거래가액과 실제 거래가액과의 차액

둘 중에서 적은 금액을 비과세 세액에서 뺀다.

가령 L씨가 ① 비과세를 적용 안한 경우의 양도세가 9,000만원, ② 다운계약서의 거래가액과 실거래가의 차액이 1억원(9억-8억원)이라면, 둘 중 적은 9,000만원을 비과세 받을 세액에서 뺀다. 즉, L씨는 비과세를 받을 금액이 0이 된다. 괜히 다운계약서를 써 줘서 안 내도 될 세금을 9,000만원이나 더 내게 된 셈이다.

결론적으로 다운계약서 작성은 '부동산 거래신고 등에 관한 법률' 위반으로 불법임을 명심하자. 매도자, 매수자 모두에게 실거래금액의 2~5%의 과태료가 부과된다. 더구나 2011년 7월 1일 계약서 작성분부터는 발각되는 경우, 과태료는 물론이고 비과세, 감면 혜택까지 크게 축소되는 불이익을 당한다는 것을 기억하자.

다운계약서 잡는 세무당국

국토교통부는 부동산 실거래가 신고내역에 대한 모니터링을 강화하고 있으며 위반 행위에 대한 적발 실적이 크게 높아졌다. 또한 리니언시 제도도 도입하여 매도자든 매수자든 허위 계약서에 대해 자진신고를 하면 그 사람은 과태료를 감면해 준다. 매도인이 다운계약서를 써달라고 한다고 써 줬다가, 나중에 그가 먼저 자진신고를 하면 나만 억울하게 엄청난 손실을 본다. 아울러 2019년 '부동산 거래신고 등에 관한 법률'이 개정됨에 따라 국토교통부의 실거래가 조사 권한이 신설되고, 관계 기관에 조사자료 요청 권한이 부여되었다. 결국 허위 계약서를 작성하고는 밤잠을 편히 잘 수 없게 될 가능성이 높다.

무서운 가산세 사총사

양도세를 신고기한까지 신고하지 않으면 **무신고 가산세**가 부과된다. 무신고 가산세는 납부세액의 20%이다.

한편 신고기한까지 신고는 했지만 금액을 줄여서 신고한 경우에는 **과소신고 가산세**가 붙는다. 과소신고 가산세는 납부세액의 10%이다. 가령 1,000만원을 과소신고 했다면 가산세까지 합해 1,100만원을 내야 한다.

또한 다운계약서 등 부당한 방법으로 세금을 적게 신고했다면 **부당 과소신고 가산세**를 내야 한다. 부당 과소신고 가산세는 납부세액의 40%에 달한다.

부동산 세금의 가산세

무신고 가산세	과소신고 가산세	부당 과소신고 가산세	납부지연 가산세
납부세액의 20%	납부세액의 10%	납부세액의 40%	1일 × $\frac{2.2}{10,000}$ (일년에 약 8.030%)

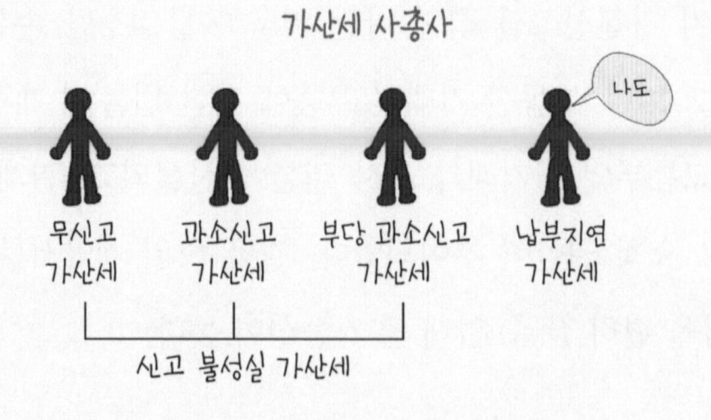

부당 과소신고는 다음의 어느 하나에 해당되는 경우이다.

· 이중장부 작성 등 장부를 허위 기장한 경우
· 허위 증빙자료를 내거나 허위 문서를 작성한 경우(부동산 업다운 계약서)
· 허위 증빙 등의 수취(허위임을 알고 받은 경우에 한함)
· 장부와 기록의 파기
· 재산을 은닉하거나 소득·수익·행위·거래의 조작 또는 은폐
· 그밖에 국세를 포탈하거나 환급·공제받기 위한 사기
· 그밖에 부정한 행위

은근히 무서운 납부지연 가산세

그뿐만이 아니다. 다운계약서 등 부당한 방법으로 세금을 적게 신고한 경우 **납부지연 가산세**도 내야 한다. 납부지연 가산세는 이자처럼 납부세액에 하루 2.2/10,000(2022년 2월 15일 이후)를 곱해 추가된다.

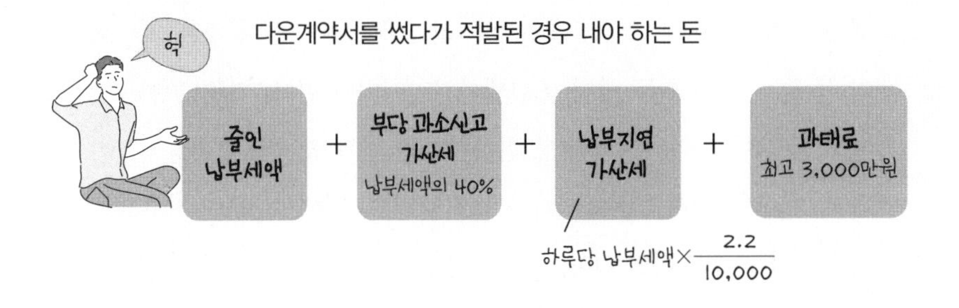

세금 계산 전에 조정대상지역부터 확인하자

정부는 아파트 분양 등이 너무 과열되거나 과열될 우려가 있는 지역을 '조정대상지역'으로 지정한다. 조정대상지역으로 지정되면 1세대 1주택 비과세 요건, 다주택자 양도세 및 종부세 중과와 같은 부동산 세금이나 대출조건 등이 달라진다. 예를 들어 1세대 1주택 비과세 거주요건은 취득일, 다주택자 양도세 중과 여부는 양도일 당시 조정대상지역 여부를 반드시 체크해 봐야 한다.

조정대상지역, 주의해야 할 세금 포인트

지난 정부에서 주택경기를 잡기 위해 쓴 세금정책은 대부분 조정대상지역에 대해서만 규제를 강화한 이른바 '핀셋 규제'였다.

2017년 8월 3일 이후 취득한 조정대상지역 내 주택은 1세대 1주택 비과세를 받기 위해서 2년 보유뿐만 아니라 2년 거주도 해야 하는 거주요건이 생겼다. 이때 취득 당시 조정대상지역이어야 한다. 가령 2023년 2월에 서울 강동구에 있는 주택을 취득한다면 취득 당시 조정대상지역이 아니기 때문에 1세대 1주택 비과세 요건을 받기 위해서는 2년 거주요건은 없고 2년 보유만 하면 된다.

다주택자 양도세 중과는 양도일 당시 조정대상지역이면 양도세를 중과한다. 다만, 중과 유예기간인 2022년 5월 10일부터 2025년 5월 9일까지 양도 시에는 조정대상지역이라도 중과되지 않는다. 다주택자가 조정대상지역에서 풀린 후에 양도한다면 중과유예 기간과 상관없이 중과되지 않는다.

취득세 중과도 조정대상지역인지 여부에 따라 다르다. 매매로 조정대상지역 주택을 취득하면 중과세율이 높게 적용되고, 증여의 경우 다주택자가 조정대상지역 내 기준시가 3억원 이상인 주택을 증여하면 중과된다. 물론 조정대상지역에서 풀린 지역에 있는 주택을 증여하면 취득세가 중과되지 않는다.

2023년 1월 5일 강남 3구(강남, 서초, 송파)와 용산구를 제외한 모든 지역이 조정대상지역에서 해제되었다. 이에 따라 조정대상지역에서 해제된 지역은 세법을 따로 개정하지 않아도 규제에서 벗어나게 되었다.

조정대상지역 여부에 따른 세금 차이

구분		조정대상지역	비조정대상지역	판단 시기
1세대 1주택 비과세		거주요건 2년	거주요건 없음	취득 당시
다주택자 양도세 중과		○ (장기보유특별공제 ×) 한시적 중과 유예	× (장기보유특별공제 ○)	양도 당시
취득세 세율 중과	매매	2주택: 8% 3주택 이상: 12%	3주택: 8% 4주택 이상: 12%	취득 당시
	증여	중과 ○ (기준시가 3억원 이상)	중과 ×	증여 당시

수시로 바뀌는 조정대상지역, 어디서 알 수 있을까?

국토교통부는 조정대상지역을 추가로 지정하기도 하고, 때로는 조정대상지역에서 해제하기도 한다.

조정대상지역은 국토교통부 사이트(www.molit.go.kr)에서 상단 메뉴의

정책자료를 누른 다음 **행정규칙(훈령·예규·고시)**를 클릭하면 확인할 수 있다.

중요
반드시 체크

☆☆ 조정대상지역 지정·해제 현황(2023년 1월 5일 현재)

조정대상지역		지정일	해제일
서울특별시	강남구, 서초구, 송파구, 용산구	2017.8.3.	–
	강남 3구, 용산구 외		2023.1.5.
부산광역시	해운대구 · 동래구 · 수영구	2017.8.3.	2019.11.8.
	(재지정) →	2020.11.20.	2022.9.26.
	연제구 · 남구	2017.8.3.	2018.12.31.
	(재지정) →	2020.11.20.	2022.9.26.
	부산진구	2017.6.19.	2018.12.31.
	(재지정) →	2020.12.18.	2022.9.26.
	부산 기장군	2017.8.3.	2018.8.28. (일광면 제외) 2018.12.31. (일광면)
	서구, 동구, 영도구, 금정구, 북구, 강서구, 사상구, 사하구	2020.12.18.	2022.9.26.

조정대상지역		지정일	해제일
경기도	과천시, 성남시, 화성시(동탄2), 하남시	2017.8.3.	2023.1.5.
	고양시•, 남양주시	2017.8.3.	2019.11.8.
	광명시	2017.8.3.	2023.1.5.
	구리시, 안양 동안, 광교지구	2018.8.28.	2022.11.14.
	수원 팔달, 용인 수지 · 기흥	2018.12.31.	2022.11.14.
	수원 영통 · 권선 · 장안, 안양 만안, 의왕	2020.2.21.	2022.11.14.
	고양시 전지역, 남양주시(1), 화성, 군포, 안성(2)(18), 부천, 안산, 시흥, 용인처인(3), 오산, 평택, 광주(4), 양주(19), 의정부	2020.6.19.	2022.11.14.
	김포시(6)	2020.11.20.	2022.11.14.
	파주시(7)	2020.12.18.	2022.9.26.
	동두천시(21)	2021.8.30.	2022.9.26.
인천광역시	중구(20), 동구, 미추홀구, 연수구, 남동구, 부평구, 계양구, 서구(강화, 옹진 제외 전 지역)	2020.6.19.	2022.11.14.
대전광역시	동구, 중구, 서구, 유성구, 대덕구	2020.6.19.	2022.9.26.
대구광역시	수성구	2020.11.20.	2022.9.26.
	중구, 동구, 서구, 남구, 북구, 달서구, 달성군(8)	2020.12.18.	2022.7.5.
광주광역시	동구, 서구, 남구, 북구, 광산구	2020.12.18.	2022.9.26.
울산광역시	중구, 남구	2020.12.18.	2022.9.26.
세종 특별자치시	세종시(반곡동, 소담동, 보람동, 대평동, 가람동, 한솔동, 나성동, 새롬동, 다정동, 어진동, 종촌동, 도담동, 산울동, 해밀동, 합강동 집현동, 연기면(한별리, 누리리, 세종리), 연동면(용호리, 다솜리)	2017.8.3.	2022.11.14.
	고운동, 아름동	2017.10.10.	2022.11.14.
충청북도	청주(5)	2020.6.19.	2022.9.26.

• 삼송택지개발지구, 원흥·지축·향동 공동주택지구 등 제외

조정대상지역		지정일	해제일
충청남도	천안시 동남구(9) · 서북구(10), 논산시(11), 공주시(12)	2020.12.18.	2022.9.26.
전라북도	전주시 완산구 · 덕진구	2020.12.18.	2022.9.26.
전라남도	여수시(13), 순천시(14), 광양시(15)	2020.12.18.	2022.7.5.
경상북도	포항시 남구(16), 경산시(17)	2020.12.18.	2022.9.26.
경상남도	창원시 성산구	2020.12.18.	2022.9.26.

*조정대상지역 공고 내역은 국토교통부 누리집에서 **정책자료 → 법령정보 → 행정규칙**을 선택한 다음 '조정대상지역'을 검색해 참고하기 바란다.

알뜰신잡
부동산 상식

'부동산 공시가격 알리미' 사이트에서 기준시가 보는 법

공시가격, 기준시가가 뭐지?

공시가격이란 세무당국이 과세 기준으로 삼는 가격을 말한다. 국토교통부는 매해 정기적으로 부동산 가격을 조사해 발표한다. 토지는 개별공시지가, 아파트는 공동주택 공시가격, 단독주택은 개별단독주택 공시가격이라고 하는데, 보통 '기준시가'라고 통용해서 쓴다.

기준시가는 토지와 건물까지를 포함한 전체 부동산의 감정가액이다.

기준시가가 영향을 미치는 세금 및 적용기준

자료: 국토교통부

구분	적용기준
종합부동산세	인당 주택의 공시가격을 합산한 금액이 9억원(단독명의 1세대 1주택자 12억원)을 초과하는 경우
양도소득세	실거래가가 확인되지 않는 경우, 환산취득가액으로 계산할 때 양도 시 기준시가, 취득 시 기준시가를 사용
재산세	주택 공시가격의 60%* × 세율
상속증여세	단독주택: 개별단독주택 공시가격으로 산정 가능 토지: 개별 공시지가로 산정 가능
취득세	상속으로 취득 시: 공시가격×세율
지역건강보험료	(공시가격×60%)의 등급별 점수×208.4원(2024년 기준)
건보료 피부양자 자격	공시가격 9억원 이하, 또는 9억원 초과~15억원 이하& 연소득 1,000만원 이하
기초연금 대상 자격	소득환산액=공시가격×4%

*토지·건축물은 공시지가의 70%

아파트의 공시가격은 보통 실거래가의 70% 수준이라고 본다. 또한 토지 개별 공시지가나 건물 기준시가는 시가의 50% 수준도 있는 등 다양해서 단정하긴 무리가 있다. 기준시가는 각종 부동산 세금의 기준이 된다.

부동산 기준시가를 볼 수 있는 사이트

유형		고시자	사이트
공동주택	2005년 이전	국세청장	국세청
	2006년 이후	국토교통부장관	국토교통부 부동산 공시가격 알리미
단독주택		지방자치단체장	
토지		지방자치단체장	
건물		국세청장	건물 기준시가 산정방법에 따라 계산

부동산별로 세금의 기준이 되는 공시가격의 고시일이 다르다. 상업용 건물(건물 연면적 합계가 3,000㎡ 이상이거나 100개 호 이상인 경우)과 오피스텔의 기준시가는 1월 1일, 아파트·단독주택·빌라 등 공동주택 공시가격과 개별 단독주택 공시가격은 4월 말에 고시되며, 토지의 개별 공시지가는 5월 말에 고시된다.

기준시가 알아보는 법

1. 국토교통부의 '부동산 공시가격 알리미(www.realtyprice.kr)' 사이트에 접속한다. 아파트 등의 공동주택 공시가격뿐만 아니라 빌라, 연립, 단독주택, 토지의 표준 및 개별 공시가격을 알 수 있다. 첫 화면에서 **표준주택**을 선택한 뒤, 다음 화면에서 **주택 → 공동주택공시가격**을 클릭한다.

2. '공동주택가격 열람' 화면이 열리면, 시/도, 시/군/구를 선택한 다음 도로명, 단지명, 동호수를 선택하고 〈열람하기〉를 누른다.

3. 그러면 다음 화면에 기준일별 공시가격이 나타난다. 2005년 이전 공동주택의 기준시가는 국세청 홈택스(www.hometax.go.kr)의 기준시가 조회 화면에서 찾을 수 있다.

사례로 알아보는 양도세 계산법 연습

사례 2주택자인 G씨는 10년 전에 강원도 강릉시의 아파트를 4억원에 샀다. 그런데 이번에 이 아파트를 6억원에 팔기로 계약했다. 이 경우 양도세를 얼마나 내야 할까?

G씨의 경우 2주택자이지만, 비조정대상지역의 아파트라서 양도세가 중과되지 않는다. 조정대상지역이라도 한시적 유예기간(2022.5.10~2025.5.9)에 양도하면 중과되지 않는다. 일반적인 장기보유특별공제율로 공제받을 수 있고, 기본세율을 적용해 계산하면 된다.

1단계: 양도차익 구하기

G씨는 10년 전에 4억원에 산 아파트를 6억원에 팔았다. 편의상 필요경비를 1,000만원이라고 하자. 양도가액 6억원에서 취득가액 4억원과 필요경비 1,000만원을 뺀 1억 9,000만원이 양도차익이 된다.

양도차익 = 양도가액 − 취득가액 − 필요경비

1억 9,000만원	=	6억원	−	4억원	−	1,000만원
양도차익		양도가액		취득가액		필요경비

2단계: 장기보유특별공제와 기본공제 빼고, 과세표준 구하기

G씨는 2주택자이고 이 아파트를 10년 이상 보유했으므로, 장기보유특별공제율은 연 2%로 계산하면 20%이다. 양도차익에 20%를 곱하면 공제액이 3,800만원이다. 양도차익에서 장기보유특별공제액과 기본공제 250

만원을 빼면 과세표준이 된다. G씨의 과세표준은 1억 4,950만원이다.

과세표준 = 양도차익 - 장기보유특별공제액 - 기본공제 250만원

1억 4,950만원	=	1억 9,000만원	-	3,800만원	-	250만원
과세표준		양도차익		장기보유특별공제액		기본공제

3단계: 양도세 구하기

과세표준에 해당하는 양도세 세율을 곱한 후에 누진공제액을 빼주면 된다. G씨의 과세표준은 1억 4,950만원인데, 이 과세표준에 해당하는 세율은 35%이며 누진공제액은 1,544만원이다(59쪽 참조). 계산해 보면 G씨의 양도세는 3,688만 5천원이다.

양도세 = 과세표준 × 세율 - 누진공제액

3,688만 5,000원	=	1억 4,950만원	×	35%	-	1,544만원
양도세		과세표준		세율		누진공제액

4단계: 실제 납부세금 알아보기

양도세는 부가세로 지방소득세도 내야 한다. 지방소득세는 양도세의 10%이다. 따라서 G씨가 내야 할 세금은 총 4,057만 3,500원이다.

총 납부세금 = 양도세 + 지방소득세(양도세의 10%)

4,057만 3,500원	=	3,688만 5,000만원	+	3,688,500원
G씨의 총 납부세금		양도세		지방소득세

이은하 세무사의
현장 목소리

손해 봐도 양도세 내야 할까?

"2억 8,000만원에 산 아파트를 2억원에 팔아도 양도세를 내야 하나요?"

손실을 보고 팔려니 속이 쓰린데 설마 양도세까지 내야 할까? 결론은 양도세가 안 나온다. 양도세는 '양도차익'이라는 소득이 생겼을 때 내는 세금이다. 따라서 손해를 봤다면 당연히 양도세는 없다.

한 해(1.1.~12.31.) 동안 발생한 부동산의 양도차익과 양도차손은 서로 상계가 가능하다. 따라서 이익과 손실을 같은 해에 발생시키면 양도세를 아낄 수 있다.

양도소득은 다른 소득과는 합산되지 않는다

직장인 O씨로부터 이런 질문을 받은 적이 있다.

"올해 연봉이 크게 올랐는데, 아파트를 팔아 양도소득도 몇 억원이 생겼어요. 이 경우 근로소득과 양도소득을 합해서 누진세율이 적용되나요?"

결론부터 말하면, 양도소득은 분류과세가 되는 소득이다. 즉, 이자·배당·근로·사업·연금·기타소득 등 다른 종합소득과 합산되지 않는다. 따라서 다른 종합소득이 많은 것과 양도소득과는 관계가 없으니 안심해도 된다. 또한 건강보험료에도 영향이 없다. 즉, 양도소득이 있어도 건보료가 올라가지 않는다.

이은하 세무사의
현장 목소리

교환도 양도세 과세대상일까?

사례 2주택자인 G씨는 집을 다른 사람의 집과 '교환'을 하면 양도세를 내지 않아도 된다는 얘기를 들었다고 한다. 그래서 동생의 집이랑 서로 교환할까 생각 중이라고 했다.

교환도 대가를 받고 이전해 주는 유상양도이므로 양도세 과세대상이다. 교환하는 대상의 가치가 서로 다르다면 차액만큼은 현금으로 정산해야 한다. 2주택자인 G씨가 동생의 집과 교환을 한다면 양도차익에 대해 양도세를 내야 하며, 조정대상지역 내 2주택이라도 한시적 중과 유예기간인 2022년 5월 10일~2025년 5월 9일에 양도하면 중과되지 않는다.

그렇다면 왜 사람들이 '교환'을 얘기하게 된 걸까?

최근 들어 주택 거래가 잘 안 되자, 기한 내에 종전주택을 팔아야 비과세를 받을 수 있는 일시적 2주택자들 사이에서 '교환'이 대안으로 떠올랐다. 종전주택을 기한 내에 팔지 못하면 1세대 1주택 비과세 혜택을 놓쳐 양도세로 몇 억원을 더 내야 되게 생겼으니 비슷한 상황 또는 가족이 보유한 주택과 교환하는 것이다.

만약 특수관계자 간 교환거래를 할 때에는 시가에 맞춰 양도가액을 정해야 추가로 양도세 부당행위계산부인이나 증여세 과세 문제가 발생하지 않는다는 점을 주의하자(360쪽 저가양도 참조).

이은하 세무사의
현장 목소리

직접 신축한 건물 양도 시 주의할 점

건물을 신축하다 보면, 공사업체로부터 이런 제안을 받는 경우가 있다.

"공사비를 부가가치세 10%만큼 깎아줄 테니 세금계산서 같은 증빙 없이 거래하죠."

이처럼 세금계산서 같은 증빙이 없이 공사를 한 다음, 완공 후 얼마 되지 않아 팔면 양도세는 어떻게 될까? 이런 경우에는 취득 증빙이 없으니 환산취득가액으로 양도세를 신고하게 된다. 이때 양도 시 기준시가와 취득 시 기준시가의 차이가 거의 없으므로 양도차익이 거의 없게 나온다.

다시 말해 신축 건물주는 세금계산서를 안 받는 대신 공사비를 싸게 지불하고, 양도세도 환산취득가액으로 계산해서 줄이게 된다. 한편, 공사업체는 세금계산서 없이 거래해 매출을 누락하여 세금을 덜 내고 말이다. 또한 건물은 감가상각이 되기 때문에 시간이 지날수록 기준시가가 낮아진다. 따라서 실제 공사비용을 확인할 수 있는데도 양도세를 줄일 목적으로 환산취득가액으로 신고하는 경우가 있다.

하지만 2018년 1월 1일 이후 양도분부터는 신축일로부터 5년 이내에 팔면서 환산취득가액으로 신고하면, 환산취득가액의 5%만큼을 가산세로 내야 한다. 따라서 건물을 신축하면서 자재비, 인건비 등의 증빙을 챙기지 못해 환산취득가액으로 신고한다면, 신축일로부터 적어도 5년이 지난 후 양도하는 것이 가산세를 피하는 길이다. 물론 공사업체의 제안을 거절하고 세금을 성실하게 신고하는 것이 가장 바람직하다.

건물 신축, 이런 증빙서류 꼭 챙겨두자

신축 건물의 실제 취득가액은 공사대금 등 신축과 관련해 총 지출한 금액이다. 이때 공사대금 및 공사업체의 인적사항을 확인할 수 있는 증빙서류들을 챙겨 두어야 한다. 공사계획서, 공사상세내역서, 세금계산서, 계산서, 신용카드 영수증, 기타 공사대금 지급 사실을 확인할 수 있는 영수증, 무통장입금증, 계좌이체 내역 등이다.

그러면 관할 세무서에서 제출한 서류를 확인하여 사실 여부를 판단한다. 예를 들면 인건비는 지급금액과 수령자의 이름, 주민등록번호, 주소 등 인적사항이 기재되어 있어야 증빙으로 인정받을 수 있다.

■ 건설산업기본법 시행규칙[별지 제22호의6서식] <개정 2019. 6. 19.>

건설공사의 직접시공계획서

(앞쪽)

공 사 명			
①공 종	공종: 세부공종:		현장소재지
발 주 자	상호(기관명)	구분 [ ] 공공기관 [ ] 민간	대표자
	주소		
수 급 인	상 호		대 표 자
	영업소 소재지		

도급방법	[ ] 단독도급 [ ] 공동도급([ ] 공동이행방식 [ ] 분담이행방식 [ ] 주계약자관리방식)				
계약성질	[ ] 장기계속공사 [ ] 기타공사				
②계약일	년 월 일	③착공일	년 월 일	④준공예정일	년 월 일
⑤총 노무비	(원)				

직 접 시 공 계 획

직접시공 공종(기능인력 투입예정 인원 : 명)		하 도 급(예 정) 공 종	
⑥세 부 공 종	금 액	⑥세 부 공 종	금 액
⑦직접시공 금액 합계 (직접시공 노무비)	원	⑧하도급(예정) 금액 합계	원

「건설산업기본법」 제28조의2에 따라 건설공사의 직접시공계획을 통보합니다.

년 월 일

수급인 (서명 또는 인)

귀하

구비서류	1. 직접 시공 및 하도급 할 공사량·공사단가 및 공사금액(노무비)이 명시된 공사내역서 2. 예정공정표

부동산 매도·매수 계획은 연초부터 세워라

사례 서울시 서초구 서초동에 사는 C씨는 지금 살고 있는 시가 28억원의 아파트 외에도 방배동에 단독주택, 경기도 이천시에 3층짜리 상가를 가지고 있다. 올해 서초동 아파트만 남겨두고, 다른 부동산들은 처분하거나 자녀에게 증여할 생각이다. 그동안 세금문제로 여러 번 시행착오를 겪은 바 있어 올해 양도나 증여를 하려면 연초부터 챙겨야 할 것들을 궁금해했다.

과세 기준일(6월 1일) 전에 팔면 보유세 안 낸다

우선, 재산세, 종부세 등 보유세는 과세 기준일이 6월 1일이다. 보유세는 과세 기준일 현재 소유하고 있는 사람에게 부과된다. 따라서 부동산을 5월 말까지 팔면 올해의 재산세나 종부세를 안 내도 된다. 반면 매수자라면 6월 2일 이후에 사야 보유세 부담이 없다.

그 해 기준시가가 내리는지 오르는지 주목해야 한다

양도세는 실제 양도차익에 대해 과세된다. 하지만 오래전에 사서 실제 취득가액을 알 수 없으면, 기준시가로 환산한 환산취득가액을 취득가액으로 삼아 계산한다. 그런데 기준시가는 매해 오를 가능성이 높다. 양도 시 기준시가가 오르면 양도세가 많아진다. 이런 경우 기준시가가 새로 발표되기 전에 팔면 양도세를 아낄 수 있다.

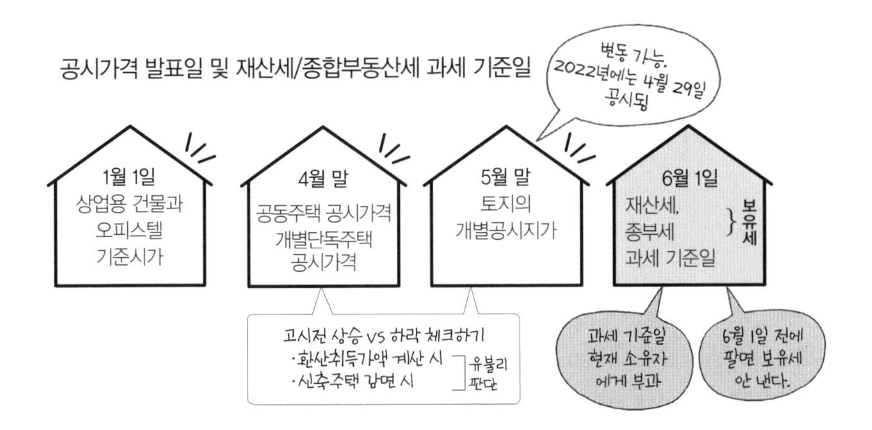

하지만 2023년은 이례적으로 전년보다 표준지공시지가가 5.92% 떨어졌다. 이렇게 기준시가가 떨어지는 해에는 반대로 기준시가가 발표된 이후에 거래해서 당해연도 기준시가를 적용받는 것이 유리하다. 조특법에 따른 신축주택 감면을 받는 경우, 감면받을 양도소득 금액을 구할 때도 기준시가를 기준으로 하기 때문에 발표일 전에 파는 것과 이후에 파는 것은 세부담 차이가 생기니 유의하자.

증여도 기준시가 전망에 따라 시기를 선택하라

C씨가 자녀에게 증여할 때도 기준시가는 중요하다. 상가나 단독주택의 증여금액은 당시 고시된 기준시가로 평가할 수 있다. 똑같이 올해 증여를 하더라도, 고시일 전이면 작년 고시가로 계산하고, 고시일 이후라면 올해 고시가가 적용된다. 따라서 C씨는 당해 연도 기준시가가 상승한다면 발표일 전에, 하락한다면 발표일 이후에 단독주택을 자녀에게 증여하면 세금을 아낄 수 있다. 부동산을 팔 때는 이처럼 연초에 미리 계획을 세워놓고 실행하는 것이 절세에 도움이 된다.

현장사례로 보는
절세전략

손실 난 부동산, 이익 난 부동산과 같은 해에 처분하라

사례 얼마전에 10년간 보유한 토지를 판 K씨는 2억원의 양도차익을 얻었는데, 양도세를 줄일 수 있는 방법이 없을까 고심 중이었다. 그런데 K씨와 대화를 하던 중에 골프회원권이 1억원이나 떨어졌는데 앞으로 오를 가능성도 없어 보인다는 말을 들었다. 그래서 골프회원권을 처분하자고 제안했다. 골프회원권을 팔아서 어떻게 부동산 양도세를 줄일 수 있을까?

'이익 부동산+손실 부동산' 양도로 절세하는 법

이익이 난 부동산과 손실이 난 부동산을 같은 해에 팔면 양도세를 줄일 수 있다.

예로 아파트를 팔아서 양도이익이 1억원 발생하고, 오피스텔을 팔아서 손실이 8,000만원 생겼다면, 양도세는 둘을 합산한 양도차익인 2,000만원에 대해서만 내면 된다.

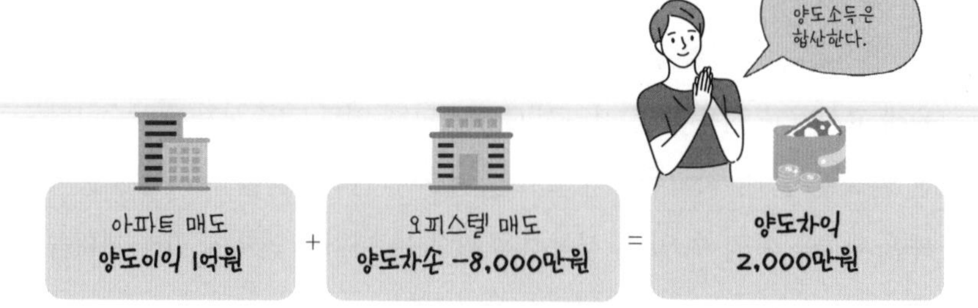

앞에서 소개한 K씨가 10년 간 보유한 사업용토지를 팔아 2억원의 양도차익이 생겼다면 양도세로 약 4,450만원을 내야 한다. 하지만 1억원을 손해본 골프회원권을 올해 안에 팔면 1억원이 상계되어(2억-1억원) 양도세를 약 943만원만 내면 된다. 약 3,500만원의 세금을 절세할 수 있는 셈이다.

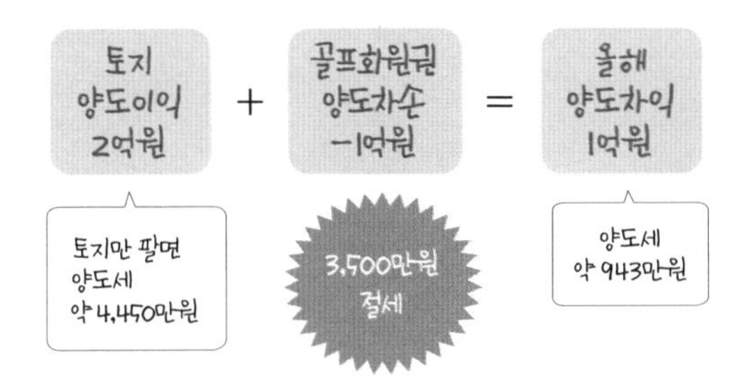

아무 생각 없이 토지와 손해본 골프회원권을 다른 해에 팔았다면 절세 기회는 사라졌을 것이다.

양도시기 분산으로 절세하는 법

양도세는 한 해(1월 1일~12월 31일) 동안 발생한 소득을 합산하여 계산한다. 한 해에 이익난 부동산을 여러 개 팔면 과세표준이 올라가서 세율이 높아진다. 합산 과세기간은 1월 1일부터 12월 31일까지이다. 따라서 양도이익이 난 부동산이 2채라면, 하나는 올해, 다른 하나는 다음해에 파는 것을 고려해야 한다.

2

CHAPTER

18년 동안 많은 분들과 세무상담을 하며 안타까운 경우를 많이 만났다. 자신이 1세대 2주택자임에도, 1주택자인 줄 알고 무턱대고 팔았다가 세금 폭탄을 맞은 사람들을 보곤 한다. 기본이 중요하다.
부동산 세금의 핵심 기초지식, 1세대 1주택 개념부터 확실히 챙겨보자. 나와 내 아이들의 세금을 아낄 수 있는 기초지식이 될 것이다.

1세대 1주택 비과세 확실히 챙기기

01
1세대 요건에 대한 7가지 질문

사례 서울에 양도차익이 큰 주택을 2채 보유한 J씨. 2채 모두 계속 보유할지, 1채를 팔아야 할지 고민을 많이 했다. 이제 조정대상지역에서 해제되어 양도세 중과는 되지 않지만, 그래도 양도차익이 크다 보니 양도세가 만만치 않았다.

그러다 친구 모임에서 자녀에게 증여하면, 자신도 자녀도 각각 1세대 1주택이 된다는 얘기를 들었다. 증여도 하고 양도세도 줄이고 일석이조라는 것이다.

J씨는 슬하에 23세 대학생 아들 한 명을 두고 있다. 아들에게 아파트를 1채 증여하면, J씨와 아들이 각각 1세대 1주택이 되어 양도세를 아낄 수 있을까?

그렇지 않다. J씨의 아들은 대학생이므로, 주소지를 달리 해서 따로 살더라도 세대분리 요건(96쪽 참조)을 갖추지 못했다. 따라서 증여를 해도 같은 세대로 묶여 양도세 계산 시 주택 수가 합산된다.

양도세는 '세대' 단위로 계산한다

주택을 팔 때 나오는 양도세를 아끼는 가장 좋은 방법은 1세대 1주택 비과세를 받는 것이다. 정부는 투기 목적의 거래는 규제하지만, 한 세대가 하나의 주택을 소유하는 것은 국민 주거안정을 위해 세금혜택을 준다. 1세대 1주택의 경우 일정요건을 갖추면 주택을 팔아서 이익이 생기더라도 양도세를 비과세 해준다.

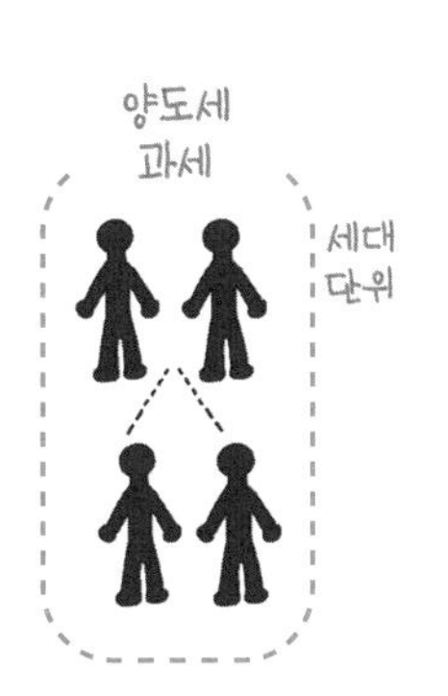

양도세는 주택 수를 '세대'를 단위로 계산한다. 비과세 혜택을 받으려면 1세대 1주택이어야 하는데, 세대 개념을 헷갈려 하는 사람들이 많다. '세대'란 간단히 말하면 거주자 및 그 배우자와 자녀이다. 만약 부모나 형제·자매가 같은 집에서 산다면 이들도 기본적으로는 같은 세대로 본다.

'같은 세대'인지, 아니면 '별도 세대'인지 판단하는 것은 매우 중요하다. 같은 세대로 묶이게 되면 양도세를 계산할 때 가족들이 가진 집을 모두 주택 수로 합산하는데, 주택 수에 따라 세금이 크게 차이가 나기 때문이다.

배우자가 없어도 1세대로 보는 경우

① 해당 거주자의 나이가 만 30세 이상인 경우
② 배우자가 사망하거나 이혼한 경우
③ 국민기초생활보장법에 따른 기준 중위소득을 12개월로 환산한 금액의 40% 수준 이상으로서 소유하고 있는 주택 또는 토지를 관리·유지하면서 독립된 생계를 유지할 수 있는 경우

부모와 따로 사는 대학원생, 별도 세대로 볼까?

사례 H씨네는 부모와 자녀로 구성된 3인 가족이다. 부부 명의로 아파트 1채, 따로 사는 27세 미혼 대학원생인 아들 명의로 1채를 가지고 있다. H씨는 부부 명의의 아파트를 팔 생각이다. 이때 H씨네는 1세대 1주택일까, 2주택일까? 그리고 언제 부부 명의의 아파트를 파는 것이 절세에 유리할까?

H씨네의 경우 아들이 27세 미혼, 소득이 없는 대학원생이므로, 주민등록을 달리하고 실제로 주소를 옮겨서 따로 살더라도 세대분리 요건이 되지 않는다. 여전히 부모와 같은 세대로 본다. 그런데 부부 명의, 아들 명의로 아파트를 각각 1채씩 가지고 있으므로 1세대 2주택이어서 비과세를 받을 수 없다.

시간이 흘러 아들이 만 30세가 되면, 배우자가 없어도 세대분리가 가능하므로 별도 세대로 볼 수 있다. 이때 부부 명의의 아파트를 팔면 1세대 1주택 비과세를 받을 수 있다.

아울러 세대 요건은 **양도일 시점**으로 판단한다. 따라서 자녀가 미혼이라면, 만 30세가 될 때까지 매도를 미루는 것도 절세법 중 하나이다.

부모와 따로 사는 미혼 자녀, 별도 세대 되려면

"결혼하지 않은 미혼은 부모님과 따로 살아도 별도 세대로 인정받지 못하나요?" 이런 질문을 하는 사람들이 많다.

그렇지 않다. 만 30세가 넘었거나, 소득이 일정금액(1인가구 기준 월 891,378원, 2024년) 이상이어서 독립적으로 생계를 유지하면서 주택을 관리할 능력이 인정되는 경우에는 부모님과 떨어져 혼자 살면 별도 세대로 인정받을 수 있다. 이 경우 부모와 자녀가 세대분리가 되어 각각 1세대 1주택 비과세를 받을 수 있다.

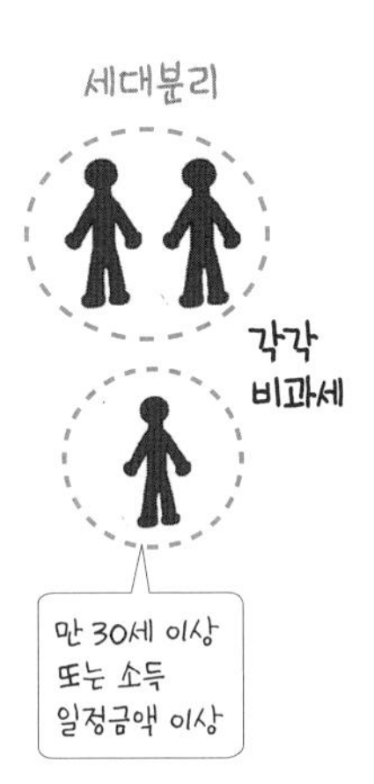

대학생이라도 아르바이트 하면 별도 세대 될까?

질문 23세 대학생이 아르바이트를 해서 월 90만원을 번다면 별도 세대로 볼 수 있을까?

현재 아들이 아르바이트를 해서 일정금액 이상의 소득이 있으니 별도 세대로 봐야 하지 않을까 생각할 수도 있다.

하지만 만 30세 미만의 미혼 자녀가 별도 세대로 인정받으려면 독립적인 생계를 유지할 만한 고정수입이 있어야 한다. 따라서 대학생이나 대학원생의 아르바이트 수입은 고정수입으로 볼 수 없기에 별도 세대로 인정받을 수 없다.

반면 고등학교나 대학을 마치고 취업해서 고정수입을 받는 경우, 만 30세 미만이라도 주소를 달리해서 살고 있다면 별도 세대로 인정해 준다.

주말부부의 각자 명의 아파트, 1세대 1주택일까?

부부는 같이 살지 않더라도 무조건 같은 세대로 본다. 이혼하지 않은 이상 각자 보유한 주택을 모두 합산한다.

반면 자녀의 경우에는 앞에서 말했듯, 떨어져 살면서 세대분리 요건을 만족하면 별도 세대로 보며, 세대분리 요건을 못 맞추면 떨어져 살아도 같은 세대로 본다. 서울의 대학에 다니느라 지방에 사는 부모와 떨어져 사는 20세 아들·딸은 여전히 같은 세대로 보는 것이다.

같은 집의 부모·형제, 별도 세대로 인정받으려면

부모님을 모시기 위해 합가했거나, 몸이 불편한 형제를 돌보면서 같이 사는 경우에는 1세대로 본다. 하지만 같은 주소지에 살더라도 경제적으로 서로 독립된 상태에서 각자 생계를 달리했다면 별도 세대로 인정해 준 판례도 있다.

단, 입증 책임은 납세자에게 있다. 각자의 소득이 따로 있으며, 생활비나 관리비 등을 각자의 소득에서 지출한다는 것을 입증해야 한다.

미국 사는 L씨, 거주자로 비과세 받을 수 있을까?

사례 수년 전에 미국으로 이민간 L씨는 한국에 있는 아파트를 처분할 생각이다. 그런데 양도세를 알아보니 비거주자라며 너무 많이 나왔다. 수소문 끝에 가족은 그대로 미국에 둔 채, 혼자 한국에 와서 6개월 정도 체류하다가 집을 팔면 비과세를 받을 수 있다는 말을 들었다고 한다. 이것은 사실일까?

1세대 1주택 비과세를 받으려면 국내 거주자여야 한다. 여기서 거주자란 국내에 주소를 두거나 1년에 183일 이상 거소•를 둔 사람을 말한다.

• **거소**는 주소지 이외의 장소 중 상당기간 동안 거주하는 장소를 말한다.

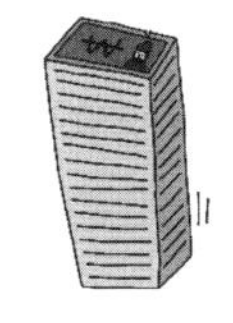

하지만 단순히 거주일자만 충족했다고 해서 거주자 신분이 되는 것은 아니다. 국내에서 주된 경제활동을 하며 생계를 같이하는 가족과 함께 살고, 앞으로도 계속 국내에 거주할 거라고 판단될 때 거주자로 인정받을 수 있다.

L씨는 여전히 비거주자이기 때문에 비과세 혜택을 받을 수 없다. 생계를 같이하는 가족이 미국에 있고, 한국에서 주된 경제활동을 하지도 않는데다가, 집을 팔고 가족이 있는 미국으로 다시 돌아갈 예정이기 때문이다.

이제 1세대 1주택 비과세 요건을 충족하기 위해 알아야 할 다른 요건을 살펴보자. 바로 주택 수에 관한 문제이다. 다음에서는 무엇을 주택으로 볼 수 있으며, 주택 수에서 빼주는 주택은 어떤 것이 있는지 살펴보겠다.

02

내가 가진 '주택 수' 판단하기

사례 회사원 B씨는 서울시 서대문구 아현동의 아파트를 분양받아서 3년 전부터 입주해서 살고 있다. 올해 이 집을 팔고 이사를 갈 생각이다.

아파트 가격이 분양 때보다 크게 올랐지만, B씨는 '우리집은 1세대 1주택이니 양도세 걱정은 안해도 되겠지'라고 생각하고 매도계약을 해버렸다. 그런데 5년 전에 아내가 산 작은 오피스텔 1채가 떠올랐다. B씨는 아현동 아파트를 팔면서 1세대 1주택 비과세를 받을 수 있을까?

아내가 소유한 오피스텔을 주택으로 본다면 B씨네는 2주택자이다. 하지만 이 오피스텔이 주택으로 사용되지 않는다면, B씨네는 1세대 1주택자로서 양도세 비과세를 받을 수 있다(102쪽에서 좀 더 상세히 설명한다).

주택 수 판단할 때 중요한 점

주택의 양도세를 계산할 때는 '내가 가진 주택 수'와 관련하여 다음의 판단이 매우 중요하다.

> **'주택 수' 판단 체크리스트**
>
> ① 어떤 것을 주택으로 볼 것인가?
> ② 1세대 1주택 비과세 여부를 판단할 때 '주택 수에 포함되는 주택'인가?
> ③ 다주택자 중과 여부를 판단할 때 '주택 수에 포함되는 주택'인가?

②, ③번은 뒤에서 상세히 알아보기로 하고, 여기에서는 '어떤 것을 주택으로 볼지'에 대해 살펴보자.

사실상 거주 용도로 쓰면 주택

양도세에서는 '실제로' 사람이 거주하는 용도로 쓰면 주택으로 본다. 등기부등본, 건축물대장 등 관공서의 공부상 용도 및 등기 여부에 상관없이 '실제로 주거에 사용되는 건물인가'로 주택 여부를 판단한다.

이를테면 등기부등본이나 건축물대장에는 주택이 아니라도, 구조나 기능, 시설이 본래 주거용으로서 주거에 적합하면 주택으로 본다. 무허가건물이라도 실제로 사람이 살면서 주택 용도로 쓰고 있다면 주택 수에 포함하는 것이다.

같은 맥락에서 등기부등본이나 건축물대장에 주택으로 되어 있지만, 실제로는 사람이 안 산 지 오래되어 유리가 다 깨어지고 문도 없는 등 폐가가 되었다면, 주택으로 보지 않아 '주택 수'에서 제외시킬 수 있다.

오피스텔은 주택 수에 포함될까?

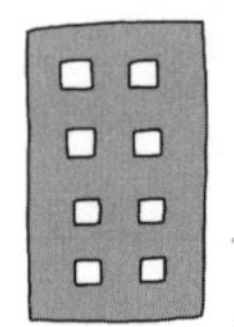

양도세에서 오피스텔은 사무실 용도로 쓰면 주택으로 보지 않지만, 사람이 거주용으로 사용하고 있다면 주택으로 본다. 내가 보유한 오피스텔이 주택인지 여부는 '실제 사용하는 용도'로 결정되는 것이다.

앞 사례의 B씨의 경우, 아내의 오피스텔이 거주용으로 사용되고 있다면, 즉 세입자가 집으로 사용한다면 주택 수에 포함되기 때문에 1세대 2주택자가 되어 양도세 비과세 혜택을 받을 수 없다. 하지만 이 오피스텔이 사무실로 사용되고 있다면 주택 수에 포함되지 않기 때문에 비과세를 받을 수 있다. 이때 임대차계약서, 임차인의 사업자등록증 등을 증빙자료로 제출해야 한다.

안타깝게도 B씨 아내의 오피스텔은 세입자가 주택으로 임대해 사용하고 있었다. 만약 집을 팔기 전에 이런 상황을 미리 체크했더라면 양도세를 피할 방법이 있었는데…(182쪽 사례 참고). 상담을 하면서 안타까운 경우였다.

다가구주택, 다세대주택의 주택 수는?

다세대주택과 다가구주택은 둘 다 여러 가구가 살 수 있는 주택이라는 공통점이 있다. 하지만 '주택 수'를 계산할 때는 큰 차이가 있다.

다세대주택은 우리가 흔히 동네에서 보는 빌라가 대표적이다. 여러 가구가 살 수 있도록 건축된 건물로, 주택으로 사용되는 층수는 4층 이하이며 다세대주택으로 허가를 받아야 한다. 각 호수별로 구분등기가 되어 있고, 각각 1채의 독립주택으로 보는 공동주택이다. 따라서 다세대주택을 통째로 가지고 있다면 호수별로 주택 수를 계산하기에 다주택자가 된다.

반면 다가구주택은 여러 가구가 살 수 있는 건물이지만, 주택으로 쓰이는 바닥면적 합계가 660㎡ 이하이고, 주택으로 사용하

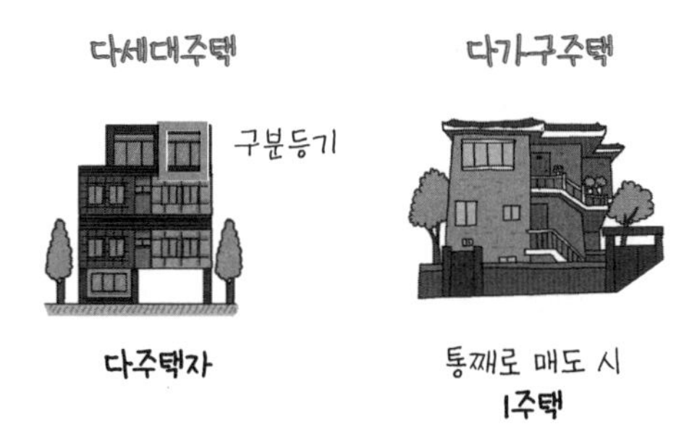

는 층수(지하층 제외)가 3층 이하이며, 19세대 이하가 거주한다. 다가구주택은 가구 단위로 팔지 않고 통째로 양도하는 경우에 단독주택으로 본다. 다가구주택 1채만 소유하고 있다면 1세대 1주택 비과세 혜택을 받을 수 있다.

다가구주택, 옥탑방 있다면 주의해야 한다

사례 O씨는 3층짜리 다가구주택을 하나로 통째로 팔면 양도세 비과세를 받을 수 있다고 알고 있었다. 그런데 세주고 있는 옥탑방 때문에 비과세를 받지 못한다는 날벼락 같은 얘기를 듣게 되었다.

다가구주택은 지하층을 제외하고 주택으로 쓰는 층수가 3개 층 이하여야 한다. 그런데 O씨의 주택은 옥탑방까지 포함하면 주택으로 사용하는 층수가 4개 층이 된다. 그러면 다가구주택이 아니라 각각을 하나의 주택으로 보는 다세대주택에 해당된다.

다가구주택 양도 전에 꼭 체크해야 할 것들

① 먼저 건축법상 다가구주택 요건에 맞는지 확인한다. 지하층을 제외하고 주택으로 사용하는 층이 3개 층 이하여야 한다.

② 옥탑방 포함 4개 층이라면, 옥탑방은 팔기 전에 멸실하는 것이 좋다. 단, 옥탑방 면적을 체크해서 건축면적의 8분의 1 이하라면 층수에 들어가지 않기 때문에 안심해도 된다.

이로 인해 O씨는 다주택자로 1세대 1주택 비과세를 받을 수 없다. 따라서 다가구주택을 팔기 전에는 앞의 체크리스트를 꼭 확인하자.

다세대주택→다가구주택으로 주택 수 줄이기

다세대주택을 다가구주택으로 용도를 바꾸고, 용도 변경일로부터 2년 이상 보유한 후 통째로 팔면 단독주택으로 보아 1세대 1주택 양도세 비과세를 받을 수 있다. 이때 2017년 8월 3일 이후에 취득한 조정대상지역 내 주택이라면 용도 변경일로부터 2년 이상 거주도 해야 한다.

다세대주택
다가구주택으로 용도 변경
1세대 1주택 비과세

장기보유특별공제도 용도 변경일부터 양도일까지의 보유 및 거주 기간을 계산하여 1세대 1주택의 공제율로 적용받을 수 있다. 2021년 1월 1일 이후 양도분부터는 거주 및 보유 기간에 따라 각각 연 4%씩만 공제받게 된다.

상가주택은 주택 수를 어떻게 계산할까?

상가와 주택이 섞여 있는 건물을 '상가주택'이라고 한다. 예를 들어 1층은 상가로 쓰고 2,3층은 주택으로 쓰는 식의 건물 말이다. 세법에서는 '겸용주택'이라고도 한다. 상가주택은 상가로 보느냐, 주택으로 보느냐에 따라 양도세가 달라진다. 어떤 차이가 있을까?

먼저 상가는 1채뿐이라도 비과세를 받을 수 없다. 또한 다주택자라도 상가를 팔 때는 중과와 전혀 상관이 없다(다주택자 중과는 주택에 적용되기 때문이다). 아울러 상가를 3년 이상 보유하고 양도시 보유기간에 따라 연 2%의 장기보유특별공제를 받을 수 있고 기본세율(6~45%)이 적용된다.

상가주택 1채만 있다면, 비과세는 어디까지?

2021년까지는 다른 주택이 없이 상가주택 1채만을 가지고 있는 경우, 주택면적이 상가면적보다 크면 팔 때 전체를 주택으로 봐서 1세대 1주택 비과세를 적용해 주었다. 반면, 주택면적이 상가면적과 같거나 작으면, 주택면적만큼은 주택으로, 상가면적만큼은 상가로 양도세를 계산했다.

이는 상가주택 1세대 1주택자들에게 엄청나게 큰 혜택이었다. 주택면적이 상가면적보다 1㎡만 커도, 그 상가주택이 수십억원짜리라도 상가면적에 대해서도 고가주택 기준금액을 초과한 양도차익에만 과세되며, 장기보유특별공제도 1세대 1주택자로서 받을 수 있었기 때문이다.

12억원 초과 상가주택 양도세 달라졌다(2022년 1월 1일 이후)

2022년 1월 1일 이후 양도분부터는 주택면적이 상가면적보다 커도, 주택면적만 양도세 비과세를 적용하고, 상가면적은 양도세를 계산해 내야 한다.

질문 G씨는 1세대 1주택자로서 주택면적이 145㎡이고 상가면적이 140㎡인 상가주택에서 계속 살았다. 보유 및 거주 기간은 12년, 취득가액은 4억원, 예상 양도가액 16억원이다. 2022년 이후 팔면 양도세가 얼마일까?

G씨는 2021년 말까지 이 상가주택을 팔았다면, 1세대 1주택 비과세(단, 고가주택 기준 초과 양도차익은 과세)와 장기보유특별공제를 적용받을 수 있었다.

하지만 2022년 1월 1일 이후에 팔면, 양도가액 12억원 초과 상가주택이기 때문에 주택면적만 주택으로 보고, 상가면적은 상가로 보아 양도세를 계산해야 한다.*

G씨의 전체 상가주택의 양도가액은 16억원인데, 주택 부분의 양도가액이 12억원을 넘지 않는다. 따라서 주택 부분은 전부 비

* 이때 주택면적과 상가면적으로 구분한 감정가액이 있다면 감정가액으로 안분(일정한 비율에 따라 나눔)해 계산하고, 만약 감정가액이 없으면 기준시가로 안분해서 계산한다.

G씨의 16억원 상가주택 양도세

구분	주택분	상가분
양도차익	610,526,310원	589,473,690원
과세되는 양도차익		589,473,690원
(-)장기보유특별공제		141,473,680원
(-)기본공제		2,500,000원
(=)과세표준		445,500,010원
(x)세율		40%
(-)누진공제액		25,940,000원
(=)산출세액	0원	152,260,000원

양도가액 12억원 이하로 비과세

과세되어 양도세가 없고, 상가 부분의 양도차익은 전부 과세되고 장기보유특별공제도 일반 공제율인 연 2%를 적용받는다. 결국 2022년 이후 12억원이 넘는 상가주택을 팔면 전보다 양도세가 훨씬 커졌다.

12억원 이하 상가주택이라면 주택 면적 중요하다

양도가액이 12억원 이하인 상가주택은 여전히 주택면적이 상가면적보다 크면 팔 때 전체를 주택으로 봐서 1세대 1주택 비과세를 적용해 준다.

질문 A씨와 B씨는 각각 상가주택 한 채씩만을 가지고 있다. A씨의 상가주택은 주택면적이 140㎡, 상가면적이 145㎡로 상가 면적이 더 크다. B씨의 상가주택은 주택면적이 145㎡, 상가면적이 140㎡로 주택면적이 더 크다. 둘 다 양도가액은 9억원, 취득가액은 3억원이고 보유기간은 10년이라고 하자. 둘의 양도세는 얼마나 차이가 날까?

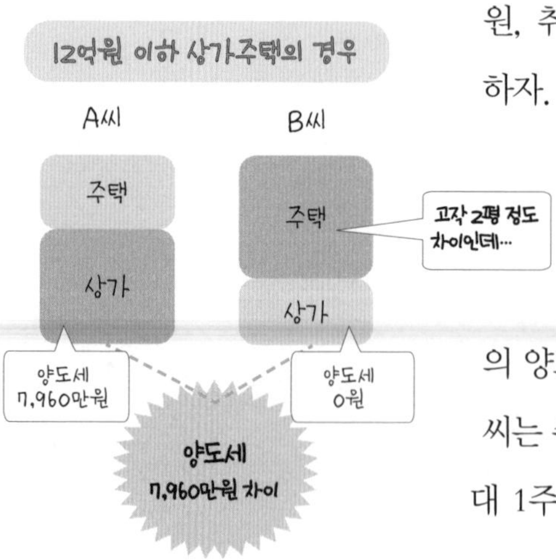

A씨는 상가면적이 주택면적보다 더 크기 때문에 주택면적에 대해서만 1세대 1주택 비과세를 받을 수 있다. A 씨의 양도세를 계산하면 약 7,960만원이다. 하지만 B씨는 주택 면적이 더 크다. 그래서 전체에 대해 1세대 1주택 비과세를 받을 수 있다. 양도가액이 12억

12억원 이하 상가주택의 경우
A씨
주택
상가
양도세 7,960만원
B씨
주택
상가
고작 2평 정도 차이인데...
양도세 0원
양도세 7,960만원 차이

원 이하이므로 1세대 1주택 비과세 요건을 채우면 양도세를 한푼도 안 내도 된다. A씨와 B씨의 상가주택은 주택면적이 고작 5㎡가 차이가 난다. 차이가 2평도 안 된다. 하지만 양도세는 약 7,960만원이나 차이가 나는 것이다.

상가주택의 양도세 절세 체크리스트

① 1세대 1주택자가 상가주택을 팔 때는 먼저 상가와 주택의 면적을 체크해 보자.

② 상가면적이 더 크다면, 주택면적을 더 늘린 후에 팔아라.

③ 이때 주택면적을 증축한 다음 2년 보유한 후 양도하면 전체 건물에 대해 비과세 혜택을 받을 수 있다.

④ 양도가액 12억원 초과 상가주택은 2022년부터는 주택에 대한 양도차익에 대해서만 비과세가 적용되니 주의해야 한다.

잔금청산 전에 주택→상가 용도변경 또는 멸실, 1주택 비과세 못 받는다

1세대 1주택자가 2년 이상 보유(2017년 8월 3일 이후 조정대상지역 내 주택 취득 시 2년 이상 거주 포함)하고 양도하면 1세대 1주택 비과세를 받을 수 있다. 양도가액이 12억원을 넘는 고가주택이라도 12억원 초과하는 양도차익에 대해서 보유기간, 거주기간에 따라 최대

80% 장특공을 받을 수 있어 양도세가 크게 줄어든다.

그런데 이런 경우가 있다. 1세대 1주택자가 매매계약을 하는데, 매수자 측에서 잔금청산 전에 주택을 상가로 변경하거나 멸실한다는 매매특약을 넣어줄 것을 요구하는 것이다. 매도자 입장에서 주택은 1주택 비과세를 받을 수 있지만 주택이 아니면 1주택 비과세를 받지 못한다. 주택인지 여부를 판단하는 기준일은 매매계약일일까 아니면, 잔금청산일일까? 종전에는 주택에 대한 매매계약을 체결하고 그 매매특약에 따라 잔금청산 전에 주택을 상가로 용도변경 또는 멸실한 경우 매매계약일로 주택 여부를 판단해서 비과세를 적용해주었다. 하지만, 변경된 예규*에 따라 2022년 10월 21일 이후 매매계약 체결분부터 양도일 즉, 잔금청산일 현재 현황에 따라 양도물건을 판정한다. 즉, 잔금청산일에 상가로 용도변경 되었거나 주택이 멸실되고 없다면 1세대 1주택 비과세를 받을 수 없으니 주의해야 한다.

* 기획재정부재산-1322 (2022.10.21)

03
분양권은 주택 수에 포함될까?

분양권이란 주택법에 따라 사업계획의 승인을 받아 지어지는 주택에 완공 후 입주할 수 있는 권리(매매 또는 증여 등으로 취득한 것을 포함)를 말한다. 흔히 '아파트 당첨권'을 생각하면 된다. 참고로 입주권은 재개발·재건축 조합원들이 소유한 신축주택에 대한 소유권을 말한다.

분양권에 대한 양도세는 2021년에 크게 변했다. 분양권 자체를 팔 때 양도세, 그리고 분양권과 주택을 같이 보유하다가 주택을 팔 때의 양도세로 구분해서 알아둬야 한다. 먼저 분양권 자체를 팔 때 양도세부터 살펴보자.

분양권 양도세, 보유기간 따라 세율 다르다

분양권에 프리미엄을 붙여 팔았다면 양도세를 신고·납부해야 한다. 분양권의 양도세는 계산이 간단하다. 프리미엄(양도가액–분양권 취득가액)에 필요경비와 기본공제 250만원을 뺀 후 세율을 곱하면 된다.

✯ **분양권의 양도세 =**
(프리미엄−필요경비−기본공제 250만원)×세율

분양권의 양도세 세율은 보유기간에 따라 다르다.

2021년 6월 1일 이후 분양권 양도분부터는 모든 지역에서 1년 미만 보유하고 파는 경우 70%, 1년 이상 보유한 경우 60% 세율이 적용된다. 예를 들어 취득한 지 1년이 안 된 아파트의 분양권을 프리미엄 1억원을 받고 판다면 무려 약 7,500만원(지방소득세 포함)을 양도세로 내야 한다.

✯ **분양권 보유 1년 미만, 1억 프리미엄을 받고 팔았을 때의 양도세**
= (1억원−필요경비−기본공제 250만원)×세율 = 약 7,500만원

아파트를 분양받아서 완공 후 거주하는 것이 아니라, 그 이전에 분양권인 상태로 팔면 중과세율을 적용하겠다는 취지이다.

분양권의 양도세 세율(2021년 6월 1일 이후 양도분)

구분	양도세 세율
모든 지역	1년 미만 보유: 70% 1년 이상 보유: 60%

분양권 양도했는데 주택이라니?

부동산을 취득할 수 있는 권리인 분양권이 부동산인 주택으로 바뀌려면, 주택이 완공되어 있어야 하고 잔금의 납부가 끝나야 한다. 즉, 둘 다 이루어져야 한다. 그런데 다음과 같은 상황이 생기는 경우가 있다.

질문 P씨가 분양받은 경기도 성남시의 32평 아파트가 최근 완공되었다. 그런데 P씨는 잔금을 완납하지 않고 소액만 남겨 놓은 상태에서 분양권을 팔았다. 이것은 분양권의 양도로 보아야 할까? 주택의 양도로 보아야 할까?

"이것이 무엇이 중요하냐?"고 의아한 사람들이 있을 것이다. 만약 위의 경우를 분양권의 양도로 본다면 취득세를 내지 않아도 되지만, 주택의 양도로 본다면 취득세를 내야 한다. 또한 양도세율도 분양권이냐 주택이냐에 따라 다르다.

그러다 보니 취득세도 안 내고 양도세율도 유리하게 만들 꼼수를 부렸다가 적발되는 사례들이 종종 있었다. 즉, P씨처럼 완공된 주택의 잔금을 아주 소액만 남겨 놓은 채 분양권을 양도한 것으로 신고해서 세금을 줄이려는 것이다.

그런데 지방세법에서는 등기등록 여부에 관계 없이 대금 지급 등 실질적 요건을 갖춘 경우는 사실상 취득으로 보며, 취득세를 내야 한다고 규정하고 있다. 또한 판례에서도 극히 일부의 잔금만 내면 되는데도 소유권 등기를 미루고 분양권을 양도한 경우, 미등기 양도에 해당한다고 보아 70% 세율로 중과한 바 있다. 따라서 잔금을 극히 일부만 남겨 놓은 상태에서 분양권으로 양도하는 것은 안 된다. 취득세를 내고 등기를 한 후에 부동산으로 양도해야 한다. 그렇지 않으면 나중에 세금 추징을 당할 수 있으니 조심하자.

'1주택+분양권', 주택 팔 때 양도세 비과세 가능할까?

분양권과 주택을 보유한 사람이 주택을 양도할 때, 분양권이 주택 수에 포함되는지 여부는 매우 중요하다.

만약 분양권이 주택 수에 포함된다면, 1세대 1주택 비과세를 못 받게 되거나, 다주택자 중과 시기라면 주택 수가 늘어나서 더 높은 중과세율을 적용받을 수 있기 때문이다.

분양권의 주택 수 포함 여부는 2020년 12월 31일까지 취득한 분양권, 또는 2021년 1월 1일 이후에 취득한 분양권인지에 따라 다르다.

2020년 12월 31일까지 취득한 분양권, 주택 수에 포함 안 된다

사례 P씨는 현재 일시적 2주택자이다. 올해 5월까지 종전주택을 팔면 1세대 1주택 비과세를 받을 수 있는데, 모임에 나갔다가 분양권도 주택 수에 들어간다는 얘기를 듣고 깜짝 놀랐다. P씨도 2020년에 분양받은 분양권 하나를 보유하고 있기 때문이다. 분양권 때문에 비과세를 받지 못할까 봐 걱정이다. P씨는 종전주택을 팔 때 비과세를 받을 수 있을까?

결론적으로 P씨는 종전주택을 팔 때 1세대 1주택 비과세를 받을 수 있다. 2020년 12월 31일까지 취득한 분양권은 주택이 완공되고 잔금 납부를 한 후에야 주택으로 취급하기 때문이다. P씨의 분양권은 아직은 주택이 아니기 때문에 주택 수에 포함되지 않는다. 따라서 P씨는 종전주택을 일시적 2주택 비과세 요건을 갖추고 팔면 비과세를 받을 수 있다.

다주택자도 마찬가지다. 다주택자가 주택을 팔 때 역시 2020년 12월 31일까지 취득한 분양권은 주택 수에 포함되지 않는다. 따라서 조정대상지역에 2주택과 2020년 12월 31일 이전에 산 분양권을 가지고 있는 사람이 주택을 1채 판다면, 3주택이 아니라 2주택으로 중과된다. 다만, 다주택자 중과 유예기간인 2022년 5월 10일부터 2025년 5월 9일 기간에 양도하면 중과되지 않는다.

그렇다면 분양권의 취득일이 언제인지가 쟁점이다. 분양권이 2020년 12월에 당첨되었는데 계약일은 2021년 1월인 경우, 취득일을 당첨일로 보면 주택 수에서 제외되지만, 계약일로 본다면 주택 수에 포함되는 문제가 발생한다.

이에 대해 기획재정부가 입주자 모집공고에 따른 청약이 당첨되어 분양계약을 한 경우, 분양권의 취득시기는 청약 당첨일이라는 해석을 내놓았다(기획재정부 재산-85, 2022.01.14.). 한편 타인으로부터 분양권을 취득하는 경우에는 '잔금 청산일'이 취득일이 된다.

소득세법 기본통칙 98-162…2 [부동산에 관한 권리의 취득시기]
부동산의 분양계약을 체결한 자가 해당 계약에 관한 모든 권리를 양도한 경우에는 그 권리에 대한 취득시기는 해당 부동산을 분양받을 수 있는 권리가 확정되는 날(아파트 당첨권은 당첨일)이고, 타인으로부터 그 권리를 인수받은 때에는 잔금 청산일이 취득시기가 된다(2011.03.21. 개정).

2021년 1월 1일 이후 취득한 분양권, 주택 수에 포함된다

2021년 1월 1일 이후 취득한 분양권은 주택 수에 포함된다. 따라서 1세대 1주택자 비과세나 다주택자 중과*에 영향을 미친다.

만약 주택 1채와 2021년 1월 1일 이후 취득한 분양권 1개를 가지고 있다면, 다른 주택을 팔 때 1세대 1주택 비과세를 받을 수 없다. 하지만 이때도 일시적으로 주택과 분양권을 가지고 있는 경우에는 예외적으로 비과세를 해주는 규정을 두고 있다.

* 2025년 5월 9일까지 양도시 다주택자의 조정대상지역 내 주택이라도 중과되지 않는다.

일시적 '주택+분양권'인 경우

① 분양권 취득일로부터 3년 이내에 종전주택 양도하는 경우

일시적으로 2주택이 되었을 때 종전주택을 비과세 해주는 규정을 떠올리면 쉽게 이해될 것이다. 주택을 취득한 지 1년이 지난 후에 분양권을 취득하고, 분양권을 취득하고 3년 이내에 종전주택을 양도하면 비과세를 받을 수 있다.

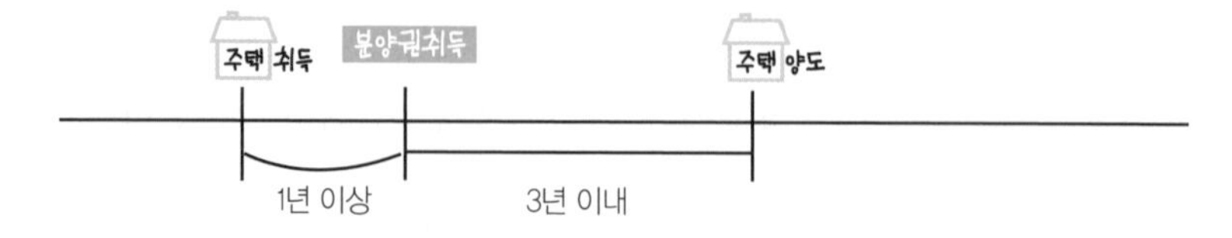

② 분양권 취득일부터 3년이 지나 종전주택 양도하는 경우

주택이 아닌 분양권을 취득한 것이니만큼 주택으로 완공되는 데 시간이 더 걸릴 수 있다. 그래서 종전주택을 3년 이내에 양도하지 못해도 한 가지 방법이 남아 있다. 주택을 취득한 지 1년이 지난 후에 분양권*을 취득하고 그 분양권을 취득한 지 3년이 지난 경우라면 다음의 요건을 갖추면 된다.

분양권이 주택으로 완공된 후 3년** 이내에 그 주택으로 세대 전원이 이사하여 1년 이상 계속하여 거주하면서, 신규주택 완공 전 또는 완공 후 3년** 이내에 종전주택을 양도하면, 종전주택을 양도할 때 비과세 혜택을 받을 수 있다.

• 2022년 2월 15일 이후 취득한 분양권부터 적용된다. 왜냐하면, 그전에 취득한 분양권은 주택으로 보지 않았기 때문에 이런 규정 자체가 필요없었다.

•• 2023년 1월 12일 이후 주택을 양도하는 분부터 적용됨. 2023년 1월 12일 전에 주택을 양도한 경우는 "2년" 적용됨

'다주택+분양권', 분양권 주택 수에 포함된다

사례 K씨는 서울과 분당에 각각 아파트를 1채씩 가지고 있다. 그런데 2021년 1월에 수원에 있는 아파트 1채를 분양받았다. K씨는 분당의 아파트를 팔 생각이다. 양도세는 어떻게 될까?

2021년 1월 1일 이후에 취득한 분양권이기 때문에 주택 수에 포함된다. 따라서 K씨가 분당 아파트를 팔 때, 분양권 포함 3주택자로 과세된다. 분당은 조정대상지역***이 아니기 때문에 보유기간에 따라 연 2% 장기보유특별공제를 받고 기본세율로 과세된다.

••• 조정대상지역이라도 다주택자 양도세 중과 유예기간인 2022년 5월 10일~2025년 5월 9일 기간에 양도 시 중과가 안 된다.

오피스텔 분양권도 주택 수에 포함될까?

질문 1세대 1주택자인 M씨는 2021년 3월에 오피스텔 분양권을 취득했다. 그런데 주변에서 이제 분양권도 주택 수에 포함되어, 기존 보유 주택을 팔 때 1세대 1주택 양도세 비과세를 받을 수 없게 된다는 얘기를 듣고 깜짝 놀랐다. 사실일까?

그렇지 않다. 오피스텔의 분양권은 2021년 1월 1일 이후에 취득했더라도 주택 수에 포함되지 않는다. 오피스텔은 주택법상 주택이 아닌 준주택으로 분류되어 있다. 따라서 주택에 대한 분양권이 아니기 때문에 주택 수에 포함되지 않는다.

3장에서 주택 수의 범위를 확장해 2주택이라도 양도세 비과세를 받는 법을 좀더 상세히 살펴보니 참고하기 바란다.

04
보유 및 거주 기간 체크하기

비과세 요건 못 갖췄다고 지레 포기하지 말자

1주택자라도 주택을 샀다가 단기간에 팔면 투기성이 강하다고 보아 비과세 혜택을 주지 않을 뿐만 아니라 세율도 중과된다. 따라서 보유 및 거주 기간을 반드시 따져본 후에 매매계약서를 작성해야 한다. 자칫 날짜 계산을 잘못했다가 안 내도 될 세금을 내야 할 수도 있다.

요건이 만족되지 않는다고 바로 포기하지 말고, 다음을 점검해 보자. 1세대 1주택 비과세를 받는 것이 절세의 지름길이다.

보유 및 거주 기간 체크리스트

① 보유 및 거주 기간이 1세대 1주택 비과세 요건을 충족하는지 살펴본다.

② 비과세 요건을 못 갖추었더라도 지레 포기하지 말고, '보유기간, 거주기간 특례'에 해당하는지 살펴본다.

③ 특례에 해당되기 위해 내가 할 수 있는 것이 무엇인지 체크한다.

8.2 부동산 대책으로 바뀐 보유 및 거주 기간 요건

1세대 1주택 비과세

2017년 8월 3일 이후

조정대상지역
2년 보유

2년 거주 요건
추가

주택경기에 따라 1세대 1주택 비과세를 받기 위한 보유 및 거주 기간 요건은 계속 변해왔다. 예전에는 2년 보유기간만 채우면 됐지만, 2017년 8.2 부동산 대책으로 조정대상지역의 주택은 2년 거주기간도 채워야 비과세를 받을 수 있게 바뀌었다. 취득 당시 조정대상지역이 아니라면, 종전처럼 거주하지 않고 2년 보유만 해도 비과세를 받을 수 있다.

각 상황에 따른 보유 및 거주 요건을 살펴보자.

취득시기에 따른 1세대 1주택 비과세 보유 및 거주 요건 체크리스트

① 2017년 8월 2일 이전에 취득한 주택

→ 2년 보유요건(거주요건은 없음)

② 2017년 8월 3일 이후에 취득한 주택

→ 취득일 당시 조정대상지역인지 여부 체크

· 조정대상지역 : 2년 보유 및 거주 요건

(*계약금 지급 당시 무주택 1세대가 조정대상지역 공고일 이전에 매매계약을 체결하고 계약금을 지급한 사실이 확인되는 경우에는 거주요건 없음)

· 조정대상지역 외 : 2년 보유요건(거주요건 없음)

③ 2021년 1월 1일~2022년 5월 9일 양도한 다주택자

(일시적 2주택자 등 제외)

→ 다른 주택들을 모두 양도하고,

최종적으로 1주택이 남은 상태에서 2년 이상 보유

2017년 8월 3일 이후 취득 당시 조정대상지역의 주택

→ 최종 1주택이 남은 상태에서 2년 이상 보유 & 2년 이상 거주도 해야 함

이때 주의할 점이 있다. 국토교통부는 조정대상지역을 새로 지정하거나 해제하는데, 그 집을 살 당시 조정대상지역이었다면 나중에 해제되더라도 2년 거주요건을 채워야 비과세를 받을 수 있다. 2023년 1월 5일 강남 3구(강남, 서초, 송파)와 용산구를 제외한 모든 지역이 조정대상지역에서 해제되었다. 따라서 2023년 3월에 서울 강동구에 주택을 취득했다면 거주하지 않아도 보유기간만 2년 이상이면 비과세를 받을 수 있다(단, 양도가액 12억원 초과시 과세). 즉, 취득일 당시 조정대상지역이었는지가 중요하다.

2017년 8월 2일 이전 계약금 완납 무주택 세대, 거주요건 적용될까?

질문 L씨 세대는 무주택이다가 2017년 5월 서울에 분양권이 당첨되어 계약금을 납부하고, 2020년 2월에 잔금을 냈다. L씨는 이 집에서 2년 이상 거주해야 양도세 비과세를 받을 수 있을까?

L씨는 이 집에서 2년 이상 거주하지 않아도 양도세 비과세를 받을 가능성이 있다. L씨가 분양받은 아파트를 취득한 날은 잔금을 낸 2020년 2월이다. 2017년 8월 3일 이후 조정대상지역 내 주택을 취득하면 2년 이상 보유, 2년 이상 거주요건을 채워야 1세대 1주택 비과세를 받을 수 있지만, 예외적으로 계약금 지급일 현재 무주택 세대가 2017년 8월 2일 이전에 매매계약을 체결하고 계약금을 지급(완납한 경우에 한함)한 경우에는 거주요건이 적용되지 않는다. 따라서 무주택자 L씨는 2017년 5월에 분양계약을 하고 계

약금을 완납했으므로, 2년 이상 거주하지 않고 2년 이상 보유요건만 갖춰도 양도가액 12억원 이하라면 양도세 비과세가 된다.

질문 P씨는 2019년 4월 경기도 고양시의 빌라를 취득했다. 당시 고양시는 조정대상지역이라 1세대 1주택 비과세를 받으려면 2년 보유뿐만 아니라 2년 거주도 해야 하지만, P씨 가족은 이 빌라에서 살 계획이 없었다. 그런데 그해 11월 "고양시가 조정대상지역에서 해제되었다"는 발표가 났다. P씨는 아내에게 증여를 고민 중이라며 필자에게 문의를 해왔다. "조정대상지역에서 해제된 지금, 아내에게 증여하면 거주요건은 없어지고, 2년 이상 보유만 하면 비과세를 받을 수 있지 않을까요?" 정말 그럴까?

결론부터 말하자면 그렇지 않다. 배우자에게 증여를 해도, 여전히 2년 이상 거주를 해야 1세대 1주택 비과세를 받을 수 있다. 왜냐하면 보유 및 거주 요건 충족의 판단 기준은 '세대'를 단위로 하기 때문이다. 부부는 한 세대이다. 따라서 P씨 세대가 고양시의 빌라를 취득했을 당시 조정대상지역이었기 때문에, 해제된 후 아내가 증여를 받아서 명의자가 바뀠더라도 세대단위 취득일 기준으로 여전히 2년 거주요건까지 갖추어야 비과세 혜택을 받을 수 있다.

질문 무주택 세대인 H씨는 2017년 7월 말에 세종시 아파트의 매매계약을 하고 계약금을 지급했다. 당시 세종시는 조정대상지역이 아니었기 때문에 2년 이상 보유만 하면 1세대 1주택 비과세를 받을 수 있었다. H씨는 이 아파트를 세종시가 조정대상지역이 되고 난 후인 2018년 2월에 남편에게 증여했다. 이 경우 1세대 1주택 비과세를 받으려면 2년 이상 거주요건을 적용받게 될까?

2년 이상 거주요건을 채우지 않아도 된다. 주택의 보유 및 거주요건은 '세대'를 기준으로 판단한다. 따라서 H씨 세대의 취득일 당시 2년 거주요건이 없었기에, 세종시가 조정대상지역으로 지정된 날 이후에 배우자에게 증여했어도 여전히 동일하게 거주요건을 적용받지 않는 것이다.

2017년 8월 3일 이후 산 주택, 비과세를 받으려면

질문 L씨는 2019년 9월 생애 처음으로 서울의 20평대 아파트를 샀다. 5년을 보유한 후에 팔 예정인데, 그때 양도가액은 9억원이고 양도차익이 3억원이라고 하자. 2년 거주요건을 채운 경우와 아닌 경우, 양도세는 어떻게 다를까?

L씨가 보유 및 거주 요건을 채웠다면 양도가액이 12억원 이하이므로 양도세를 한푼도 안 내도 된다. 하지만 2년 거주요건을 채우지 않은 경우에는 1세대 1주택 비과세를 받을 수 없고, 양도차익 3억원에 대해 장기보유특별공제(연 2%씩)를 받더라도 양도세로 약 9,000만원이나 내야 한다.

05

다주택자에 희소식! 최종 2년 보유·거주 기간 재기산 규정 폐지

말도 많고 탈도 많던 1세대 1주택 비과세 최종 2년 보유 및 거주 기간 요건이 2022년 5월 10일 이후 양도분부터 전격적으로 폐지되었다.

• 2022년 5월 9일 양도시까지 적용

기존(2021년 1월 1일 이후*)에는 다주택자가 최종 1주택을 팔면서 1세대 1주택 비과세를 받기 위해서는 다른 주택들을 모두 팔고, 최종적으로 1주택이 된 날부터 보유 및 거주 기간을 다시 계산해서 채워야 했다(재기산).

하지만 이 규정은 내용 자체가 워낙 복잡한데다가 시행 초기

단계에서 해석이 명확하지 않은 부분들이 많아 납세자들에게 큰 혼란을 초래했다. 결국 이 규정은 최단기간, 즉 약 1년 5개월도 안 되어 사라지게 되었다.

따라서 2022년 5월 10일 이후 양도분부터는 다주택자가 최종 1주택을 1세대 1주택 비과세를 받을 때, 다시 예전처럼 그 주택을 실제 보유·거주한 기간을 계산하면 된다. 즉, 그 주택의 취득일부터 양도일까지의 보유 및 거주 기간을 기준으로 계산해 1세대 1주택 비과세를 적용받을 수 있게 되었다. 다주택자에게는 최종 1주택을 시기에 구애받지 않고 자유롭게 팔 수 있게 된 희소식이다.

06

2년 보유 및 거주 안 해도, 받을 수 있는 비과세 특례

보유 및 거주 기간 특례

1세대 1주택 비과세를 받으려면 보유 및 거주 요건을 채워야 하지만, 세법에서 정한 특정 사유가 있을 때는 비과세를 받을 수 있다(단, 양도가액 12억원 초과 시 과세).

① 민간이나 공공건설임대주택 또는 공공매입임대주택을 사서 양도하는 경우로서, 임차일부터 양도일까지의 기간 중에 세대 전원이 거주한 기간이 5년 이상인 경우

【사례】 K씨 부부와 세 자녀는 서울시의 24평 민간건설임대주택에서 임대로 세대 전원이 8년간 살다가 기회가 되어 그 아파트를 샀다. 그런데 1년 만에 다른 곳으로 이사가야 할 일이 생겼다. 보유기간이 2년이 안 되는데 비과세를 받을 수 있을까?

K씨 가족은 민간건설임대주택에서 세대 전원이 처음 임차일부터 양도일까지 5년 이상 거주했으므로, 이 아파트를 산 후 2년 보유기간을 채우지 못하고 팔더라도 비과세*를 받을 수 있다.

• 양도가액 12억원 이하인 경우에 한한다.

② 주택 및 그에 딸린 토지의 전부 또는 일부가 '공익사업을 위한 토지 등의 취득 및 보상에 관한 법률'에 의한 협의매수·수용 및 그밖의 법률에 의하여 수용되는 경우**

•• 사업인정 고시일 전에 취득한 주택 및 그 부수토지에 한한다.

【사례】 S씨는 1년 6개월 전에 경기도 고양시의 단독주택을 샀는데, 신도시 개발로 인해 국가에 수용되게 되었다. 보유 및 거주 기간 2년을 채우지 못했는데 1세대 1주택 비과세를 받을 수 있을까?

이처럼 공익사업을 위해 수용당하는 경우 보유기간에 관계없이 1세대 1주택 비과세•를 받을 수 있다.

• 양도가액이 12억원 이하인 경우에 한한다.

③ 해외이주로 세대 전원이 출국하는 경우에도 비과세•를 받을 수 있다. 다만, 출국일 현재 1주택을 보유하고 있는 세대로서 출국일부터 2년 이내에 양도하는 경우에 한한다.

④ 취학 또는 근무상의 형편 때문에 1년 이상 계속 국외에 거주해야 해서 세대 전원이 출국하는 경우, 거주 및 보유 요건을 갖추지 못해도 비과세•를 받을 수 있다. 다만, 출국일 현재 1주택 세대로서 출국일로부터 2년 이내에 양도해야 한다.

⑤ 1년 이상 거주한 주택을 취학, 근무상의 형편, 질병의 요양, 그밖의 부득이한 사유로 양도하는 경우에도 거주 및 보유 요건을 못 채워도 비과세•를 받을 수 있다.

【사례】 P씨는 작년에 서울 아파트를 사서 1년 3개월 거주했다. 그런데 올해 고향인 전주 지점으로 발령이 나면서 서울 집을 팔고 그곳에서 정착할 생각이다. 서울 아파트는 보유기간이 1년이 살짝 넘었는데 팔 때 비과세를 받을 수 있을까?

보유기간이 2년이 안 되더라도, P씨처럼 1년 이상 거주한 주택을 근무상 형편으로 인해 팔 때는 비과세 혜택을 받을 수 있다.

07
2년 거주 안해도, 받을 수 있는 비과세 특례

2017년 8.2 부동산 대책 후(2017년 8월 3일 이후)에 취득한 조정대상지역 내 주택은 1세대 1주택자가 2년 보유뿐만 아니라 2년 거주 요건도 채워야 비과세를 받을 수 있다. 그런데 2년 보유기간은 채웠지만 2년 거주기간을 채우지 못한 경우에도 비과세 혜택(단, 양도가액 12억원 초과 시 과세)을 주는 거주기간 특례가 있다.

2019년 12월 16일 이전 임대주택으로 신청한 경우

① 임대주택으로 등록한 경우, 2년 이상 보유했으나 거주기간이 2년이 안 되더라도 양도세 비과세를 받을 수 있다. 다만, '민간임대주택에 관한 특별법'을 위반하여 임대의무기간 중에 그 주택을 양도하는 경우, 그리고 임대보증금 또는 임대료 인상률이 5%를 초과•한 경우는 제외된다.

• 2019년 2월 12일 이후 임대차계약을 체결하거나 기존 계약을 갱신하는 분부터 적용

단, 2019년 12월 16일 이전에 사업자등록과 임대사업자 등록을 신청한 경우에 한해 적용된다. 2019년 12월

17일 이후 임대주택으로 등록을 신청한 주택부터는 이 규정이 적용되지 않아서, 취득 당시 조정대상지역 내 주택이라면 임대주택으로 등록했어도 2년 이상 거주해야 1세대 1주택 비과세 혜택을 받을 수 있다.

질문 M씨는 2018년 2월 서울시 강북구의 아파트를 샀다. 그런데 직장 때문에 수원에서 전세로 살고 있어서 이 집에서 거주한 적은 없다. 2018년 3월 단기임대주택으로 구청에 임대주택 등록을 하고, 세무서에도 사업자등록을 했다. M씨는 이 서울 집을 처분하려고 하는데, 거주한 적이 없어서 1주택이라도 양도세 비과세를 받을 수 없을까 봐 걱정이다.

M씨는 2017년 8월 3일 이후에 조정대상지역인 서울의 집을 취득했으니, 2년 보유뿐만 아니라 2년 거주를 해야 1세대 1주택 비과세 혜택을 받을 수 있다. 하지만 다행히 2018년 3월에 임대주택 등록을 구청과 세무서에 했기 때문에 직접 거주한 적이 없어도 1세대 1주택 비과세를 받을 수 있다.

지난 정부는 다주택 중과와 1세대 1주택 비과세 요건을 강화하는 초기 단계에서 임대주택으로 등록하면 많은 세제혜택을 제공했다. '거주하지 않아도 거주요건을 채운 것으로 보아준다'라는 내용도 있었다.

단, 2019년 12월 16일까지 임대주택으로 신청하고 의무임대기간을 채워야 하고, 2019년 2월 12일 이후 주택임대차계약을 체결하거나 기존 계약을 갱신하는 분부터는 임대료 인상률이 5%를 넘지 않도록 해야 세제혜택을 받을 수 있다.

만약 M씨의 아파트가 12억원 초과 고가주택이라면 초과분 양도차익에 대해서는 양도세를 내야 하며, 장기보유특별공제는 2년 거주를 하지 않았으므로 일반 공제율인 연 2%를 적용받게 된다.

2019년 12월 17일 이후 신청분부터는 '거주요건 예외' 안 된다

주택시장의 오름세는 잡히지 않고 임대주택으로 인해 물량이 묶여 공급이 부족하다는 지적으로, 임대주택에 대한 세제혜택은 점차 축소되었다. 이에 따른 세법 개정으로 앞의 규정은 없어졌기 때문에 2019년 12월 17일 이후 임대주택으로 신청한 주택부터는 적용되지 않는다. 즉, 2년 거주를 해야 비과세를 받을 수 있다는 점에 유의하자.

② 계약일 당시 무주택자(세대원 포함)가 조정대상지역 공고일 이전에 매매계약을 체결하고 계약금을 완납한 경우에는 2년 거주요건을 채우지 않아도 양도세 비과세를 받을 수 있다.

상생임대주택은 2년 거주한 것으로 확대 적용

일정요건을 갖춘 '상생임대주택*'에 대해서는 그 주택에 2년 간 거주한 것으로 보아 거주기간을 계산하고 장기보유특별공제도 2년

* 2021년 12월 20일 이후 임대하는 분부터 적용

거주요건을 면제해 준다. 즉, 실제 거주한 적이 없어도 보유기간에 대해 연 4% 공제율을 적용받는다. 다만, 실제 거주한 적이 없기 때문에 거주기간에 대한 연 4%는 적용되지 않는다. 요건은 다음과 같다.

① 소유자가 주택을 취득한 후 임차인과 체결한 해당 주택에 대한 직전 임대차계약(직전 임대차계약에 따라 임대한 기간이 1년 6개월 이상일 것) 대비 임대보증금 또는 임대료의 증가율이 5%를 초과하지 않을 것

② 해당 임대차계약(상생임대차계약)이 2021년 12월 20일부터 2024년 12월 31일까지의 기간 중에 체결되었을 것(계약금을 지급받은 사실이 확인되는 경우에 한정)

③ 상생임대차계약에 따라 임대한 기간이 2년 이상일 것

기존 규정은 임대개시일 당시 1세대 1주택자이고 해당 주택이 기준시가 9억원 이하여야 한다는 규정이 있었으나 폐지되었다. 따라서 임대개시일 당시 다주택자여도 마지막에 팔 1주택에 대한 비과세를 받기 위해 활용할 수 있고, 금액 제한도 없어져 12억원이 넘는 고가주택도 활용 가능해졌다.

상생임대주택특례를 적용받으려면 양도세를 신고할 때 상생임대주택에 대한 특례적용신고서에 해당 주택에 관한 직전 임대차계약서 및 상생임대차계약서를 첨부하여 세무서장에게 제출해야 한다.

08

고가주택 양도세 절세법

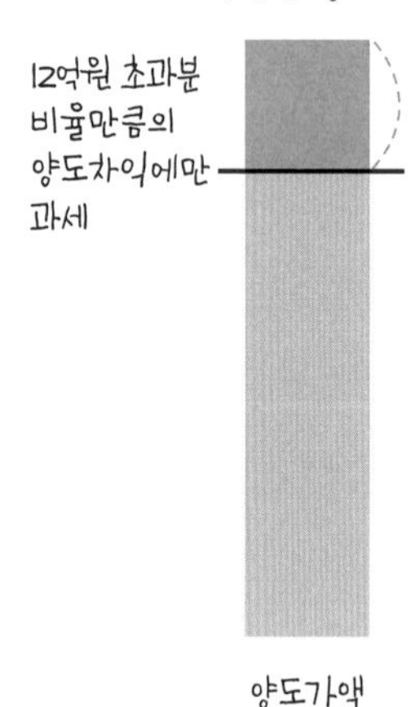

1세대 1주택 고가주택 기준이 2021년 12월 8일 이후 양도하는 분부터 종전 9억원에서 12억원으로 상향되었다. 고가주택은 1세대 1주택이라도 양도세가 비과세되지 않는다. 그렇다고 전체 양도차익에 과세되는 것은 아니고, 12억원 초과분의 비율만큼의 양도차익에 대해서만 과세된다.

만약 아파트를 8억원에 사서 16억원에 판다면 전체 양도차익은 8억원이다. 12억원 초과 고가주택이므로, 양도가액(16억원)에 대한 12억원 초과분(4억원)의 비율(4억원/16억원=25%)만큼의 양도차익에만 세금을 매기는 것이다. 이 경우 전체 양도차익 8억원의 25%인 2억원의 양도차익에 대해서만 세금이 나오게 된다.

$$\text{1세대 1주택 고가주택의 과세 양도차익} = \text{양도차익} \times \frac{\text{양도가액} - \text{12억원}}{\text{양도가액}}$$

$$\text{2억원} = \text{8억원} \times \frac{\text{16억원} - \text{12억원}}{\text{16억원}}$$

1세대 1주택 고가주택의 장기보유특별공제

고가주택이라도 1세대 1주택자는 장기보유특별공제 혜택이 크다. 1세대 1주택 외의 경우 장기보유특별공제로 연 2%씩 15년 이상 보유 시 최대 30%가 공제되지만, 1세대 1주택자는 10년 이상 보유 및 거주 시 최대 80%까지 공제해 준다. 2021년 1월 1일 이후 양도분부터는 보유기간에 따라 연 4%, 거주기간에 따라 연 4%씩 적용된다.

고가주택 1주택자, 거주기간별 양도세는?

사례 W씨는 서울에 아파트 1채가 있는 1세대 1주택자이다. 이 아파트를 보유한 지는 10년이 넘었지만 거주한 적은 없다. 거주기간에 따라 양도세가 많이 달라진다는데, 얼마나 차이가 날까? 최근 시세는 약 17억원이고 취득가액은 4억원이다.

1세대 1주택자가 2년 이상 보유(2017년 8월 3일 이후 취득한 조정대상지역 내 주택이라면 2년 이상 거주 포함)한 고가주택의 양도차익은 12억원 초과 양도차익에 대해서만 과세된다. 따라서 W씨는 전체 양도차익 13억원 중에서 약 29.41%[(17억원-12억원)/17억원]인 3억 8,233만원에만 양도세가 과세된다.

거주기간에 따라 장기보유특별공제 달라진다

W씨는 양도세 차이가 많이 난다면 이 아파트에 들어가서 몇 년 거주하다가 팔 생각도 있다. 그럼, W씨는 거주기간에 따라 양도세 차이가 얼마나 나는지 계산해 보자.

먼저 현재 상태에서 파는 경우이다. W씨는 이 주택을 보유한 지 10년이 넘었지만(11년 미만) 거주한 적은 없기에, 거주기간이 2년 미만인 경우로서 일반 장특공 공제율인 연 2%로 총 20%를 적용받게 된다. 이 경우 양도세는 약 1억 495만원이다.

만약 W씨가 2년 이상 거주한 다음에 팔면 어떻게 될까? 거주기간과 보유기간에 각각 연 4%씩 공제율이 적용되어 양도차익의

고가주택 1주택자인 W씨의 거주기간에 따른 양도세 비교

구분 \ 거주기간	2년 미만	2년	5년	10년
전체 양도차익	13억원	13억원	13억원	13억원
과세되는 양도차익	3억 8,235만원	3억 8,235만원	3억 8,235만원	3억 8,235만원
장기보유특별공제	**7,647만원** (20%)	**1억 8,353만원** (48%)	**2억 2,941만원** (60%)	**3억 588만원** (80%)
기본공제	250만원	250만원	250만원	250만원
과세표준	3억 338만원	1억 9,632만원	1억 5,044만원	7,397만원
세율	40%	38%	38%	24%
누진공제액	2,594만원	1,994만원	1,994만원	576만원
산출세액	9,541만원	5,466만원	3,723만원	1,199만원
납부세액 (지방소득세 포함)	1억 495만원	6,013만원	4,095만원	1,319만원

거주기간 요건 충족 여부에 따라 세금 약 9,176만원 차이

48%를 공제받을 수 있다.

만약 W씨가 5년 거주한 후에 판다면 양도세는 약 4,095만원이다. 그리고 10년을 거주한 다음에 판다면 장특공을 최대 한도인 80%까지 공제받을 수 있어서 양도세는 약 1,319만원으로 줄어든다. 이처럼 1세대 1주택 고가주택자라면 거주기간이 길수록 양도세를 절세할 수 있다.

강화된 1세대 1주택 비과세 요건 한눈에 보기

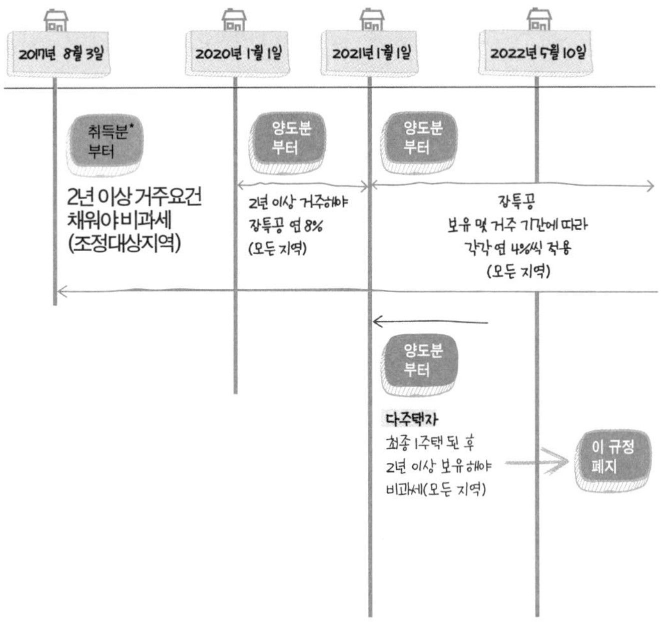

2017년 8월 3일
2020년 1월 1일
2021년 1월 1일
2022년 5월 10일

취득분* 부터
2년 이상 거주요건 채워야 비과세 (조정대상지역)

양도분 부터
2년 이상 거주해야 장특공 연 8% (모든 지역)

양도분 부터
장특공 보유 및 거주 기간에 따라 각각 연 4%씩 적용 (모든 지역)

양도분 부터
다주택자 최종 1주택 된 후 2년 이상 보유해야 비과세(모든 지역)
이 규정 폐지

• 2017년 8월 3일 이후 조정대상지역 내 주택 취득한 경우 거주 포함

* 조정대상지역의 공고가 있은 날 이전에 매매계약을 체결하고, 계약금을 지급한 사실이 증빙서류에 의해 확인되는 경우로서, 계약금 지급일 현재 무주택 세대인 경우에는 종전 규정(거주요건 없음)이 적용된다.

이은하 세무사의
현장 목소리

1세대 1주택 비과세 위해 위장 이혼하려는 J씨, 가능할까?

사례 J씨 부부는 남편과 아내 명의로 서울시 마포구에 각각 아파트 1채씩을 소유하고 있다. 둘 다 15년 이상 보유했으며, 현 시가는 15억원, 양도차익은 각각 10억원에 달한다.

그런데 먼저 파는 1채는 2주택자로서 이제 마포구가 조정대상지역에서 해제됨에 따라 중과*되지는 않지만 워낙 양도차익이 크다 보니 그래도 양도세가 만만치 않다. 고민 끝에 1세대 1주택 비과세를 받기 위해 위장 이혼을 해야겠다고 결심을 굳혔다. 과연 J씨 부부는 무사히 비과세를 받을 수 있을까?

자녀는 따로 떨어져 살면서 요건을 만족하면 세대분리를 할 수 있지만, 부부는 항상 한 세대이다. 이혼하기 전까지는 말이다. 그래서 다주택자 양도세 중과 시기에 나왔던 절세전략 중 하나가 '놀랍게도' 이혼이다.

J씨 부부는 2주택자로서 양도차익이 1채당 10억원이기 때문에, 먼저 파는 아파트는 양도세가 중과될 때는 약 6억 4,130만원이었다. 하지만 이제 중과되지는 않아 약 2억 8,270만원의 양도세가 나온다.

만약 J씨 부부가 이혼한 상태에서 판다면 어떻게 될까?

이혼을 하면 각자 1세대 1주택이 되어서 12억원 초과분에 대해서만

• 조정대상지역이라도 한시적유예기간(2022.5.10~2025.5.9)에 양도시 중과되지 않는다.

•• 거주기간은 2년이라고 가정함(장특공 48%)

세금을 내면 된다. 이 경우 계산해 보면 양도세가 약 2,200만원[**]이 나온다. 이처럼 이혼으로 세금 몇 억원을 넘게 아낄 수 있으니 유혹이 있을 법도 하다. 특히, 중과 시기에 유혹은 더 강력하다.

세법은 그리 호락호락하지 않다 – 2019년 1월부터의 변화

실제로 이와 같은 사건이 있었다. 이에 대해 국세청은 이혼 후에도 부부가 같은 집에서 살고, 전 남편의 급여로 생활하면서 금융거래를 계속해 왔으며, 아파트를 팔고 1년 후에 다시 혼인신고를 한 점 등을 들어 세금 회피를 위한 위장 이혼이며, 양도세를 추징해야 한다고 주장했다.

하지만 대법원(2017년)은 아파트를 팔 당시에 부부가 이미 이혼했다면, 각각 1세대가 된 것으로 보아야 한다고 판단했다. 단순히 양도세 회피 목적으로 이혼한 것 같다거나, 이혼 후에도 사실상 혼인관계를 유지했다는 것만으로는 이혼을 무효로 볼 수 없으며, 따라서 이혼한 부부가 양도일에 각자 1주택자였다면 각각 1세대 1주택 비과세를 인정해 주어야 한다고 판결했다. 이 판결로 인해 이혼은 만능 해결사가 된 듯 보였다.

하지만 세법이 그렇게 호락호락할 리 없다. 2019년 1월 1일부터 '법률상 이혼을 했으나 생계를 같이하는 사실혼 배우자'도 같은 세대로 보는 것으로 법이 개정되었다.

따라서 앞으로 양도하는 주택들은 세무당국이 이혼 후 사실혼 관계로 있음을 입증하면, 동일 세대로 보아 주택 수를 계산한다. 즉, 더 이상 위장 이혼으로 1세대 1주택 비과세를 받을 수 없게 되었다. 이런 꼼수를 부리다가는 엄청난 세금과 가산세를 낼 수 있으니 주의하자.

이은하 세무사의
현장 목소리

이혼 시 재산분할 vs. 위자료, 무엇이 유리할까?

사례 J씨 부부는 서울에 아파트 2채가 있는 2주택자로서, 명의는 2채 모두 J씨 소유로 되어 있다. 부부는 오랜 갈등 끝에 서로 이혼에 합의한 상태이다. 유책 배우자인 J씨가 아파트 1채를 아내에게 주기로 했다. 재산분할과 위자료 중 어떤 것을 선택하는 것이 세금이 더 적을까?

재산분할은 '부부가 결혼생활 동안 같이 일궈낸 재산을 나눈다'는 의미이고, 위자료는 '유책 배우자가 주는 손해배상금'이다. 둘은 성격이 다른 만큼 세금도 다르고 취득시기도 다르게 본다.

재산분할은 양도세 과세대상 아니다

재산분할의 경우 원래 내 몫이 있는 공동재산을 이혼으로 나누어 명의만 내 것으로 바꾼 것으로 보기에 양도세 과세대상이 아니다. 재산분할로 취득한 부동산은 나중에 팔 때, 취득시기를 전 배우자의 취득일로 보고 보유 및 거주 기간을 계산한다.

위자료는 양도세 과세대상이다

위자료는 대가성이 있는 것으로 보아 양도세 과세대상이다. 위자료는 이혼으로 새로 취득한 것으로 보기에, 이혼으로 인한 등기접수일이 취득일이 되고, 그날부터 보유 및 거주 기간을 새로 계산한다.

J씨, 재산분할과 위자료 중 무엇이 더 유리할까?

아내에게 위자료로 아파트 1채를 주면, 이때 J씨는 2주택자로 양도세가 과세된다. 다만, 조정대상지역 내에 있는 주택이라도 2025년 5월 9일까지 양도시에는 중과되지 않는다. 위자료로 아파트를 넘겨주면서 양도세까지 고스란히 내야 하는 것이다.

반면 아내 입장에서는 이혼으로 인한 등기접수일이 이 아파트의 취득일이 된다. 즉, 취득가액이 남편이 오래전에 산 가격보다 훨씬 높아진다. 따라서 나중에 아내가 이 아파트를 제3자에게 팔 때 양도세 부담이 줄어든다.

한편 아파트를 아내에게 재산분할로 넘겨준다면, J씨가 따로 내야 할 세금은 없다. 아내 입장에서는 나중에 제3자에게 팔 때, 1세대 1주택이라면 재산분할 전에 J씨가 가지고 있던 보유 및 거주 기간까지 같이 계산되니 세금부담이 크지 않을 것이다.

결론적으로 J씨의 경우 위자료보다 재산분할이 세금 면에서 유리하다. 그렇다면 아내 입장에서는 어떨까? 아내가 이혼으로 받는 주택 1채뿐이라면 재산분할로 받아도 세부담이 크지 않을 것이고, 다주택자라면 위자료로 받아서 취득가액을 높이는 것이 유리할 수 있다.

이은하 세무사의
현장 목소리

부부 공동명의 유리한 세금 알아보기

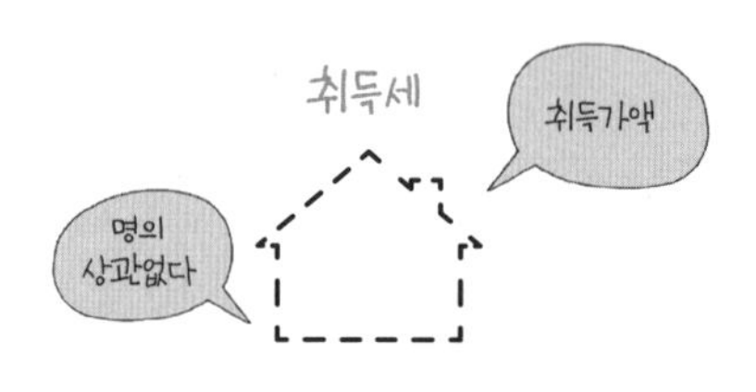

취득세는 취득가액에 대해 세금을 부과한다. 아파트를 5억원에 샀다면, 명의가 한 명이든 두 명이든 그냥 5억원의 몇 %를 취득세로 내면 된다.

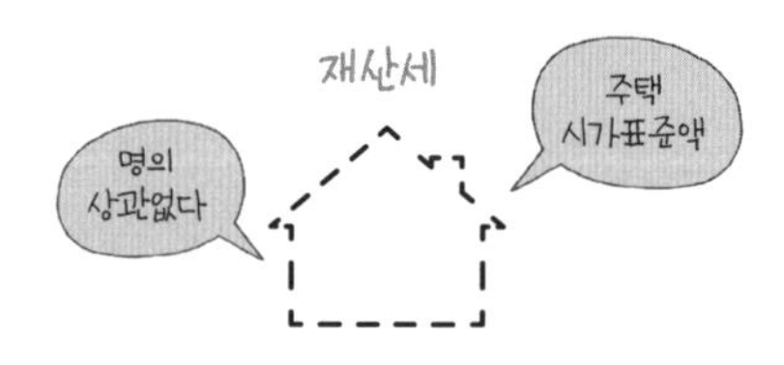

보유세인 **재산세**도 주택 시가표준액의 60%•에 세율이 적용되므로 명의가 몇 명인지에 관계없이 세금이 같다.

하지만 종합부동산세는 다르다. **종합부동산세**는 주택의 공시가격이 9억원을 초과할 때 발생하는데 소유자별로 과세된다. 즉, 부부 각자 과세된다.

1세대 1주택이면서 단독명의라면, 종합부동산세는 추가로 3억원을 공제해 주기 때문에 12억원까지는 비과세가 된다. 반면 부부 공동명의라면 1인당 9억원을 공제해 주기 때문에 18억원까지 공제받을 수 있다.

2023년에는 종부세 기본공제 금액이 상향(6억원→9억원)되고 세율이 인하되었다. 기본공제가 상향됨에 따라 부부 공동명의가 유리할 가능성이 커졌지만 단독명의가 유리한지, 공동명의가 유리한지는 상황별로 다르기 때문에 하나로 단정지을 수 없다(종합부동산세에 대해서는 6장에서 자세히 살펴본다).

• 1세대 1주택자 공정시장가액비율 43~45%

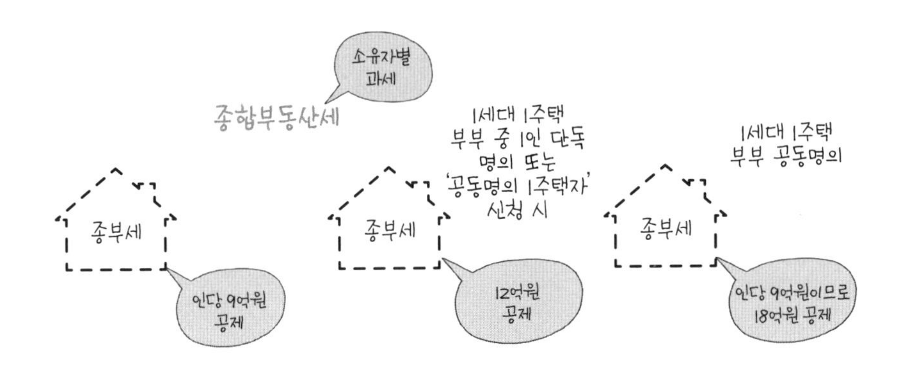

종합소득세는 소유자별로 과세되기 때문에 공동명의가 유리하다.

1년에 주택임대소득이 4,000만원일 경우, 단독명의라면 다른 소득과 합산되어 종합과세가 된다. 하지만 부부가 공동명의로 50%씩 지분을 가지고 있다면 각각의 임대소득이 2,000만원씩으로 쪼개지는데, 임대소득 2,000만원 이하는 분리과세를 선택할 수 있으므로 다른 종합소득과 합산되지 않는다. 단독명의보다 공동명의가 유리한 것이다.

그런데 건강보험에서 남편의 피부양자이던 전업주부가 임대소득으로 인해 지역가입자로 전환될 수 있으니 건강보험료에 관해서도 미리 체크해 봐야 한다(건강보험료에 대해서는 330쪽에서 자세히 살펴본다).

양도세에서 주택 수는 '세대' 단위로 계산하기 때문에 단독명의거나 부부 공동명의거나 간에 주택 수는 동일하다. 하지만 세금 계산은 각자 지분대로 인별로 계산하기 때문에 공동명의가 유리하다. 양도차익이 10억원일 때, 공동명의라면 부부가 각자 양도차익이 5억원이 되고 이로 인해 누진세율이 더 낮기 때문이다.

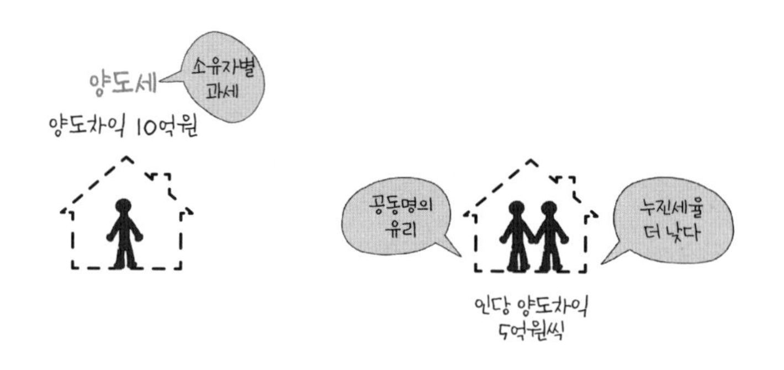

정리해보자. 취득가액, 시가표준액 등 집값에 세금을 매기는 취득세와 재산세는 공동명의로 해도 유리한 점이 없다. 하지만 소유자별로 세금을 매기는 종합소득세, 양도세는 공동명의가 유리하다.

단독명의/공동명의, 부동산 세금별 유불리 비교

구분	취득세	재산세	종합부동산세	종합소득세	양도세
과세기준	취득가격	주택 시가표준액	인(人)당	인(人)당	인(人)당
공동명의 유리 여부	상관없음	상관없음	경우에 따라 다름	유리	유리

이은하 세무사의
현장 목소리

부부 공동명의 주의할 점

사례 맞벌이인 M씨 부부는 수도권 신도시에서 6억원 가량의 상가를 분양받았다. 다음달에 잔금까지 치르고 등기를 할 예정이다. 그런데 부부 공동명의로 하면 나중에 양도세가 덜 나온다는 소리를 들었다며 문의를 해왔다. M씨 부부의 경우 상가를 공동명의로 하면 얼마나 절세가 될까?

공동명의 시 주의할 점

M씨 부부는 맞벌이로 아내에게도 자금출처가 분명한 소득이 있으므로 공동명의를 해도 증여세 문제가 없다.

하지만 외벌이로서 아내가 소득이 없는 경우에는 공동명의를 하면, 남편이 아내에게 증여한 것으로 본다. 배우자 증여 공제액인 6억원 이내라면 증여세가 안 나오지만, 6억원을 초과하면 증여세를 내야 한다. 하지만 M씨의 분양 상가는 6억원이었으므로, 아내가 소득이 없는 전업주부라도 증여세를 낼 필요는 없다(단, 최근 10년 이내 배우자 증여가 없었다고 가정).

양도세가 줄어든다

부동산을 취득할 때 공동명의로 하면 나중에 팔 때 양도세를 줄일 수 있다. 양도세는 '소유자별'로 계산하는데, 각자의 양도차익이 적어져서 낮은 세율이 적용되어 세금부담이 줄어드는 것이다.

가령 M씨가 상가를 사서 5년 후 팔 때 1억원의 양도차익이 생겼다고

하자. 단독명의라면 양도세가 약 1,670만원이 나온다. 하지만 부부가 5대 5로 공동명의를 했다면 각자 560만원씩 총 1,120만원이 나온다. 부부 공동명의로 양도세를 550만원 정도 아낄 수 있는 셈이다.

종합소득세도 절세된다

M씨는 상가 임대소득을 다른 소득과 합산하여 종합소득세를 내야 한다. 종합소득세도 소유자별로 6~45% 누진세율이 적용된다. 공동명의를 하면 한 해의 임대소득이 두 명으로 쪼개져 세율이 낮게 적용되어 종합소득세를 아낄 수 있다.

건강보험료라는 복병

하지만 공동명의로 할 경우, 외벌이 가정은 건강보험료라는 복병이 있다. 전업주부는 직장가입자인 남편의 피부양자로 되어 있어 건강보험료 부담이 없다. 그런데 상가를 공동명의로 사서 임대사업자로 사업자등록을 하면, 지역가입자로 전환되어 건강보험료를 따로 내야 한다.

따라서 아내가 전업주부라면 종합소득세 및 양도세 절세액, 새로 내야 되는 건강보험료를 비교해 실익이 있는지 점검한 후 명의를 어떻게 할지를 결정하는 것이 좋다. 건강보험료에 대해서는 뒤에서 상세히 다루니 꼭 챙겨보자.

토지와 건물 소유자 다른 단독주택, 주택 수 어떻게 계산할까?

사례 서울시에 있는 J씨의 단독주택은 토지와 건물의 소유자가 다르다. 토지는 아버지 것이고, 건물은 J씨 소유로 되어 있다. 이 단독주택을 팔 때 둘 다 1세대 1주택 비과세를 받을 수 있을까?

흔하지는 않지만, 단독주택의 토지와 건물의 소유자가 다른 경우가 있다. 이때 양도세에서 주택 수는 어떻게 계산할까?

각자 아파트가 따로 있는 경우

만약 J씨가 아파트 1채가 따로 있는 상태에서 단독주택의 건물을 소유하고 있다면 2주택자가 된다. 반면 아버지는 아파트 1채가 따로 있더라도 주택 수는 아파트 1채뿐이다. 부수토지는 주택 수에 포함되지 않기 때문이다.

단독주택 1채만 있는 경우

만약 J씨와 아버지가 이 단독주택 1채가 전부라면 어떨까?

건물 소유자인 J씨는 1주택자가 되어 2년 이상 보유하면 비과세를 받을 수 있다(2017년 8월 3일 이후 취득 시 2년 이상 거주 포함).

단독주택의 토지를 가진 아버지도 건물 소유자인 J씨와 같은 세대원이라면 토지 역시 비과세를 받을 수 있다. 양도세는 세대를 단위로 주택 수를 계산하기 때문에 부수토지로 인정해 주는 것이다.

반면 둘이 같은 세대가 아니라면, 아버지는 1세대 1주택 비과세를 받을 수 없다. 토지는 시간이 갈수록 가격이 올라가는 반면, 건물은 시간이 지날수록 가치가 떨어진다. 그래서 오래된 단독주택의 가격은 대부분 땅값이므로, 토지 소유자인 아버지는 양도차익이 큰데도 불구하고 비과세를 받을 수 없어 세금부담이 클 수밖에 없다.

J씨와 아버지의 절세방안은 무엇일까?

세대 요건은 양도일 시점으로 판단한다. 따라서 이 단독주택을 팔기 전에 둘이 세대합가를 하면, 토지와 건물을 같은 세대가 소유한 것으로 보기에 토지 소유자인 아버지도 비과세를 받을 수 있다. 이때 같은 세대원으로 있었던 보유 및 거주 기간만 통산된다. 따라서 세대합가 후 2년 보유 및 거주 요건을 채운 다음에 팔아야 한다.

세대합가가 힘든 상황이라면

J씨가 상대적으로 가격이 낮은 건물을 토지 소유자인 아버지에게 증여하는 방법도 있다. 아버지가 증여받은 날로부터 2년 보유 및 거주 요건을 채운 후에 팔면 세금을 아낄 수 있다.

3

CHAPTER

비과세는 가장 강력한 세제혜택이다. 따라서 주택 양도세에서는 우선 1세대 1주택 비과세를 받을 수 있는지 살펴보는 것이 가장 중요하다. 그런데 양도일 시점에 반드시 1주택이어야만 비과세를 받을 수 있는 것은 아니다. 2주택이어도 비과세를 받을 수 있는 특례들이 있다.

이번 장에서는 2주택 세대라도 비과세를 받는 특례와 절세전략을 알아보자.

2주택이라도 비과세 받는 법

01

이사로 인한 일시적 2주택 질문

집이 1채 있는 상태에서 새로 이사갈 집을 산 일시적 2주택자의 경우, 종전주택을 정해진 기한 안에 팔면 1세대 1주택 비과세를 받을 수 있다. 투기 목적이 아니라 이사로 인한 2주택자를 보호하기 위해서이다. 흔히 볼 수 있는 사례이다 보니 상담 시 단골 메뉴 중 하나다.

종전주택을 팔아야 하는 기한은 정부가 주택경기를 조절하기 위해 많이 쓰는 대표적인 카드 중 하나다. 예로 2012년 주택경기가 침체되어 거래가 잘 안 되자, 정부는 종전주택 처분기한을 2년에서 3년으로 늘려주었다.

반면 2018년에는 집값이 급등하자 9.13 부동산 대책에서 조정대상지역 내의 주택을 신규 취득하는 경우에는 종전주택의 처분기한을 3년에서 2년으로 줄였다.

일시적 2주택 비과세 처분기간 점차 완화

특히 2019년 12.16 부동산 대책에서는 일시적 2주택에 대한 요건이 한층 더 강화됐다. 조정대상지역 내의 주택을 2019년 12월 17일 이후 취득하는 경우에는 신규주택의 취득일로부터 1년 이내에 이 주택으로 전입하고, 취득일로부터 1년 이내에 종전주택을 처분해야 했다.

하지만 2022년 5월 10일 이후로 일시적 2주택 비과세 처분기간이 2년으로 완화되었다. 종전주택과 신규주택이 모두 조정대상지역인 경우 종전주택 양도기한이 1년에서 2년으로 완화되었고, 세대원이 모두 신규주택으로 이사해야 하는 전입요건도 삭제되었다.

2023년 1월 12일 이후 양도분부터는 다시 3년

일시적 2주택 비과세 처분기간이 다시 한번 완화되었다. 2023년 1월 12일 이후 양도분부터는 종전주택과 신규주택이 모두 조정대상지역 내에 있는 경우에도 신규주택 취득일로부터 3년 이내에 종전주택을 팔면 1세대 1주택 비과세를 받을 수 있다.

따라서 이제는 조정대상지역 여부에 상관없이 신규주택 취득일로부터 3년 이내에 종전주택을 양도하면 된다.

【참고】 아직도 전입요건 있다고 하던데요?

일시적 2주택 비과세를 받기 위해 신규주택에 전입해야 하는 요건은 이제 사라졌다고 하니, 아직도 전입해야 한다고 들었다는 고객의 질문이 있었다. 이제 세법상으로 1세대 1주택 비과세를 받기 위한 요건에 전입요건은 없다.

하지만 「부동산 거래신고 등에 관한 법률」에 따라 지정된 토지거래허가구역에 있는 집을 취득하려면 구청장의 허가를 받아야 하는데, '거주 목적'이어야 허가를 받을 수 있다. 이때 의무 거주기간이 2년이다. 즉, 세법상의 이유가 아니라 「부동산 거래신고 등에 관한 법률」에 따라 토지거래허가구역에 있는 집을 사기 위해서는 2년 실거주를 해야 하는 것이다.

신규주택 취득일, 어떤 걸 지켜야 할까?

질문 M씨는 20평대 아파트를 사고, 6개월 만에 인근의 30평대 아파트를 새로 샀다. M씨가 20평대 아파트를 일정기한 이내에 팔면 일시적 2주택으로 비과세를 받을 수 있을까?

M씨는 20평대 아파트를 사고 6개월 안에 신규주택을 취득했다. 세무당국은 주택을 단기간에 여러 채 사고파는 데도 비과세를 해주면 투기를 조장할 수 있다고 보기에, 이런 경우에는 비과세 혜택을 안 준다. 1세대 1주택 비과세 혜택을 받으려면, 신규주택은 종전주택의 취득일로부터 최소 1년 후에 사야 한다는 점에 주의하자.

취득원인에 따른 취득일의 기준은?

일시적 2주택의 경우, 종전주택의 처분기간은 새로 산 주택의 취득일을 기준으로 한다. 매매, 직접 신축, 증여 등 취득원인에 따라서 세금의 기준이 되는 취득일이 다르다.

취득원인별 취득일 다르다

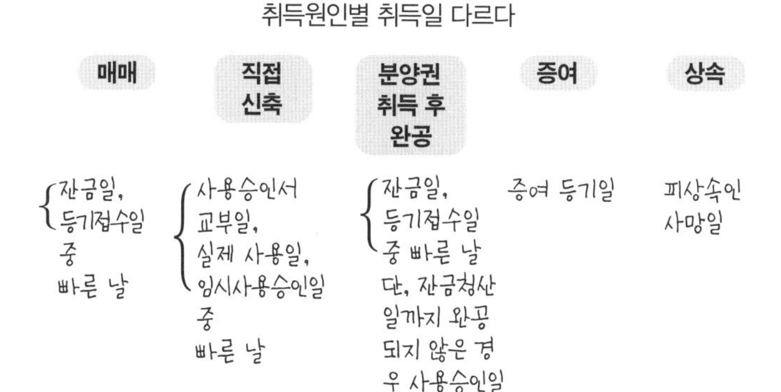

일시적 2주택자, 비과세 위한 종전주택 처분기간

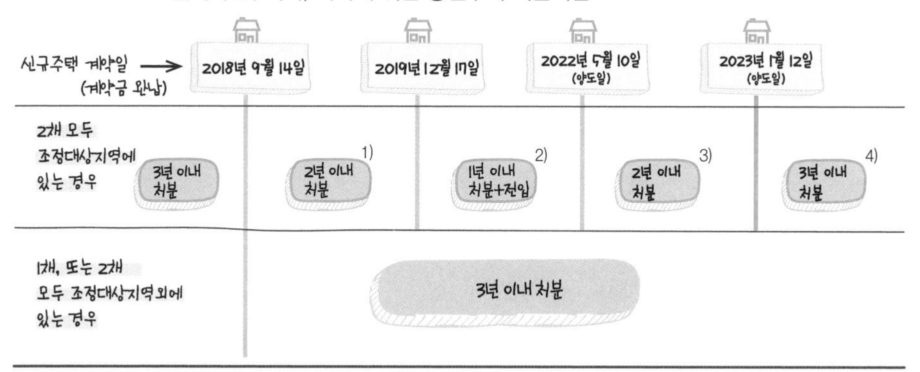

1) 2018년 9월 13일 이전에 신규주택(분양권 포함)을 취득하거나, 이를 위하여 매매계약을 체결하고 계약금을 지급한 사실이 증빙서류에 의하여 확인되는 경우 종전 규정(3년)이 적용된다.

2) 2019년 12월 16일 이전에 신규주택(분양권 포함)을 취득하거나, 이를 위하여 매매계약을 체결하고 계약금을 지불한 경우 종전 규정(2년)이 적용된다.

3) 2022년 5월 10일 이후 양도하는 분부터 적용

4) 2023년 1월 12일 이후 양도하는 분부터 적용

종전주택 처분기간 5년인 비과세 특례는?

다음 요건을 모두 만족하는 경우에는 수도권에 있는 종전주택을 5년 이내에 팔아도 일시적 2주택 비과세 특례를 받을 수 있다.

모두 만족해야 세제혜택

① 종전에 수도권에 1주택만을 소유한 상태에서
② 수도권에 소재한 법인 또는 국가균형발전특별법 제2조 9항에 따른 공공기관이 수도권 밖의 지역으로 이전하는 경우에
③ 법인 임원과 사용인 및 공공기관 종사자가 구성하는 1세대가
④ 취득하는 다른 주택이 해당 공공기관 또는 법인이 이전한 시·군 또는 이와 연접한 시·군의 지역•에 소재하는 경우.

• 특별자치시·광역시 및 '제주특별자치도 설치 및 국제자유도시 조성을 위한 특별법' 제10조 2항에 따라 설치된 행정시를 포함한다.

④항의 경우, 소득세법 시행령 제155조 16항에 따르면 '3년'을 '5년'으로 본다고 규정했다. 따라서 일시적 2주택의 처분기한이 '2년' 또는 '1년'이 적용될 때는 해당되지 않는다. 가령, 2019년 12월 17일 이후 신규주택(분양권 포함)을 계약했다면 신규주택 취득일로부터 '1년'(2022년 5월 9일 이전 양도 시) 이내 종전주택을 양도해야 했다. 따라서 이때는 '3년'이 아니기 때문에 '5년' 이내에 팔아도 된다는 규정을 적용받을 수 없었다. 즉, 1년 이내에 팔아야 했다(기획재정부재산-884, 2021.10.12.).

2023년 1월 12일 이후 양도분부터는 조정대상지역 내 주택도 모두 3년이 적용된다. 따라서 위의 4가지 조건을 모두 만족하는 경우 종전주택을 5년 안에만 처분하면 비과세 특례를 적용받을 수 있다.

지금까지 살펴본 내용을 정리해 보자. 일시적 2주택자가 요건을 갖춘 종전주택에 대해서 1세대 1주택 비과세를 받으려면 다음의 4가지를 명심하자.

일시적 2주택자, 1세대 1주택 비과세 체크리스트

① 종전주택을 1년 이상 보유한 후에 신규주택을 취득해야 한다.

② 종전주택은 1세대 1주택 비과세 요건*을 갖추어야 한다.

③ 2023년 1월 12일 이후 양도분부터는 조정대상지역에 관계없이 신규주택 취득일부터 3년 이내에 종전주택을 양도하면 된다.

④ 주택 또는 분양권인지에 따라 다른 규정이 적용되므로 유의하자. 주택과 분양권, 주택과 입주권을 일시적으로 보유하다가 종전주택을 양도 시 비과세 규정은 각각 분양권은 111쪽, 입주권은 256쪽에서 다루고 있으니 살펴보자.

* 2년 이상 보유(2017년 8월 3일 이후 조정대상지역 내 취득시 2년 이상 거주 포함)한 양도가액 12억원 이하인 주택

02
부모님 봉양 또는 결혼으로 인한 2주택자

양도세는 주택 수를 세대당 계산한다. 그렇다면 연로한 부모님을 모시기 위해 합가했거나, 집을 1채씩 보유한 남녀가 결혼으로 세대합가를 했다면 각자의 주택 수가 합산되어 불이익을 당할까?

그렇지는 않다. 부모님 봉양이나 결혼으로 인한 세대합가 시에는 2주택이 되더라도 비과세를 받을 수 있다. 세법은 우리 생활과 항상 맞닿아 있다. 그런데 이것을 모르고 있다면 큰 혜택을 놓쳐버릴 수 있다.

부모님 봉양으로 인한 2주택자의 비과세

동거봉양으로 인한 2주택

10년 이내 팔기

비과세

질문 W씨는 최근 부모님의 건강이 눈에 띄게 나빠지자, 부모님 아파트로 들어가 모시고 살기로 결정했다. 그런데 따로 자기 명의 아파트가 1채 있어서 살림을 합치면 1세대 2주택이 되니, 나중에 내 집을 팔 때 다주택자로 양도세가 많이 나오는게 아닌지 걱정이다.

세법에는 양도일 시점에 1세대 2주택자라도 비과세를 주는 특례들이 있다. 부모님(배우자의 부모님 포함) 동거봉양을 위한 세대합가도 여기에 포함된다. 단, 세대 합가일 현재 부모님 중 한 분이 만 60세 이상이어야 한다. 부모님 중 한 분이 중증질환으로 인한 요양급여를 받는 경우에는 연령에 상관없다.

동거봉양으로 인한 2주택자의 체크리스트

① 세대 합가일로부터 10년 이내에 먼저 양도하는 주택은 1세대 1주택 비과세를 받을 수 있다.
② 남은 주택도 1세대 1주택 요건을 갖추어 팔면 비과세를 받을 수 있다.

결혼으로 인한 2주택자의 비과세

미혼 때 각각 집을 1채씩 가지고 있던 남녀가 결혼으로 인해 2주택이 된 경우는 어떨까? 혼인한 날부터 5년 이내에 먼저 양도하는 주택은 1세대 1주택으로 보아 비과세를 받을 수 있다. 이때 혼인한 날은 결혼식날이 아니라 '혼인 신고일'을 의미한다. 혼인 신고일을 미루면 1세대 1주택 비과세를 적용받을 수 있는 기간이 그만큼 연장될 수 있음을 기억하자.

03
상속주택 특례에 관한 9가지 질문

상속주택은 말 그대로 돌아가신 분으로부터 상속받은 주택이다. 본인의 의사와 상관없이 받은 것이므로 양도세와 관련하여 특례를 두고 있다. 내 집이 있는 상태에서(돌아가신 분의 사망일 기준) 상속으로 2주택이 되더라도, 원래 가지고 있던 내 집을 팔 경우 1세대 1주택 비과세를 해준다. 이를 '상속주택 특례'라고 한다. 단, 2018년 2월 13일 이후 증여받은 경우 사망일로부터 소급하여 2년 이내에 피상속인한테 증여받은 주택은 상속주택 특례를 적용받지 못한다.

1주택 상속받아 2주택 된 경우

질문 M씨는 얼마 전 어머니가 돌아가시면서 목동 아파트를 상속받아서 2주택이 되었다. M씨가 원래 가지고 있던 분당 아파트(비과세 요건 충족)를 팔 경우 2주택자로서 양도세가 중과될까?

상속주택은 불가피하게 생긴 것이므로, 이로 인해 기존 주택의 비과세 혜택에 불이익이 있어서는 안 된다. M씨가 원래 보유한 분당 아파트를 먼저 팔 경우 양도세 비과세를 받을 수 있다.

같이 살던 부모님의 사망으로 2주택 된 경우

질문 K씨는 결혼 전부터 부모님과 서울시 서초구 아파트에서 함께 살았고, 한 번도 세대분리를 한 적이 없다. K씨는 판교에 자기 명의 아파트를 가지고 있는데, 아버지가 돌아가시면서 서초구 아파트를 상속받게 되었다면 상속주택 특례를 받을 수 있을까?

K씨는 부모님과 같은 집에서 계속 살며 세대분리를 하지 않았기에 돌아가신 아버지와 동일한 세대였다. 따라서 K씨는 아버지 사망 전이나 후나 1세대 2주택자이다. 상속으로 인해 2주택이 된 것이 아니므로 상속주택 특례를 받을 수 없다. 만약 아버지가 돌아가시기 전에 세대분리를 했거나, 따로 살다가 동거봉양을 위해 합가•한 경우였다면 상속주택 특례를 받을 수 있었을 것이다.

• 합가일 현재 부모님 중 한 분 이상이 만 60세 이상으로서 1주택만 보유하고 있는 경우에 한한다.

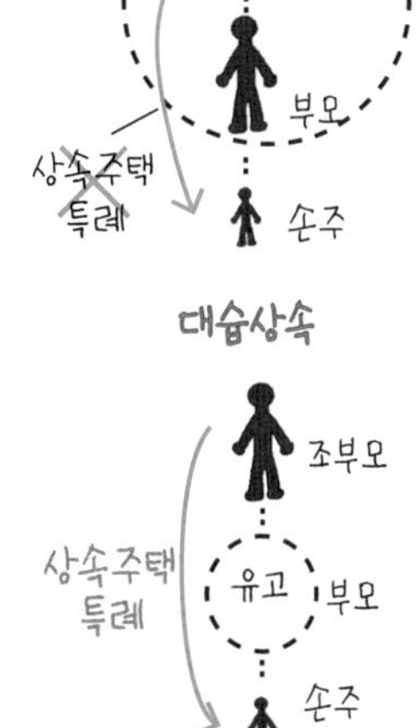

외할머니로부터 대습상속, 상속주택 특례 될까?

상속주택 특례는 자녀(상속인)가 받은 상속주택에만 해당된다. 조부모가 유언으로 손자에게 집을 상속한 경우에는 상속주택 특례를 받을 수 없다. 단, 대습상속일 경우에는 상속주택 특례를 받을 수 있다. 대습상속이란 쉽게 말해 '대물림 상속'이다. 이를테면 어머니가 이미 돌아가신 상태에서 외할머니가 돌아가신 경우, 손주가 어머니 대신 상속을 대물림해서 받는 것이다.

상속주택과 일반주택, 파는 순서 중요하다

상속주택과 일반주택(부모 사망일 현재 보유 중)이 있을 때, '어떤 집을 먼저 파느냐'에 따라 양도세가 크게 차이가 난다.

상속주택 & 일반주택의 양도순서

① 먼저 원래 가지고 있던 일반주택을 판다. 그러면 상속주택이 있더라도, 이 일반주택을 팔면서 1세대 1주택 비과세를 받을 수 있다(1세대 1주택 비과세 요건 충족 & 피상속인 사망일 2년 이내 증여받은 주택이 아니어야 함).

② 이제 상속주택 1채만 남았다. 이 집을 1세대 1주택 비과세 요건을 갖추어 팔면 둘다 비과세를 받을 수 있다.

만약 상속주택을 먼저 팔면

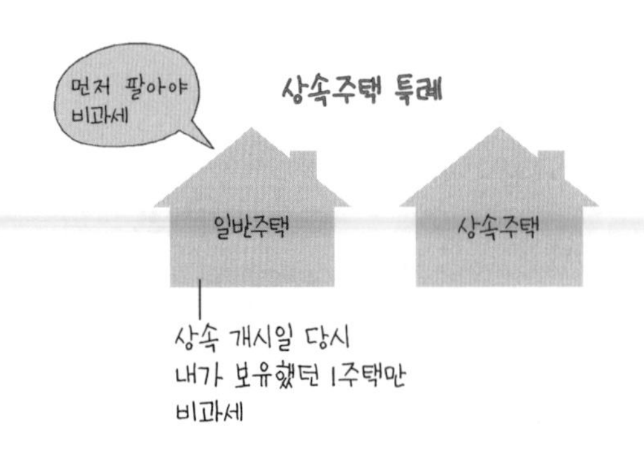

상속주택을 먼저 팔 경우, 양도일 시점에 2주택자로 보아 양도세가 과세된다. 다만, 조정대상지역의 경우 상속받은 날(사망일)로부터 5년 이내에 팔면 다주택자로 중과되지는 않고, 5년 후에 팔면 다주택자로 중과된다. 단, 다주택자 양도세 중과 유예기간인 2022년 5월 10일~2025년 5월 9일 양도 시 중과가 안 된다.

2013년 2월 14일 이전에 산 일반주택의 상속특례에 주목

2013년 2월 14일 이전에 산 일반주택의 경우, 상속주택 특례에서 '상속인이 부모님이 돌아가신 날 당시 보유한 주택이어야 한다'라는 요건이 없었다. 따라서 상속주택이 있는 상태에서, 내가 보유한 주택은 비과세를 받으면서 몇 차례나 사고팔고를 반복할 수 있었다. 하지만 2013년 2월 15일 이후에 취득한 주택부터는 사망일 현재 보유한 일반주택에 대해서만 상속주택 특례를 받을 수 있게 되었다.

상속주택 2채 이상인 경우

사례 N씨는 인천에 아파트(A) 1채가 있는데, 어머니가 돌아가시면서 분당의 아파트 2채를 남겼다. 1채(B)는 어머니가 보유한 기간이 10년이고, 다른 1채(C)는 5년이다. N씨는 외동딸로 초등학생 때 부모님이 이혼했기에 혼자 2채를 모두 상속받았다. 원래 보유 중이던 인천 아파트(A)를 팔 때 비과세를 받을 수 있을까?

구분	소재지	취득원인	비고
A아파트	인천	매매	어머니 사망 시 N씨 소유 주택
B아파트	분당	상속	어머니 보유기간: 10년
C아파트	분당	상속	어머니 보유기간: 5년

상속주택 특례 우선순위

부모님이 사망일 당시 2채 이상을 소유한 경우, 다음 순위에 따라 1주택만 상속주택 특례를 받을 수 있다.

· 1순위: 부모(피상속인)의 보유기간이 가장 긴 1주택
· 2순위: 거주기간이 가장 긴 1주택
· 3순위: 사망일 시점에 거주한 1주택
· 4순위: 기준시가가 가장 높은 1주택
· 5순위: 상속인이 선택하는 1주택

N씨는 아파트를 어떤 순서로 팔아야 최대한 절세할 수 있을까?(3채 모두 양도차익은 비슷하다고 가정하자.)

1단계: '상속주택 특례를 받을 수 없는' 상속주택을 먼저 판다.

상속주택 특례는 딱 1채만 받을 수 있다. 만약 상속주택이 2채 이상이라면, 특례 상속주택을 남겨놓고 다른 상속주택을 먼저 파는 것이 세금 면에서 유리하다. N씨의 경우 상속주택 특례 주택은 돌아가신 어머니가 10년 보유한 B아파트이므로, 보유기간이 5년인 C아파트를 먼저 판다(이 경우에 어머니 사망일 이후의 양도차익에 대해 양도세가 과세된다).

2단계: 원래 N씨가 가지고 있던 인천의 아파트를 판다.

이때 특례 상속주택(B)은 주택 수에서 제외된다. N씨는 원래 소유했던 A아파트를 팔 때 1세대 1주택 비과세를 받을 수 있다.

3단계: 이제 특례를 받는 상속주택을 판다.

이때 1세대 1주택 요건을 갖추어 팔면 비과세를 받을 수 있다.

상속주택(2채 이상일 때) 양도순서

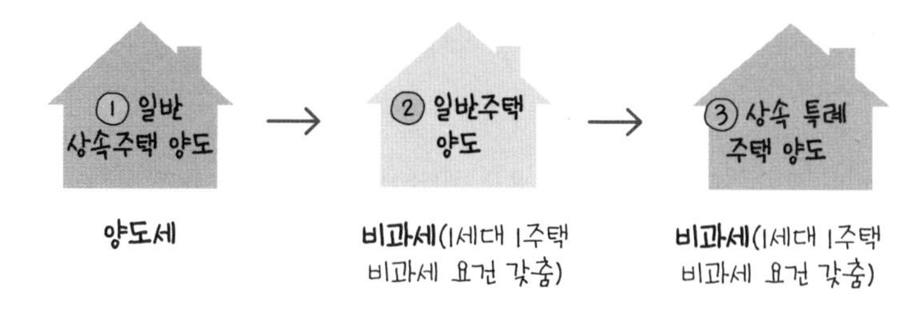

물론 양도세만이 부동산을 파는 순서의 기준일 수는 없다. 하지만 앞에서 소개한 순서가 세금을 아낄 수 있는 길이다.

상속주택 2채 이상, 특례주택을 '누가' 상속받을지가 중요

질문 얼마 전 돌아가신 G씨의 아버지는 주택을 2채(A, B) 소유하고 있었다. 상속인은 G씨와 동생으로 각각 1채씩 상속받을 생각이다. G씨는 현재 1주택자이고, 동생은 무주택자다.(A주택은 보유기간이 20년, B주택은 5년이다. 2채는 모두 10억원 가량이다.)

피상속인의 주택이 2채 이상일 때, 누가 어떤 주택을 상속받을지 결정하는 일은 매우 중요하다. 상속주택 특례는 세법상 정해진 순위에 따라 1채만 가능하기 때문이다.

G씨네의 상속주택 특례는 보유기간이 가장 긴 A주택이 해당된다. 특례 상속주택을 상속받은 사람은 일반주택을 팔 때 1세대 1주택 비과세를 적용받을 수 있지만, 상속주택 특례가 적용이 안 된 주택을 상속받은 사람은 2주택자로 양도세가 과세된다.

G씨는 1주택자로 특례 상속주택을 상속받아야 원래 보유한 일반주택을 팔 때 1세대 1주택 비과세를 받을 수 있고, 동생은 무주택이었기 때문에 상속주택 특례가 필요없다. 따라서 G씨가 상속주택 특례가 적용되는 A주택을 상속받고, 동생이 B주택을 상속받는 것이 유리하다.

상속주택이 여러 채인 경우, 우선순위에 따라 특례 상속주택을 찾고, 가장 유리한 상속인에게 상속해야 나중에 양도세를 아낄 수 있다는 점을 명심하자.

형제가 1채 공동상속한 경우

질문 상속주택 1채를 형제들이 공동으로 상속받은 경우, 기존에 가지고 있는 내 집을 팔 때 비과세를 받을 수 있을까?

여러 명이 함께 상속받은 주택을 '공동상속 주택'이라고 한다. 원래 주택 수를 계산할 때, 공동지분으로 소유한 주택은 각자가 1채씩 소유한 것으로 본다. 예컨대 아파트 1채를 3명이 공동지분으로 소유하여 내 지분이 33.3%에 불과하더라도, 나의 주택 수를 계산할 때는 엄연히 1채로 포함된다.

하지만 상속주택은 예외다. 이미 내 집이 있는 상태에서 1채를 공동상속을 받았을 경우, 기존 내 집을 팔 때 공동상속 주택은 없는 것으로 보아 주택 수에 포함하지 않으며, 1세대 1주택 비과세를 받을 수 있다. 다만, 상속 지분이 가장 큰 상속인(주된 상속인)의 경우에는 공동상속 주택이 주택 수에 포함된다. 다음 순서에 따라 그 공동상속 주택을 소유한 것으로 본다.*

·1순위: 상속 지분이 가장 큰 상속인

·2순위: 그 주택에 거주하는 상속인

·3순위: 최연장자

• 주된 상속인은 167쪽에서 살펴본 상속주택 특례를 받을 수 있다

공동상속 소수지분 여러 채 있는 경우, 다주택자 중과는?

질문 K씨는 일반주택 1채와 아버지가 돌아가실 때 상속받은 주택 2채를 보유하고 있다. 상속주택 2채는 모두 형과 공동상속으로 받았고, 주된 상속인은 연장자인 형이다. 공동상속 주택의 소수지분자인 K씨가 일반주택을 팔 때, 양도세는 어떻게 될까?

이 질문에는 두 가지 쟁점이 있다. 공동상속 주택의 소수지분을 2채 보유한 K씨가 일반주택을 팔 때 비과세를 받을 수 있는지, 비과세를 받을 수 없다면 다주택자로 중과**되는지 여부이다.

K씨 일반주택을 팔 때, 양도세 비과세 가능할까?

예전에는 과세관청***과 조세심판원****의 의견이 엇갈려 혼선이 있었다. 하지만 2017년 소득세법 시행령이 개정되면서, 2017년 2월 3일 이후 양도분부터는 공동상속 주택도 상속주택 순위에 따른 1채만 주택 수에서 제외되게 바뀌었다.

K씨의 경우 공동상속 주택이 2채여도 '주택 수'에서 제외되는 것

•• 2022.5.10~2025.5.9까지 양도시 조정대상지역 내 주택도 중과되지 않는다.

••• 과세관청은 세무서 또는 지방국세청을 말한다.

•••• 조세심판원은 납세자가 과세처분에 불복하여 심판청구를 한 경우 그에 관한 결정을 내리는 기관이다.

은 우선순위가 높은 주택, 즉 부모의 보유기간이 가장 긴 주택 1채뿐이다. 따라서 K씨는 공동상속 주택 소수지분 2채를 보유하고 있으므로, 일반주택을 먼저 팔 때 1세대 1주택 비과세를 받을 수 없다.

K씨가 일반주택 팔 때 비과세 받으려면

① 선순위가 아닌 공동상속 주택을 먼저 판다.
② 선순위 공동상속 주택과 일반주택, 2채만 남은 상태에서 일반주택을 팔면 비과세 받을 수 있다.

K씨가 일반주택을 팔 때 2주택자로 중과될까?

최근 나온 조세심판례(조심 2019서4322, 2020.2.12.)에 따르면 공동상속 주택 소수지분은 다주택 중과를 판단할 때 주택 수 계산에서 제외되며, 상속지분이 가장 큰 상속인의 소유로 하여 주택 수를 계산한다. 따라서 소수지분자인 K씨는 공동상속 주택 2채를 제외하면 일반주택 1채를 소유하고 있으므로, 일반주택을 팔 때 다주택자로 양도세가 중과* 되지 않으며, 일반적인 장기보유특별공제율로 공제받고 기본세율로 과세된다.

• 조정대상지역이어도 중과유예기간(2022.5.10~2025.5.9)에 양도시 중과되지 않는다.

공동상속 주택의 주된 상속인은 주의해야 한다

질문 S씨는 돌아가신 아버지의 강남 아파트를 동생과 5:5로 등기할 생각이다. 둘은 세대분리가 되어 있고, 이미 아파트를 1채씩 가지고 있다. S씨와 동생의 양도세는 어떻게 다를까?

동일지분으로 공동상속을 받으면, '주된 상속인'은 1순위가 상속주택에 같이 거주한 자, 2순위가 최연장자 순이다. S씨 형제는 모두 상속주택에 거주하지 않았으므로 연장자인 S씨가 주된 상속인이다.

일반주택을 먼저 팔 경우

주된 상속인인 S씨는 아버지 사망일 당시 보유하고 있던 일반주택•이어야 상속주택 특례를 적용받을 수 있다. 즉, 일반주택을 먼저 팔 때는 1세대 1주택 비과세를 받을 수 있다.

반면, 소수지분자인 동생은 일반주택이 아버지 사망일 당시 보유한 주택일 필요가 없으며, 다른 일반주택을 사고팔고를 반복해도 1세대 1주택 비과세 요건을 갖추었다면 비과세를 받을 수 있다. 공동주택의 소수지분••은 주택으로 보지 않기 때문이다.

• 단, 2013년 2월 14일 이전에 취득한 주택은 사망일 당시 보유주택이 아니어도 됨

•• 우선순위 높은 1주택

상속주택을 먼저 팔 경우

일반주택과 상속주택을 2채 보유한 상태에서, 상속주택을 먼저 팔면 2주택자로 과세된다. 만약 조정대상지역 내 다주택자로 양도세가 중과•••된다면 주된 상속인인 S씨는 아버지의 사망일로부터 5년 이내에 상속주택을 팔아야 양도세가 중과되지 않는다. 하지만 소수지분자인 동생은 공동상속 주택을 기간에 관계없이 언제 팔더라도 양도세가 중과되지 않는다.

••• 2022.5.10~2025.5.9 기간에 양도 시 중과되지 않는다.

04
다주택자 거주주택 비과세 8가지 질문

집을 여러 채 가진 다주택자가 양도차익이 큰 거주주택을 먼저 팔아야 할 때 매우 유용한 절세방법이 있다. 다음 사례를 통해 살펴보자.

다주택자 거주주택 비과세 요건은?

질문 Y씨는 서울에 주택 3채를 보유하고 있다. 살고 있는 집 말고 세를 주고 있는 2채는 임대주택으로 등록해 놓은 상태다. Y씨는 아이들이 커서 아파트 평수를 넓혀 이사를 가려고 하는데, 다주택자라서 양도세가 너무 많이 나올까 봐 걱정이다. 양도세를 줄일 수 있는 방법이 없을까?

다주택자라도 거주하는 주택 외에 다른 주택을 임대주택으로 등록해 놓았다면, 2년 이상 거주한 주택을 팔 때 비과세를 받을 수 있다. 단, 일정요건을 만족해야 한다.

다음은 주택임대사업자가 거주주택을 팔 때 1세대 1주택 비과세를 받을 수 있는 요건이다.

다주택자의 거주주택 비과세를 위한 요건

① **임대주택 등록**: 거주하는 주택 외의 주택에 대해 시·군·구에 임대사업자로 등록하고, 세무서에 사업자등록을 해야 한다. 단, 아파트는 2020년 7월 11일 이후에 임대주택으로 등록하는 분부터는 적용받지 못한다.

② **임대주택 가액 요건**: 임대주택은 임대 개시일 당시 기준시가가 6억원(수도권 밖 3억원) 이하여야 한다.

③ **임대의무기간**: 임대주택으로 등록한 날에 따라 임대의무기간이 다음과 같이 다르게 적용된다.

· 2020년 7월 10일 이전 임대주택 등록: 5년 이상 임대

· 2020년 7월 11일 이후 2020년 8월 17일 이전 임대주택 등록: 8년 이상 임대

· 2020년 8월 18일 이후 임대주택 등록: 10년 이상 임대

④ **임대료 요건**: 임대료 인상률 5% 상한 규정을 지켜야 한다(2019년 2월 12일 이후 주택임대차계약을 체결하거나 기존 계약을 갱신하는 분부터 적용).

⑤ **거주주택 요건**: 거주주택에 2년 이상 실제로 살아야 한다.

요건을
모두 충족해야 함

임대기간 못 채운 상태에서 비과세 받는 방법은?

질문 다주택자가 거주주택을 팔 때, 다른 주택들을 임대주택으로 등록하고, 앞의 요건을 모두 갖춘 후에 2년 이상 거주한 주택을 팔아야만 비과세를 받을 수 있을까?

그렇지 않다. 임대주택 요건을 다 갖추기 전에 거주주택을 먼저 팔아도, 매도 후 임대주택 요건을 채우겠다고 약속하면 비과세를 받을 수 있다. 단, 나중에 임대기간 요건•을 채우지 못하면 양도 당시에 냈어야 할 세금을 신고·납부해야 한다.

• 장기임대주택을 임대하지 않은 기간이 6개월이 지난 경우도 임대기간 요건을 충족하지 못한 것에 포함된다.

하지만 다음과 같은 사유로 임대를 못했을 경우, 임대한 것으로 보아 주거나(①, ④, ⑤), 임대하지 못한 기간에 포함시키지 않는(②, ③) 특례가 있다(임대기간 산정 특례).

① 수용(공익사업을 위한 토지 등의 취득 및 보상에 관한 법률) 등 부득이한 사유로 임대기간을 채우지 못했거나, 임대하지 못했을 때에는 계속 임대한 것으로 본다.

② 재개발사업, 재건축사업 또는 소규모재건축사업이 있는 경우에는 인가일(관리처분계획 등) 전 6개월부터 준공일 후 6개월까지의 기간은 임대하지 못한 기간에 포함하지 않는다.

③ 주택법에 따른 리모델링 사유가 있는 경우에는 사업계획 승인일 또는 허가일 전 6개월부터 준공일 후 6개월까지의 기간은 임대하지 못한 기간으로 포함하지 않는다.

④ 2020년 8월 18일부터 폐지된(민간임대주택에 관한 특별법, 이하 민간임대주택법) 단기임대주택과 장기임대주택 중 아파트가 다음의 어느 하나에 해당하여 등록이 말소되고 임대기간 요건을 갖추지 못했을 경우, 등록이 말소된 날에 해당 임대기간 요건을 갖춘 것으로 본다.

자진말소: 임대의무기간(민간임대주택법)의 50% 이상을 임대한

경우에 한해, 임대사업자가 신청해 등록이 말소된 경우

자동말소: 민간임대주택법에 따라 임대의무기간이 종료한 날 등록이 말소된 경우

⑤ 재개발사업, 재건축사업 또는 소규모재건축사업으로 임대 중이던 장기임대주택이 멸실되어 새로 취득하거나, 주택법에 따른 리모델링으로 새로 취득한 주택이 일정요건•에 해당하여 임대기간 요건을 채우지 못한 경우, 당초 주택(재건축 등으로 새로 취득하기 전의 주택)의 등록이 말소된 날 임대기간 요건을 갖춘 것으로 본다.

• 장기민간임대주택 중 아파트를 임대하는 매입임대주택이나 단기민간임대주택인 경우

장기임대주택이 재개발로 멸실, 거주주택 비과세 특례는?

질문 S씨는 2년 이상 거주하고 있는 주택과 장기임대주택으로 등록한 아파트 1채가 있다. 장기임대주택이 재개발로 멸실될 예정인데, 임대한 기간은 3년 남짓이다. S씨는 지금 거주하는 주택을 팔 계획이다. 장기임대주택 의무임대기간의 반(50%)도 못 채웠는데 거주주택 비과세 특례를 받을 수 있을까?

임대의무기간의 50% 이상이 경과하지 않은 장기임대주택이 재개발사업으로 멸실된 경우, 앞에서 살펴본 임대기간 산정 특례 ⑤번에 해당한다. 이때는 해당 주택에 대한 시·군·구청의 등록말소 이전에 거주주택을 양도하는 경우 거주주택 비과세 특례를 적용받을 수 있다. 또한 등록말소 전 거주자 퇴거에 의한 공실이 발생

한 경우에도 비과세를 받을 수 있다.

【주의】 재개발·재건축사업으로 멸실되어 임대사업자등록이 말소된 이후에 거주주택을 양도하면 거주주택 비과세 특례를 받을 수 없다.

거주주택 팔기 전, 임대주택 등록 말소되었다?

민간임대주택법이 개정됨에 따라 2020년 8월 18일 이후부터 단기민간임대주택이나 장기민간임대주택 중 아파트는 폐지되었다. 이들이 다음의 사유로 등록이 말소된 경우, 말소* 이후 5년 이내에 거주주택을 팔아야 비과세 혜택을 받을 수 있다.

• 장기임대주택이 여러 채인 경우 최초로 등록이 말소되는 장기임대주택의 등록 말소를 뜻한다.

자진말소: 임대사업자가 임대의무 기간 내에 신청해 등록이 말소된 경우이다. 단, 임대의무기간의 50% 이상을 임대하고 세입자의 동의를 받은 경우에 한정한다.

자동말소: 임대의무기간이 종료한 날 등록이 말소된 경우이다.

자진말소, 자동말소 후에도 요건을 계속 지켜야 하나?

질문 O씨는 2년 이상 거주한 주택(A) 1채와 2018년 2월에 단기임대주택으로 등록한 아파트(B) 1채가 있다. 단기임대주택(B)은 의무임대기간 4년이 종료되어 구청에서 자동말소 통보를 받았다. O씨는 거주주택 비과세 특례를 받기 위해서는 말소일로부터 5년 이내에 거주주택을 팔아야 한다는 것은 알고 있었다.

그런데 거주주택(A)을 팔 때까지 말소된 임대주택의 임대료 상한선 5%를 지켜야 하는지, 자신이 말소된 임대주택(B)으로 이사를 가서 임대를 하고 있지 않은데도 A주택에 대해 거주주택 비과세 특례를 받을 수 있는지 궁금해 했다(참고로 O씨는 말소일까지는 거주주택 비과세 특례 요건을 모두 충족했다).

결론적으로 O씨는 임대료 증액 상한 5%를 지키지 않아도, 임대주택을 계속 임대하지 않아도 된다. 단기임대주택 또는 장기임대주택이 자진말소 또는 자동말소 된 이후 특례 요건을 지키지 않아도, 말소일로부터 5년 이내 거주주택을 양도하면 거주주택 비과세 특례를 받을 수 있다(기획재정부재산-151, 2022.01.24.).

거주주택 비과세, 생애 한 번으로 축소
(2019년 2월 12일 이후 취득한 주택부터)

사례 P씨는 아파트가 4채인 다주택자이다. 3채는 임대주택으로 등록하여 임대를 주고 있다. 그런데 지금 거주하는 영등포 아파트를 비과세 요건을 맞추어 팔고, 2022년 말 새 아파트를 사서 이사를 갈 생각이다. 나중에 이 새 아파트를 팔 때도 거주주택으로 비과세를 받을 수 있을까?

결론부터 말하면, P씨가 새로 사는 아파트는 거주주택 비과세 특례를 받을 수 없다.

예전에는 주택임대사업자가 거주주택을 팔 때 비과세를 받는

횟수에 제한이 없었다. 거주 아파트를 거주요건 2년을 채우고 팔고, 다시 다른 아파트에 이사가서 거주요건을 채우고 파는 식으로, 몇 번이고 갈아타면서도 비과세를 받을 수 있었다. 하지만 2019년 2월 12일 이후 취득한 주택부터는 주택임대사업자의 거주주택에 대한 비과세 혜택은 평생에 한 번밖에 받을 수 없다.

P씨의 경우 다른 주택들을 임대주택(요건 충족)으로 등록했으니, 2년 이상 거주한 영등포 아파트를 팔 때 1세대 1주택 비과세를 받을 수는 있다. 하지만 나중에 2022년 말에 산 새 아파트를 팔 경우, 2019년 2월 12일 이후에 샀고, 이미 영등포 아파트를 거주주택 비과세를 받아서 생애 한 차례를 사용했기 때문에 다시 거주주택에 대한 비과세 특례를 받을 수는 없다.

사례 K씨는 2011년에 용인시 수지에 아파트(A)를 사서 7년 가량 거주했다. 2018년에는 같은 단지의 1채를 더 사서 임대주택(B)으로 등록했다(임대 개시일 당시 기준시가 4억 2,000만원). 그해 10월 3일에 수원시 정자동에 아파트(C)를 사서 이사했다. K씨가 A아파트를 팔 때 1세대 1주택 비과세 혜택을 받으려면?

구분	소재지	주거현황	취득시기	기타
A주택	용인시 수지	거주주택	2011년	매도 희망
B주택	용인시 수지	임대주택	2018년	임대 개시일 기준시가 4억 2,000만원
C주택	수원시 정자동	이사 및 전입	2018년	

등록한 임대주택이 있는 상태에서 2년 이상 거주한 주택을 팔면 거주주택 비과세 특례를 받을 수 있다.* K씨의 경우 임대주택(B)이 있는 상태에서 2년 이상 거주한 주택(A)을 먼저 팔았다면, 거주주택 특례로 비과세를 받을 수 있다.

• 단, 임대주택은 임대 개시일 현재 기준시가 6억원(수도권 밖 3억원) 이하여야 하고, 5년 이상 임대를 해야 한다.
또한 2019년 2월 12일 이후 주택 임대차 계약을 체결하거나 기존 계약을 갱신하는 분부터는 임대료를 5% 초과해서 인상해서는 안 된다.

그런데 K씨는 A주택을 팔기 전에 C주택을 사서 3주택자가 되었다. 이런 경우는 일시적 2주택과 거주주택 비과세 특례를 동시에 받을 수 있다. C주택은 비조정대상지역(취득 당시)에 있으므로, 종전 주택인 A를 마지막에 산 C주택의 취득일로부터 3년 이내에 팔면 일시적 2주택으로 비과세를 받을 수 있다. 단, A주택의 양도가액이 12억원을 초과하면, 초과하는 양도차익에 대해서는 과세된다.

이 사례에서는 한 가지 더 짚어볼 점이 있다. 바로 C주택이 2019년 2월 11일 이전에 취득한 주택이라는 점이다. 2019년 2월 11일 이전에 취득한 주택은 개정된 규정을 적용받지 않고, 종전 규정을 적용받을 수 있는 예외에 해당된다. 따라서 생애 한 차례만 거주주택 비과세를 받을 수 있다는 규정이 적용되지 않는다. 즉, K씨는 임대주택인 B가 있는 상태에서 C주택에서 2년 이상 거주하다가 팔면, 거주주택 비과세 특례를 한 번 더 적용받을 수 있다.

2019년 2월 11일 이전 취득 분양권도 거주주택 비과세 한 번 더?

2019년 2월 11일 이전에 계약금을 지급한 분양권도 그전에 거주주택 비과세 특례를 한 차례 받은 적이 있어도, 완공 후 2년 이상 거주하고 양도하면 거주주택 비과세 특례를 받을 수 있다.

단, 2019년 2월 11일 이전에 장기임대주택이 없는 상태에서 일반주택을 대체하기 위해 새로운 분양권 매매계약을 체결한 것은 해당되지 않는다. 즉, 2019년 2월 11일 이전에 장기임대주택을 보유한 사람이 이사 목적으로 신규주택 취득 계약을 체결하고 계약금을 납부하는 경우에 비과세 특례를 적용받을 수 있다.

'거주주택+임대주택' 매도순서는?

사례 P씨는 10년 전에 서울시 송파구 방이동 아파트(A)를 사서 계속 살다가 전세를 놓고, 2017년 광진구 구의동 아파트(B)를 사서 이사한 후 지금까지 살고 있다. 2018년 2월 다주택자 중과가 시행되자 절세를 위해 3월 말에 방이동 아파트(A)를 단기임대주택으로 등록했다(당시 기준시가 5억원). 참고로 방이동 아파트는 산 지 오래되어 양도차익이 약 6억원이고, 구의동 아파트는 약 3억원이다.

P씨는 방이동 아파트(A)의 5년 임대기간이 끝나면 구의동 아파트(B)를 먼저 팔고, 다시 방이동 아파트로 이사할 생각이다. 방이동 아파트는 임대주택으로 등록한 상태이니, 구의동 아파트를 거주요건을 채운 후 먼저 팔아 거주주택 비과세를 받은 뒤, 방이동으로 이사해 살다가 팔면 1주택자로서 비과세를 받을 수 있을 것이라는 생각이다. 과연 2채 모두 비과세를 받을 수 있을까?

구분	소재지	주택현황	취득시기	양도차익	기타
A주택	송파구 방이동	단기임대주택 (2018년 3월 등록)	10년 전	6억원	2차 매도 고려
B주택	광진구 구의동	거주주택	2017년	3억원	1차 매도 고려

다주택자가 양도세를 절세하는 가장 기본적인 전략은 '양도차익이 가장 큰 주택'에 대해 1세대 1주택 비과세를 받는 것이다. 그렇다면 P씨는 양도차익이 더 큰 방이동 아파트(A)를 비과세 받는 주택으로 써야 한다. 다음과 같은 두 가지 방법이 있다.

【방법1】 ① 먼저 구의동 아파트(B) 매도(양도세 납부)
② 방이동 아파트(A) 매도(1세대 1주택 비과세)
【방법2】 ① 구의동 아파트(B) 임대주택 등록
② 먼저 방이동 아파트(A) 매도(거주주택 비과세 특례)

그런데 안타깝게도 P씨는 구의동 아파트(B)로 이사해 살면서, 양도차익이 큰 방이동 아파트(A)를 단기임대주택으로 등록해 버렸다. 이 경우 구의동 아파트를 먼저 팔면 어떤 일이 생길까?

구의동 아파트는 거주요건 2년을 채우면, 주택임대사업자의 거주주택으로 1세대 1주택 비과세를 받을 수 있다. 하지만 대신 나중에 방이동 아파트를 팔 때는 구의동 아파트 양도일까지 발생한 양도차익에 대해서는 비과세를 받을 수 없고, 양도 이후의 양도차익에 대해서만 비과세를 받을 수 있다. 방이동 아파트가 양도차익이 더 크니 세부담이 더 클 수밖에 없다.

질문 그렇다면 P씨가 양도차익이 더 큰 방이동 아파트를 비과세 받으려면 어떻게 해야 할까? 만약 양도차익이 적은 구의동 아파트를 팔면서 거주주택 특례를 받지 않고, 나중에 방이동 아파트를 팔면서 비과세를 받으면 될까?

하지만 법령 해석 사례에 따르면, 거주주택 비과세 특례를 받는 것은 선택이 아니다. 즉, 요건을 만족한 임대주택이 있는 상태에서 2년 이상 거주한 주택을 팔면 바로 거주주택 비과세 특례를 반드시 적용해야 한다. 결국 P씨는 양도차익이 큰 방이동 아파트를 임대주택으로 등록한 바람에, 양도차익이 큰 주택에 1세대 1주택 비과세를 받을 수 없게 되었다.*

• 양도차익이 가장 큰 주택은 임대주택으로 등록할 것이 아니라, 1세대 1주택 비과세를 받아야 한다는 것을 명심하자.

P씨가 선택 가능한 대안

① 방이동 아파트(A)는 의무임대기간의 1/2(2년)이 지났으므로 임대주택 등록을 자진말소 한다(단, 임대기간 중 5% 임대료 상한 요건을 갖추고, 임차인의 동의를 받은 경우에 한함).

② 구의동 아파트(B)를 먼저 양도한다. 양도일 당시 조정대상지역이 아니면 중과되지 않는다.(단, 조정대상지역이라도 2025.5.9까지 양도시 중과되지 않음)

③ 방이동 아파트(A)를 양도 시 1세대 1주택 비과세를 받는다(단, 양도가액 12억원 초과 시 과세).

거주주택 비과세 후 양도하는 주택의 양도세는?

거주주택과 임대주택을 보유한 경우, 거주주택을 요건을 채우고 팔면 1세대 1주택 비과세를 받을 수 있다. 그다음 1주택이 된 상태에서 임대주택을 의무임대기간 5년을 채우고 팔면, 거주주택의 양도일 후의 양도소득에 대해서만 1세대 1주택 비과세를 받을 수 있고, 이전의 양도소득에 대해서는 양도세를 내야 한다.

거주주택과 임대주택 양도 시 세금

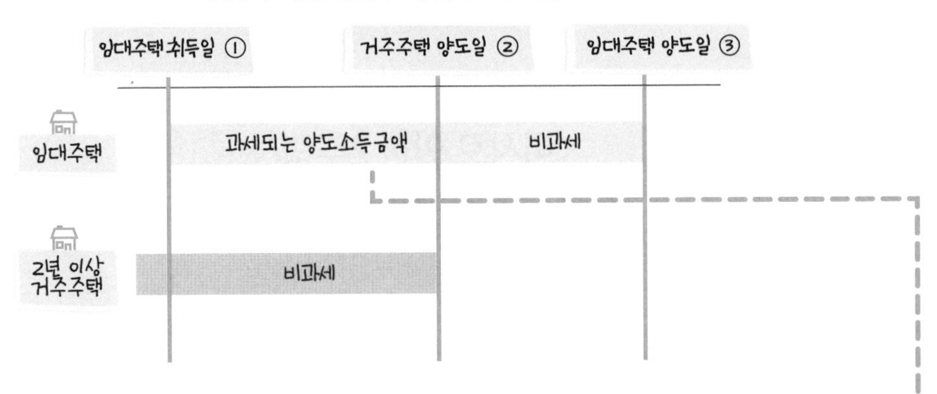

이 경우 임대주택의 '과세되는 양도소득금액'을 계산하면 다음과 같다.

1단계 양도소득금액을 구한다.

> **양도소득금액** = 양도가액 – 취득가액 등 필요경비 – 장기보유특별공제액

2단계 ① 임대주택 취득 당시 기준시가를 찾는다.

② 거주주택 양도일 당시 임대주택의 기준시가를 찾는다.

③ 임대주택 양도일 당시 기준시가를 찾는다.

3단계 다음의 공식에 대입하면 '과세되는 양도소득금액'을 구할 수 있다.

> **거주주택 비과세 후 양도하는 임대주택•의 과세 양도소득금액**

$$= \text{전체 양도소득금액} \times \frac{\text{거주주택 양도일 당시 임대주택의 기준시가} - \text{임대주택 취득일의 기준시가}}{\text{임대주택 양도일의 기준시가} - \text{임대주택 취득일의 기준시가}}$$

• 고가주택에 해당하는 경우에는 거주주택 양도일 이전 보유기간분 양도소득금액에 양도일 이후의 양도소득금액 중 양도가액 12억원을 초과하는 금액을 합산한 금액으로 한다.

이사로 인한 2주택자,
종전주택 3년 안에 못 팔았다면

사례 J씨는 7년 전에 서울시 마포구 상암동 아파트를 6억원에 샀는데, 지금 시가는 17억원이다. 그런데 2022년 12월 도화동에 새로 아파트를 사서 이사를 했다. 종전주택인 상암동 아파트를 처분기간 안에 팔지 못한다면 세금이 얼마나 차이가 날까?

일시적 2주택 비과세 요건 완화

이사갈 집을 먼저 사고 나서 살고 있던 집을 팔 때, 일시적으로 2주택인 상태를 감안해 1세대 1주택 비과세를 해주는 것을 '일시적 2주택 비과세 특례'라고 한다. 과거에는 종전주택과 신규주택이 모두 조정대상지역 내에 있는 경우 종전주택을 팔아야 하는 기간을 짧게 해서 요건을 강화했지만, 2023년 1월 12일 이후 양도분부터는 다시 3년으로 요건이 완화되었다.

이 혜택을 받으려면, 종전주택을 취득하고 1년 이상이 지난 후에 신규주택을 취득해야 하고, 신규주택을 취득한 날로부터 3년 이내에 종전주택을 팔아야 한다. 또한 종전주택이 보유기간 2년(2017년 8월 3일 이후 조정대상지역 내 취득 시 2년 거주 포함) 이상이고, 양도가액 12억원 이하여야 한다는 1세대 1주택 비과세 요건도 갖추어야 한다.

3년 이내에 팔아서 1세대 1주택 비과세를 받을 때와 3년이 지나서 비과세를 못 받고 파는 것의 세금 차이를 살펴보자.

J씨가 종전주택을 3년 이내에 판다면

2023년 1월 12일 이후에 종전주택을 양도한다면 조정대상지역 여부에 관계없이 모두 신규주택의 취득일로부터 3년 이내에 종전 주택을 양도하면 일시적 2주택 비과세 특례를 받을 수 있다. 상암동 아파트의 양도차익은 11억원(17억원-6억원)이다. 시가 17억원의 고가주택이므로 12억원 초과 양도차익은 양도세를 내야 한다. 7년 보유 및 거주했으므로 장특공으로 연 8%씩 56%를 공제받을 수 있다. 결국 J씨가 내야 할 양도세는 약 3,700만원(지방소득세 포함)이다.

종전주택을 3년 후에 판 경우

종전주택을 신규주택을 취득한 지 3년이 지난 후에야 팔면, J씨는 2주택자로서 양도세가 과세된다. 이 경우 양도세를 계산해 보면 3억 9,700만원(지방소득세 포함) 가량이다.

J씨의 종전주택 매도 시기에 따른 세금 차이(2023년 1월 12일 이후 양도 시)

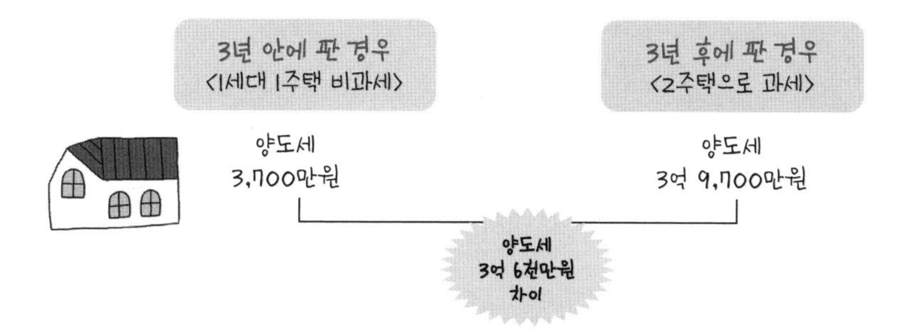

오피스텔로 인한 2주택자의 절세법

사례 K씨는 살고 있는 아파트 외에, 임대를 주고 있는 오피스텔 1채를 보유하고 있다. 오피스텔은 세입자가 거주용으로 사용하고 있다. K씨는 지금 사는 아파트를 팔고 이사를 갈 생각이다. 그런데 소형 오피스텔 1채 때문에 1세대 1주택 비과세를 받지 못할까 봐 걱정이다.

오피스텔은 거주용으로 사용하면 주택으로 보아 주택 수에 포함된다. 따라서 K씨의 경우 세입자가 거주용으로 사용하고 있으므로, 지금 사는 아파트를 팔 때 2주택자로서 양도세가 과세된다(조정대상지역이라도 다주택자 양도세 중과 유예기간인 2022년 5월 10일~2025년 5월 9일 기간에 양도 시 중과가 안

된다.).

하지만 세법을 조금만 공부한다면, K씨는 지금 살고 있는 아파트를 비과세를 받고 팔 수 있는 방법이 있다. 오피스텔을 임대주택으로 등록하고 10년* 이상 임대하는 것이다. 그러면 2년 이상 거주한 지금의 아파트를 팔 때 1세대 1주택 비과세를 받을 수 있다.

임대주택법상 매입임대주택에는 오피스텔이 포함되지 않는 것이 원칙이다. 하지만 전용면적이 85㎡ 이하이면서 상하수도 시설이 갖추어진 전용 입식 부엌과 화장실, 목욕시설을 갖춘 오피스텔은 주택으로 포함된다.

- 2020년 7월 10일 이전 임대주택 등록 시: 5년
  2020.7.11~2020.8.17 임대주택 등록 시: 8년
  2020.8.18 이후 등록 시: 10년

2주택자와 결혼, 누구 주택 먼저 팔까?

사례 골드미스 W씨는 오랜 기다림 끝에 천생배필을 만나 결혼을 결심했다. 그런데 둘 다 직장연차가 길고 결혼이 늦다 보니, W씨에게도 아파트(과천)가 1채 있고, 남편 될 사람은 서울에 아파트 2채를 보유 중이다. 결혼을 하면 1세대 3주택이 된다. W씨는 결혼으로 세금이 크게 늘어나는 것이 아닌지 걱정하며 상담을 청해왔다.

결혼으로 인한 3주택자의 양도순서

각각 1주택을 보유한 남녀가 결혼해서 2주택이 된 경우, 혼인 신고일로부터 5년 이내에 먼저 파는 주택은 1세대 1주택 비과세를 받을 수 있다. 그런데 W씨의 경우 결혼으로 3주택이 된다. 이때는 양도순서가 중요하다.

1단계: 먼저 남편의 2주택 중 한 채를 판다.

혼인 신고일로부터 5년 이내에 양도하는 주택은 배우자의 주택 수와 합산하지 않는다. 따라서 남편이 먼저 파는 한 채는 3주택이 아니라 2주택자로 과세된다.

이 경우 남편은 결혼으로 인해 세금부담이 달라지지 않는다. 결혼 전에도 2주택자로 세금을 내야 했고, 결혼 후에도 마찬가지다. 단, 혼인 신고일로부터 5년 이내에 파는 경우에 해당된다.

2단계: 이제 부부가 각자 명의로 1주택씩을 보유하게 되었다.

그중 1채를 혼인 신고일로부터 5년 이내에 팔면, 결혼으로 인한 2주택자로서 1세대 1주택 비과세를 받을 수 있다.

만약 5년 안에 팔지 못하면

먼저 파는 1채는 3주택자로서 양도세가 과세되고, 그다음에 파는 주택은 2주택자로서 과세된다. 2023년 3월 현재 강남 3구(강남, 서초, 송파)와 용산구를 제외하고는 모두 조정대상지역에서 해제되었다. 또한 조정대상지역이라도 2025년 5월 9일까지 양도시 다주택자라도 양도세가 중과되지 않는다.

만약 아내의 주택을 맨처음 판다면

부부가 각각 1주택인 상태에서 결혼으로 2주택이 된 경우에 비과세를 해주지만, W씨는 남편이 2주택이므로, W씨의 주택을 맨처음 팔 경우 비과세 혜택을 받을 수 없다.

양도세는 어느 주택을 먼저 파느냐에 따라 세금의 차이가 크다. 그러므로 다주택자는 팔기 전에 반드시 세무 전문가와 상담을 하는 것이 좋다.

4

CHAPTER

2022년 5월 10일부터 시행됐던 다주택자 중과유예는 2025년 5월 9일까지로 다시 1년 더 연장됐다. 다주택자들이 눈여겨볼 대목이다. 4장에서는 중과배제 주택, 주택 임대사업자, 증여 등 다주택자가 반드시 알아야 할 절세의 기술을 살펴보자.

다주택자의 양도세 절세법

01
다주택자의 절세 기술, 사전 체크리스트

사례 D씨는 서울에 집이 2채인 2주택자다. 둘 다 15년 이상 보유했고, 시세차익은 각각 10억원이다. 세부담이 어떻게 달라졌을까?

19대 정부의 다주택자 양도세 중과 부활 및 강화

2017년 8.2 부동산 대책으로 다주택자 중과가 다시 부활했다. 예전에는 다주택자여도 장기보유특별공제를 받을 수 있었고 기본세율이 적용되었다. D씨가 예전에 서울의 아파트 중 1채를 팔았다면, 양도세는 약 2억 8,300만원(지방소득세 포함)이었을 것이다.

그런데 다주택자 중과가 시행된 2018년 4월 1일 이후(2021년 5월 31일 이전 양도 가정)에 팔았다면 양도세가 약 5억 3,200만원이다. 서울의 2주택자이므로 장기보유특별공제를 받을 수 없고, 기본세율에 10%P가 가산되었기 때문이다. 과거에 비해 세금부담이 무려 88% 가량 높아졌던 것이다.* 더구나 2021년 6월 1일 이후 양도분부터는 다주택자의 양도세 세율이 종전보다 10%P씩 더 높아져 20%P가 가산되었다. 따라서 2021년 6월 1일 이후에 팔았다면 D씨의 양도세는 약 6억 4,100만원으로 한층 더 커졌을 것이다.

• 단, 다주택자라도 10년 이상 보유 주택의 한시적 완화기간(2019년 12월 17일~2020년 6월 30일)에 팔았다면 양도세가 중과되지 않았다.

20대 정부 다주택자 양도세 중과 유예, 세부담 얼마나 줄까?

(2022년 5월 10일~2025년 5월 9일 한시적 조치)

20대 정부는 다주택자에 대한 양도세 중과를 2022년 5월 10일부터 2025년 5월 9일까지 한시적으로 유예했다. '중과를 유예해준다'는 것은 조정대상지역 내 다주택자가 2년 이상 보유한 주택을 팔 때, 보유기간에 따라 장기보유특별공제를 양도차익의 연 2%씩 해주고 기본세율로 과세한다는 의미다.

2주택자가 양도차익이 10억원(5년 보유)인 조정대상지역 내 주택을 팔 때, 중과될 경우와 중과 유예 시 양도세 부담의 차이는 190쪽의 표와 같다. 즉, 중과 유예기간에 팔면 약 2억 6천만원의 양도세를 아낄 수 있다. 부담부증여 역시 한시적 유예기간에 하면 절세된다. 조정대상지역에 주택을 보유한 다주택자라면 한시적 유예기간을 놓치지 말고 잘 활용하는 것이 좋겠다.

한시적 유예에 더불어 2023년 1월 5일 서울 강남 3구(강남, 서초, 송파)와 용산구를 제외한 전 지역이 조정대상지역에서 해제됨에 따라 현재로서는 다주택자 중과는 사실상 유명무실해진 상태다.

다주택자가 미리 체크할 것들

2018년 양도세 중과 당시 다주택자에게는 3가지 선택지가 있었다.

양도차익 10억원인 2주택자, 중과 시 vs. 중과 유예 시 세부담 비교

구분	양도세 중과 시	양도세 중과 유예 시
양도차익	1,000,000,000원	1,000,000,000원
장기보유특별공제	–	**100,000,000원**
기본공제	2,500,000원	2,500,000원
과세표준	997,500,000원	897,500,000원
세율	**62%**	**42%**
누진공제액	35,940,000원	35,940,000원
산출세액	582,510,000원	341,010,000원
납부세액	**640,761,000원**	**375,111,000원**

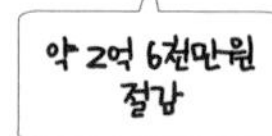

① 중과되는 주택을 2018년 3월 31일까지 파는 것

② 임대주택 등록으로 세제혜택 ③ 자녀에게 증여

많은 다주택자들은 당시 매도 대신 임대주택 등록이나 자녀에게 증여를 선택했다. 사전에 다음을 체크해 보아야 한다.

다주택자의 사전 체크리스트

① 먼저 조정대상지역 외 지역의 주택을 체크한다.
② 다주택자 중과를 받지 않는 방법을 체크한다.
③ '어떤 순서로 파는 것'이 유리할지 양도순서를 알아본다.
④ 다주택자 양도세 중과 유예기간(2022년 5월 10일~2025년 5월 9일)을 활용하자.

02

다주택자 양도세 중과 5가지 질문

다주택자 양도세 중과, 무엇이 있을까?

다주택자 양도세 중과란 말 그대로 '집이 여러 채인 다주택자에게 세금을 무겁게 물리겠다'는 것이다. 다주택자가 양도하는 조정대상지역 내의 주택에 적용된다. 양도세 중과에서 조정대상지역인지 여부는 '양도일'을 기준으로 판단한다(2024년 3월 현재 조정대상지역은 서울 강남 3구(강남, 서초, 송파)와 용산구뿐이다). 다주택자의 양도세 중과는 다음 두 가지이다.

다주택자 양도세 중과

조정대상지역

장특공 X + 양도세 세율 중과

단, 다주택자 양도세 중과 유예기간 (2022년 5월 10일~ 2025년 5월 9일)에는 중과 안 됨

① 장기보유특별공제를 받을 수 없다.

조정대상지역의 주택을 파는 다주택자는 아무리 오래 보유했어도 장기보유특별공제를 한푼도 받을 수 없게 되었다.

② 양도세 세율을 중과한다.

양도세의 기본세율은 6~45%이다. 그런데 1세대 2주택자라면 여기에 20%P가 가산되고, 3주택 이상자라면 30%P가 가산되었다. 결국 2주택자는 양도세 세율이 26~65%이고, 3주택 이상이라면 36~75% 세율이 적용되었다.

단, 다주택자 양도세 중과 한시적 유예기간인 2022년 5월 10일부터 2025년 5월 9일까지 양도 시 장기보유특별공제를 받을 수 있고, 기본세율로 과세된다.

• 단, 다주택자 양도세 중과 유예기간인 2022년 5월 10일~2025년 5월 9일 양도 시 중과가 안 된다.

다주택자의 양도세 세율(조정대상지역)*

기본세율+ 20%P

기본세율+ 30%P

과세표준	기본세율	2주택자	3주택자 이상	누진공제액
~1,400만원 이하	6%	26%	36%	–
1,400만원 초과~5,000만원 이하	15%	35%	45%	126만원
5,000만원 초과~8,800만원 이하	24%	44%	54%	576만원
8,800만원 초과~1억 5,000만원 이하	35%	55%	65%	1,544만원
1억 5,000만원 초과~3억원 이하	38%	58%	68%	1,994만원
3억원 초과~5억원 이하	40%	60%	70%	2,594만원
5억원 초과~10억원 이하	42%	62%	72%	3,594만원
10억원 초과	45%	65%	75%	6,594만원

조정대상지역 아닌 경우 다주택자 중과는?

질문 다주택자인 T씨는 양도차익이 5억원인 아파트(5년 보유)를 팔려고 한다. 조정대상지역인 경우와 아닌 경우, 그리고 2주택자인 경우와 3주택자인 경우에 양도세는 어떻게 달라질까?

다주택자라도 조정대상지역 외 주택은 장특공을 받을 수 있고,

양도세 세율도 기본세율로 과세된다. T씨의 아파트가 조정대상지역이 아니라면 양도차익이 5억원이고 5년 보유했으므로 양도세는 약 1억 6,800만원이다. 조정대상지역이라면 중과 시 T씨가 2주택자인 경우 약 2억 9,900만원, 3주택자라면 약 3억 5,400만원이 나온다. 양도차익이 같더라도 중과 여부와 주택 수에 따라 양도세가 크게 차이난다. 다만, 다주택자 중과 유예기간인 2022년 5월 10일~2025년 5월 9일까지 양도 시 중과되지 않는다.

다주택자의 조정대상지역에 따른 양도세 비교

구분	조정대상지역 외 지역 (중과 안 됨)	조정대상지역 (중과•)	
		2주택자	3주택 이상
양도차익	500,000,000원	500,000,000원	500,000,000원
(-)장기보유특별공제	50,000,000원	–	–
(-)기본공제	2,500,000원	2,500,000원	2,500,000원
(=)과세표준	447,500,000원	497,500,000원	497,500,000원
(x)세율	40%	+ 20%P 60%	+ 30%P 70%
(-)누진공제액	25,940,000원	25,940,000원	25,940,000원
(=)산출세액	153,060,000원	272,560,000원	322,310,000원
(+)지방소득세	15,306,000원	27,256,000원	32,231,000원
(=)납부세액	168,366,000원	299,816,000원	354,541,000원

장특공 X

세율 중과

양도세 약 1억 8,600만원 차이

• 단, 다주택자 양도세 중과 유예기간인 2022년 5월 10일~2025년 5월 9일 양도 시 중과가 안 된다.

2채 이상이면 무조건 양도세 중과될까?

양도세 중과

조정대상지역
다주택자만 해당!

단, 다주택자 양도세
중과 유예기간
(2022년 5월 10일~
2025년 5월 9일)에는
중과 안 됨

앞에서 말했듯, 다주택자라고 양도세가 무조건 중과되는 것은 아니다. 2017년 8.2 부동산 대책으로 인한 양도세 중과는 조정대상지역의 주택을 파는 다주택자에게만 해당된다. 따라서 그외의 지역에 있는 주택을 팔 때는 중과되지 않는다. 또한 조정대상지역 공고일 전에 매매계약을 체결하고 계약금을 받은 경우도 양도세가 중과되지 않는다. 아울러 세법에 열거된 중과배제주택에 해당되는 주택을 팔 때도 양도세가 중과되지 않는다(198, 204쪽 참조).

조정대상지역 외 주택, 먼저 파는 것이 유리하다(중과 가정 시)

질문 J씨는 아파트를 서울 강남구에 2채, 강릉(기준시가 3억원 초과)에 1채 가지고 있다. 어떤 순서로 팔아야 세금을 아낄 수 있을까?

1단계: 전체 주택 수와 조정대상지역 외의 주택 수부터 체크하자.

J씨의 3주택 중 서울 강남구는 조정대상지역이지만 강릉은 아니다. 조정대상 지역여부는 양도일 기준으로 판단한다.

2단계: 조정대상지역 외 주택을 먼저 판다.

J씨의 경우 강릉 집을 먼저 팔면 양도세가 중과되지 않는다. 강릉은 조정대상지역이 아니라서 3년 이상 보유했다면 보유기간에 따라 장기보유특별공제를 해주고, 기본세율인 6~45%로 과세된다.

게다가 먼저 강릉 집을 팔고 나면 주택 수가 줄어드니, 다음에 조정대상지역인 서울 강남구의 아파트를 팔 때도 3주택자가 아니라 2주택자로 중과된다.* 만약 양도일 당시 강릉 집의 기준시가가 3억원 이하라면, 강릉 집을 팔 때 중과되지 않는 것은 물론 다른 주택을 팔 때도 주택 수에서 제외되기 때문에 유리하다(198쪽 참조.).

• 단, 다주택자 양도세 중과 유예기간인 2022년 5월 10일~2025년 5월 9일 양도 시 중과가 안 된다.

3단계: 이제 조정대상지역의 주택을 판다.

정리하면, J씨는 조정대상지역이 아닌 강릉 집을 먼저 팔아서 주택 수를 2채로 줄이고, 그다음에 3주택이 아닌 2주택자로서 조정대상지역의 주택을 파는 것이 세금 측면에서 유리하다.*

2009~2012년에 산 주택(조정대상지역) '중과되지 않는다'로 해석 변경

부칙이 생긴 이유

다주택자 양도세 중과는 과거 2004년에 처음 도입됐다. 그런데 2008년 글로벌 금융위기가 터지면서 부동산 경기가 얼어붙자 침체된 부동산 시장을 활성화시킬 목적으로 당시 정부는 2009년 3월 16일부터 2012년 12월 31일까지 취득한 주택은 양도할 때 중과세율이 아닌 일반세율을 적용한다는 부칙을 발표했다.

중과되지 않는다고 해석 변경, 환급 가능

논쟁의 핵심은 이 부칙이 2018년 4월 1일 이후 다시 시행된 다주택자 양도세 중과에서도 그대로 적용되는지 여부이다. 기획재정부는 종전 해석(2018년 10월)에서는 적용되지 않는다, 즉 중과세율로 과세된다고 했으나 최근(2023년 12월) 중과세율이 아닌 일반세율로 과세한다고 해석*을 변경하였다.

* 기획재정부재산-1422 (2023.12.26)

이에 따라 중과되던 시기인 2018년 4월 1일부터 2022년 5월 9일 사이에 해당 주택을 팔고 중과세율로 양도세를 냈다면 변경된 해석에 따라 일반세율로 계산한 양도세와 비교한 차액을 환급받을 수 있다.

양도시기에 따른 양도세 중과세율

구분	양도 시기		
	2018년 4월 1일~2021년 5월 31일	2021년 6월 1일~2022년 5월 9일	2022년 5월 10일~2025년 5월 9일
1세대 2주택자 (조정대상지역)	일반세율 + 10%p	일반세율 + 20%p	중과유예기간 중과X
1세대 3주택자 (조정대상지역)	일반세율 + 20%p	일반세율 +30%p	

사례 2주택자인 K씨는 2010년에 취득한 양도차익 10억원인 주택을 2022년 3월(양도 당시 조정대상지역)에 팔았다. 당시 예규 상으로는 중과세율이 적용된다고 했기 때문에 K씨는 일반세율 42%에 20%p를 가산한 62%로 계산한 양도세 약 6억 4,100만원(지방소득세 포함)을 냈다. 변경된 예규에 따르면 K씨는 얼마를 환급받을 수 있을까?

2009년 3월 16일~2012년 12월 31일 중 취득한 주택을 2018년 4월 1일 이후에 양도한 경우 일반세율을 적용받을 수 있는 것으로 해석이 변경되었다. 이에 따라 K씨의 양도세를 일반세율 42%

로 계산하면 양도세는 약 4억 2,100만원으로, 당초 더 낸 세금인 2억 2천만원 가량을 환급받을 수 있다.

환급받기 위해서는 법정신고기한이 경과한 날로부터 5년 이내에 관할 세무서장에게 더 낸 세금을 돌려 달라는 경정청구를 해야 한다. K씨의 경우 2022년 3월에 양도했으므로 확정신고기한인 2023년 5월 말이 지난 후부터 5년 이내에 경정청구를 해야 더 낸 양도세를 환급받을 수 있다.

세법은 세금, 즉 돈과 관련된 법이다 보니 모르고 있다가는 금전적인 손실로 직결된다. 세법의 개정 또는 해석의 변경으로 내 세금이 영향을 받을 수 있기 때문에 항상 주의를 기울이는 것이 좋다.

[사례] 2주택자의 양도차익 10억 원인 주택 양도세 (단위: 원)

구분	종전 해석	변경된 해석
양도차익	1,000,000,000	1,000,000,000
장기보유특별공제	–	–•
기본공제	2,500,000	2,500,000
과세표준	997,500,000	997,500,000
세율	62%	42%
누진공제액	35,400,000	35,400,000
산출세액	583,050,000	383,550,000
납부세액	641,355,000	421,905,000
환급세액		219,450,000

• 2024년 3월 말 현재 예규 상으로는 장기보유특별공제는 적용하지 않는 것으로 되어 있으나, 기획재정부에서 장기보유특별공제 적용 여부를 검토 중이다.

03 다주택자 중과 시 '주택 수'에서 제외되는 주택

다주택자 중과, 주택 수에서 빼는 주택

"다주택자인데요. 양도세를 계산할 때, 제가 가지고 있는 모든 주택이 주택 수에 포함되나요?"

그렇지는 않다. 양도세에서 다주택자 중과를 판단할 때는 주택 수에서 빼주는 주택이 있다.

다주택자 중과 시, 주택 수에서 빼는 주택

① 수도권 및 광역시·특별자치시 외의 지역에 있는 주택•으로 주택 및 이에 부수되는 토지의 기준시가 합계액이 양도 당시 3억원 이하 주택

② 요건을 갖춘 소형 신축주택 및 준공 후 미분양 주택

• 경기도 읍·면, 광역시 군, 세종시의 읍·면 지역은 포함한다.

이런 주택은 팔 때 양도세가 중과되지 않을 뿐더러, 이 주택 외의 다른 주택들을 팔 때는 주택 수에서 제외해 주기 때문에 세금 면에서 유리한 점이 있다.

다주택자의 주택 수 연습문제

질문 S씨는 서울 강남구에 아파트 2채, 강릉에 아파트 2채 등 총 4채를 보유하고 있다. 이중에서 강릉에 있는 2채는 모두 기준시가가 3억원 이하이다. 서울에 있는 아파트 1채를 팔려고 하는데, 이때 4주택자로 중과될까?*

* 단, 다주택자 양도세 중과 유예기간인 2022년 5월 10일~2025년 5월 9일 양도 시 중과가 안 된다.

구분	소재지	비고
A아파트	서울 강남구	
B아파트	서울 강남구	
C아파트	강릉	기준시가 3억원 이하
D아파트	강릉	기준시가 3억원 이하

결론적으로 S씨는 서울 강남구의 아파트 중 1채를 팔 때 '4주택자'로 중과되지 않는다.

S씨의 강릉 아파트 2채는 수도권 및 광역시·특별자치시 외의 지역에 있고 기준시가 3억원 이하이므로, 양도세 중과를 따질 때는 주택 수에 포함되지 않는다. 따라서 S씨는 아파트를 4채 가지고 있지만, 조정대상지역의 아파트를 팔 경우 '2주택자'로 중과된다.*

그렇다면 S씨가 강릉 아파트를 팔 때는 어떨까?

S씨의 강릉 아파트들은 위에서 말한 지역요건과 기준시가 3억원 이하 요건을 모두 만족하기도 했지만, 애초에 조정대상지역이 아니기 때문에 양도세가 중과되지 않는다. 장기보유특별공제를 받을 수 있고 기본세율로 양도세를 내면 된다.

며칠 빨리 팔았을 뿐인데, 양도세 중과 가벼워지네?

사례 3주택자인 A씨는 서울에 아파트가 2채이고 고향인 전주에도 1채 있다. 그런데 급한 사정이 생겨 2022년 4월 초에 서울의 아파트 1채를 먼저 팔게 되었다. 집이 3채이니 3주택자로 중과될 줄 알았다.

그런데 양도세 신고를 하러 갔다가 뜻밖의 말을 들었다. 만약 전주 아파트의 공시가격이 3억원 이하라면 주택 수에서 제외되기에, 서울 아파트를 팔 때 3주택자가 아니라 2주택자로 중과된다는 것이다.

부랴부랴 확인해 보니, 전주 아파트의 공동주택 공시가격은 2021년에는 2억 9,000만원이었는데, 2022년 예정 공시가격은 3억 100만원이었다. 이 경우 양도세가 어떻게 과세될까?

구분	소재지	비고
A아파트	서울	2022년 4월 초 매도
B아파트	서울	
C아파트	전주	공시가격 3억원 이하

아파트와 단독주택의 공시가격은 매년 4월 말에 고시되기 때문에, 그전에 팔면 전년도의 공시가격이 적용되고, 공시일 이후에 팔면 올해의 공시가격이 적용된다.

A씨는 서울 아파트를 2022년 4월 초에 팔았다. 따라서 양도세

를 계산할 때, 전주 아파트의 공시가격은 전년도인 2021년의 것이 적용된다. 즉, 전주 아파트는 수도권 밖의 3억원 이하 주택이라서 다주택자의 양도세 중과 여부를 따질 때 주택 수에서 빠진다. 따라서 A씨는 서울 조정대상지역 아파트를 팔 때 3주택자가 아니라 2주택자로 중과된다.*

• 단, 다주택자 양도세 중과 유예기간인 2022년 5월 10일~2025년 5월 9일 양도 시 중과가 안 된다.

만약 A씨가 서울의 아파트를 5월 4일에 팔았다면(잔금까지 납부), 2022년의 공시가격인 3억 100만원이 적용되어 전주 아파트가 주택 수에 합산되었을 것이고, 3주택자로서 중과되었을 것이다.

소형 신축주택 및 준공 후 미분양주택도 주택 수에서 제외된다

2024년 1월 10일부터 2025년 12월 31일까지 취득하는 주택으로서 다음 중 하나에 해당하는 소형 신축주택과 준공 후 미분양주택도 주택 수 계산에서 제외되고 해당 주택을 양도할 때도 중과되지 않는다.

가. 다음의 요건을 모두 갖춘 소형 신축주택

1) 전용면적이 60㎡ 이하일 것
2) 취득가액이 6억원(수도권 밖의 지역에 소재하는 주택의 경우에는 3억원) 이하일 것
3) 2024년 1월 10일부터 2025년 12월 31일까지의 기간 중에 준공된 것일 것
4) 아파트에 해당하지 않을 것

5) 양도자가 사업주체, 분양사업자 등이고 양수자가 해당 주택에 대한 매매계약을 최초로 체결한 자이면서 매매계약을 체결하기 전에 다른 자가 해당 주택에 입주한 사실이 없을 것

나. 다음의 요건을 모두 갖춘 준공 후 미분양주택

1) 전용면적이 85㎡ 이하일 것

2) 취득가액이 6억원 이하일 것

3) 수도권 밖의 지역에 소재할 것

4) 양도자가 사업주체, 분양사업자 등이고 양수자가 해당 주택에 대한 매매계약을 최초로 체결한 자이면서 매매계약을 체결하기 전에 다른 자가 해당 주택에 입주한 사실이 없을 것

5) 준공 후 미분양 주택이면서 해당 주택 소재지의 시장·군수·구청장으로부터 해당 주택이 준공 후 미분양주택이라는 확인을 받은 주택일 것

'주택 수' 계산에서 자주 혼동하는 것

질문 A씨는 서울의 아파트 1채를 먼저 팔고, 서울의 다른 아파트 1채와 전주 아파트 1채가 남은 상황이라고 하자. 남은 서울 아파트를 팔 때 1세대 1주택 비과세를 받을 수 있을까?

상담을 하다 보면 고객들이 자주 오해하는 부분이다. A씨의 전주 아파트는 다주택자의 중과 여부를 따질 때 주택 수에서 제외되니, 서울의 남은 아파트 1채를 팔 때 1세대 1주택자로서 비과세를 받을 수 있을 거라고 착각한다. 하지만 이 경우 비과세를 받을 수 없다.

1세대 1주택 비과세 여부를 판단할 때는 전주 아파트도 주택 수에 포함된다. 따라서 A씨는 서울 아파트를 먼저 팔면 2주택자이기 때문에 1세대 1주택 비과세를 받을 수 없다.

결론적으로 A씨는 양도차익이 적은 전주 아파트를 먼저 팔고, 1주택이 된 상태에서 상대적으로 양도차익이 큰 서울 아파트를 팔아서 1세대 1주택 비과세를 받는 것이 유리하다.

다주택자 양도세 중과, 주택 수에서 빼주는 주택 체크리스트

① 다주택자라도 수도권, 광역시, 특별자치시 외의 지역(읍·면 일부지역 포함)에 있는 기준시가 3억원 이하 주택을 팔 때는 양도세가 중과되지 않는다.
② 수도권, 광역시, 특별자치시 외의 지역(읍·면 일부지역 포함)에 있는 기준시가 3억원 이하 주택의 경우, 다른 주택의 양도세 중과 여부를 판단할 때 주택 수에서 빼준다.
③ 소형 신축주택 및 준공 후 미분양주택도 다른 주택 양도시 빼주고, 해당 주택을 양도할 때도 중과되지 않는다.

04
조정대상지역이라도 괜찮은 중과배제주택

2주택 & 3주택 이상, 모두 적용되는 중과배제주택

조정대상지역에 있는 다주택자라도 중과되지 않는 주택이 있다. 세법 용어로 '중과배제주택'이라고 한다. 중과배제주택은 조정대상지역에 있더라도 3년 이상 보유했다면 연 2%의 장기보유특별공제를 받을 수 있고, 양도세 세율도 중과되지 않고 기본세율인 6~45%로 과세된다.

2주택은 물론 3주택 이상자에게 모두 적용되는 대표적인 중과배제주택을 살펴보자.

• 2022년 5월 10일~2025년 5월 9일까지는 중과 유예기간으로 이 기간에 양도하면 중과 배제 주택 여부에 관계없이 중과되지 않는다.

① 임대 개시일 당시 기준시가 6억원(수도권 밖 3억원) 이하로서, 임대주택으로 등록한 요건을 갖춘 임대주택은 다주택자 중과를 받지 않는다. 가장 많이 알려지고 흔한 중과배제주택이다(단, 조정대상지역의 1세대 1주택 이상자는 2018년 9월 13일 이전 취득한 주택••에 한함).

•• 민간임대주택법의 개정으로 아파트는 2020년 7월 10일 이전에 등록한 경우에 한한다.

② 상속특례주택은 상속받은 날로부터 5년 이내에 양도하면 중과되지 않는다.

③ 양도세가 감면되는 특정 주택에 해당되면 중과되지 않는다.

④ 그밖에 직원(사용자의 특수관계인 제외)에게 10년 이상 무상으로

제공하는 사용자 소유의 주택, 가정어린이집으로 5년 이상 사용 후 사용하지 않게 된 날부터 6개월 이내인 주택(1세대의 구성원이 구청장 등의 인가를 받고 사업자 등록한 경우에 한함)도 다주택자라도 양도세가 중과되지 않는다.

⑤ 보유기간이 2년 이상인 주택(2022년 5월 10일~2025년 5월 9일 양도분)

⑥ 소형 신축주택 및 준공 후 미분양 주택

이런 중과배제주택(①~④)을 빼고 1채의 주택만 남았을 때, 그 주택을 팔 때도 중과에서 제외된다. 이를테면 4주택자가 2채는 임대주택으로 등록한 주택이고, 1채는 3년 전에 상속받은 특례주택이라면, 4채 중 3채는 중과배제주택이다. 그러면 중과배제주택이 아닌 나머지 1채를 팔 때도 양도세가 중과되지 않는다.

2주택자만 해당되는 중과배제주택

2주택자에게만 해당되는 중과배제주택을 살펴보자.

① 세대원 중 일부가 취학, 근무상의 형편, 질병의 요양, 그밖의 부득이한 사유로 인하여 다른 시·군•으로 주거를 이전하기 위하여 1주택을 취득하여 1세대 2주택이 된 경우 해당 주택은 중과되지 않는다. 단, 취득 당시 기준시가의 합계액이 3억원 이하여야 하고, 취득 후 1년 이상 거주하고, 그 사유가 해소된 날부터 3년 이내에 파는 경우에 한한다.

【사례】 H씨는 서울에서 살아온 1주택자인데, 몇 년 전에 세종시로 발령이

• 특별시·광역시·특별자치시 및 '제주특별자치도 설치 및 국제자유도시 조성을 위한 특별법' 제10조 2항에 따라 설치된 행정시를 포함한다.

났다. 서울에 아내와 아이들을 두고 세종시에 혼자 살 만한 아파트를 샀다. 취득 시 기준시가는 3억원이었다. 몇 년 후 H씨는 다시 서울로 발령나서 세종시 아파트를 팔려고 한다. 이 경우 중과될까?

H씨는 직장 인사발령 때문에 세종시 아파트를 샀고 2주택자의 중과배제 요건을 갖추었기 때문에 중과되지 않는다. 2주택자이고 세종시•가 조정대상지역이지만, 3년 이상 보유했다면 장기보유특별공제를 연 2% 받을 수 있고 기본세율(6~45%)로 양도세를 내면 된다.

• 과거 세종시가 조정대상지역일 때를 가정함.

② 만 60세 이상의 부모를 돌보기 위하여 세대를 합침으로써(동거봉양) 1세대 2주택이 된 경우 양도세가 중과되지 않는다.•• 단, 세대를 합친 날부터 10년이 지나지 않은 경우에만 적용된다.

•• 배우자의 직계존속을 포함하며, 직계존속 중 어느 한 사람이 만 60세 미만인 경우를 포함한다.

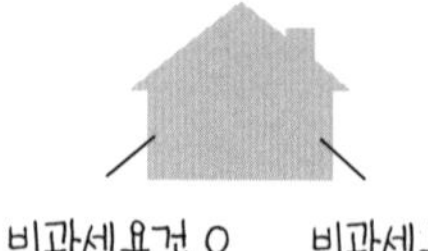

③ 결혼으로 1세대 2주택이 된 경우 역시 양도세가 중과되지 않는다. 단, 혼인한 날부터 5년이 지나지 않아야 한다.

【잠깐】 여기서 '중과되지 않는다'는 말의 의미

동거봉양이나 결혼 등으로 인한 2주택자들이 1세대 1주택 비과세 요건을 채우지 못했다면 양도세를 내야 하는데, 이런 경우에도 2주택자로 중과되지는 않는다는 뜻이다. 이를테면 조정대상지역의 집에서 2년을 거주하지 못하고 팔 경우, 비과세 혜택은 안 주더라도 다주택자로서 중과하지는 않는다는 의미이다.

④ 양도 당시 기준시가 1억원 이하인 소형주택은 중과하지 않는다. 다만, '도시 및 주거환경정비법'에 따른 정비구역으로 지정·고시된 지역•••, 또는 '빈집 및 소규모주택 정비에 관한 특

••• 주거환경개선사업의 경우 해당 사업시행자에게 양도하는 주택은 제외한다.

례법'에 따른 사업시행구역에 소재하는 주택은 제외한다.

한눈에 보기 주택 수에 따른 양도세 중과배제주택

<table>
<tr><th>2주택자</th><th>3주택 이상</th></tr>
<tr><td colspan="2">수도권 및 광역시·특별자치시 외의 지역(경기도 읍·면, 광역시 군, 세종시의 읍·면 지역은 포함)에 있는 주택으로, 양도 당시 기준시가 3억원 이하인 주택, 소형 신축주택 및 준공 후 미분양주택</td></tr>
<tr><td colspan="2">임대주택 등록 주택(1세대 1주택 이상자가 2018년 9월 14일 이후 취득한 조정대상지역 내 주택은 제외)
*아파트는 2020년 7월 10일 이전에 임대주택 등록한 경우에 한함</td></tr>
<tr><td colspan="2">조세특례제한법상 장기임대, 신축임대, 미분양주택에 대한 과세특례에 따라 양도세가 감면되는 임대주택으로서 5년 이상 임대한 국민주택</td></tr>
<tr><td colspan="2">종업원에게 10년 이상 무상으로 제공한 사용자 소유의 주택</td></tr>
<tr><td colspan="2">조세특례제한법상 미분양주택 특례 및 신축주택 특례에 해당되는 주택</td></tr>
<tr><td colspan="2">문화재 주택</td></tr>
<tr><td colspan="2">상속받은 날로부터 5년이 경과하지 않은 상속주택</td></tr>
<tr><td colspan="2">저당권 실행 또는 채권변제를 대신하여 취득한 주택으로서, 취득일부터 3년이 지나지 않은 주택</td></tr>
<tr><td colspan="2">가정어린이집으로 인가를 받고 사업자등록을 한 후 5년 이상 사용하고, 가정어린이집으로 사용하지 않게 된 날부터 6개월이 지나지 않은 주택</td></tr>
<tr><td colspan="2">앞에 열거한 주택을 제외하고, 1채의 주택만을 소유하고 있는 경우에 해당 주택</td></tr>
<tr><td colspan="2">일시적 2주택, 또는 조특법에 따라 1세대 1주택을 소유한 것으로 보는 주택(비과세 고가주택), 보유기간 2년 이상인 주택(2022년 5월 10일~2025년 5월 9일 양도분)</td></tr>
<tr><td>취학, 근무상의 형편, 질병의 요양, 그밖에 부득이한 사유로 다른 시·군으로 이사한 경우로, 금액요건과 기간요건을 만족한 경우</td><td></td></tr>
<tr><td>동거봉양 세대합가로 2주택이 된 경우로, 세대를 합친 날로부터 10년 이내에 양도하는 주택</td><td></td></tr>
<tr><td>혼인으로 2주택이 된 경우로, 혼인한 날로부터 5년 이내에 양도하는 주택</td><td></td></tr>
<tr><td>주택의 소유권에 대한 소송이 진행 중이거나 해당 소송결과로 취득한 주택(소송으로 인한 확정 판결일부터 3년이 지나지 않은 경우에 한한다)</td><td></td></tr>
<tr><td>양도 당시 기준시가 1억원 이하인 소형주택(단, 「도시 및 주거환경정비법」에 따른 정비구역으로 지정·고시된 지역 또는 「빈집 및 소규모주택정비에 관한 특례법」에 따른 사업시행구역에 소재하는 주택 제외)</td><td></td></tr>
</table>

'주택 수에서 제외되는 주택'과 중과배제주택의 차이점

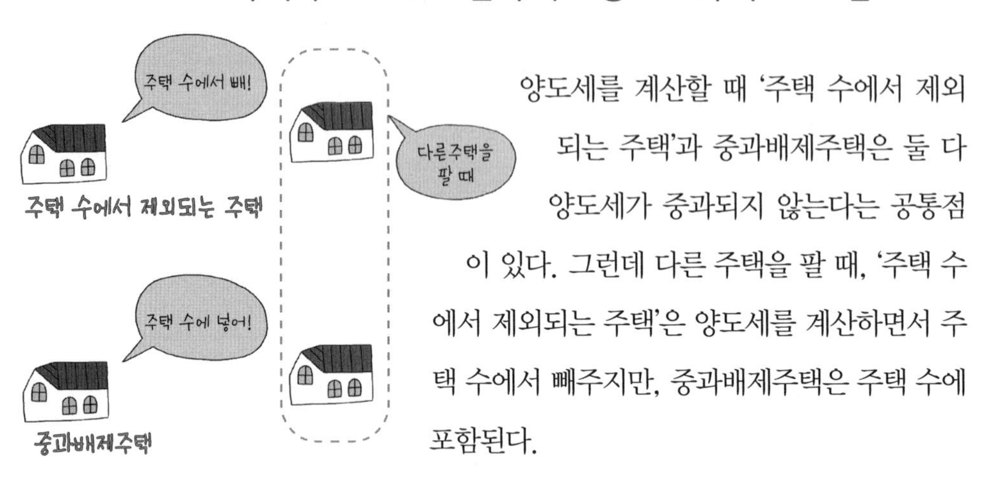

양도세를 계산할 때 '주택 수에서 제외되는 주택'과 중과배제주택은 둘 다 양도세가 중과되지 않는다는 공통점이 있다. 그런데 다른 주택을 팔 때, '주택 수에서 제외되는 주택'은 양도세를 계산하면서 주택 수에서 빼주지만, 중과배제주택은 주택 수에 포함된다.

질문 P씨는 서울의 조정대상지역*에 아파트가 2채이고, 충북 제천시에 기준시가 2억원인 아파트가 1채 있다. 서울 아파트를 팔 때 양도세가 중과될까?

• 2022.5.10~2025.5.9 기간 이내에 양도할 경우 조정대상지역 내 주택도 중과되지 않는다.

P씨의 제천 아파트는 수도권·광역시·세종시 외의 지역이고 기준시가가 3억원 이하이므로, 다른 주택을 팔 때 주택 수에서 제외해 준다. 따라서 서울 아파트를 팔 때 3주택자가 아니라 2주택자로서 양도세를 내면 된다.

질문 장기임대주택으로 등록한 주택 2채와 일반주택(조정대상지역)* 2채에서 먼저 일반주택을 팔면 몇 주택자로 양도세가 중과될까?

중과배제주택인 장기임대주택을 팔 때는 양도세가 중과되지 않는다. 하지만 일반주택을 먼저 판다면, 장기임대주택은 주택 수에 포함되므로 4주택자로서 중과된다.

05
알아두어야 할 임대주택사업자 관련 법

임대주택으로 등록하는 가장 큰 이유가 세제혜택을 받기 위해서다. 2020년 7.10 부동산대책에는 민간임대주택제도를 개편하는 방안이 포함되었는데, 이에 따라 관련 세법에도 많은 변화가 생겼다.

단기임대주택 및 아파트 장기임대주택 폐지

2020년 8월 18일부터는 임대의무기간이 4년짜리인 단기임대주택은 폐지됐다. 그래서 장기임대주택 등록만 가능한데, 이중에서도 아파트는 2020년 8월 18일 이후부터는 임대주택 등록 자체가 안 된다.

이 개정내용은 2020년 8월 18일 민간임대주택법 개정안이 국회를 통과하고 확정되었지만, 7.10 부동산대책 발표 다음날인 7월 11일 이후부터 이미 단기임대주택 또는 아파트를 장기임대주택으로 등록할 수 없었고, 단기임대주택을 장기로 전환하는 경우 세제지원을 받을 수 없도록 했다.

민간임대주택법에 따른 유형별 임대주택

주택 구분		유형별 폐지 · 유지 여부	
		매입임대	건설임대
단기임대	단기민간임대주택(4년)	**폐지**	**폐지**
장기임대	장기일반민간임대주택	유지 (아파트는 폐지)	유지
	공공지원민간임대주택	유지	유지

아파트 외 장기임대주택 임대의무기간 8년→10년으로 연장

아파트 외의 장기임대 유형은 유지하되, 의무기간을 8년에서 10년으로 연장했다. 2020년 8월 18일 이후에 아파트 외의 주택을 장기임대주택으로 등록하는 경우 임대의무기간은 10년이다. 임대주택 등록일이 언제냐에 따라 달라진다. 2020년 8월 17일까지 장기임대주택 등록을 했다면 임대의무기간이 8년이고, 8월 18일 이후에 했다면 10년이 적용되는 것이다.

자진말소와 자동말소

민간임대주택법이 개정되면서 자진말소와 자동말소라는 개념이 생겨났다.

'자진말소'란 폐지되는 단기임대주택사업자, 그리고 장기임대주택 중 아파트 임대주택사업자가 임대의무기간을 다 채우지 못한 채로 임대사업자 등록을 자진해서 말소신청하는 것을 말한다.

종전에는 임대의무기간을 다 채우지 못하고 말소하려면 3,000만원의 과태료가 부과되었지만, 법 개정으로 인해 폐지되는 유형인 단기임대주택과 아파트에 한해서 자진말소를 해도 과태료가 부과되지 않는다. 단, 등록말소 전까지 공적의무를 준수하고 임차인의 동의를 받은 경우에 한해 자진말소가 가능하다.

'자동말소'란 폐지되는 단기임대주택사업자, 그리고 장기임대주택 중 아파트 임대주택사업자의 임대의무기간이 종료되면, 지방자치단체장이 자동으로 임대사업자 등록을 말소시키는 것을 말한다.

종전에는 임대의무기간이 종료되더라도 임대사업자가 등록을 말소하지 않으면 임대사업자 지위를 계속 유지할 수 있었지만, 개정된 법에서는 임대의무기간이 종료되면 지방자치단체장이 등록을 자동으로 말소시키기에 임대주택사업자의 지위를 더 이상 유지할 수 없게 되었다.

06
임대주택사업자, 소득세법으로 절세하기

임대주택 등록은 신중하게 하자

임대주택의 세제혜택

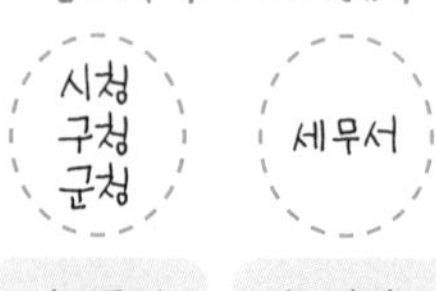

임대주택 등록 | 임대사업자 등록

민간임대주택에 관한 특별법

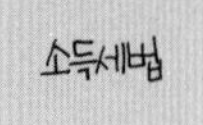

임대주택에 대한 세제혜택을 받으려면, 먼저 시청·구청·군청에 임대주택 등록을 하고, 세무서에 임대사업자 등록을 해야 한다(임대주택 등록방법은 237쪽 참조). 하지만 임대주택으로 등록했다고 해서 모든 주택이 세제혜택을 받을 수 있는 것은 아니다. 따라서 임대주택 등록은 신중해야 한다.

2020년부터 주택임대를 하면 세무서에 하는 사업자등록은 의무화되었다. 하지만 구청에 하는 임대주택 등록은 세제혜택을 받을 수 있을 때만 하면 된다. 앞에서 살펴본 것처럼 2020년 7월 11일 이후부터는 단기임대주택이나 아파트 장기임대주택으로 등록해 봤자 세제혜택이 없다. 세제혜택을 받을 수도 없는데 구청에 임대주택으로 등록•해 봤자 번거로운 신고의무들을 지켜야 하며, 이를 지키지 않았을 경우 과태료 부담만 떠안게 된다.

• 2020년 8월 18일 이후부터는 단기임대주택 및 아파트의 장기임대주택은 폐지되어 아예 등록할 수 없다.

양도세 세제혜택

소득세법

조세특례제한법

두 가지 법에 규정되어 있다.

임대주택에 대한 양도세 세제혜택은 소득세법과 조세특례제한법에서 다루는데, 법조문마다 내용과 요건이 다르기 때문에 많은 사람들이 혼란스러워 한다. 개념이 혼재되어 있으면 보고 또

봐도 뒤돌아서면 잊어버리기 십상이다. 그래서 모든 공부가 그렇듯, 임대주택에 대한 세제혜택도 법조문별로 구분해서 뼈대를 잡고 그후에 세세한 요건들은 필요할 때 찾아보면 된다.

소득세법상 임대주택 세제혜택은?

소득세법상 임대주택에 대한 세제혜택은 양도세 중과배제와 거주주택 비과세 특례, 거주요건 적용배제의 3가지가 있다.

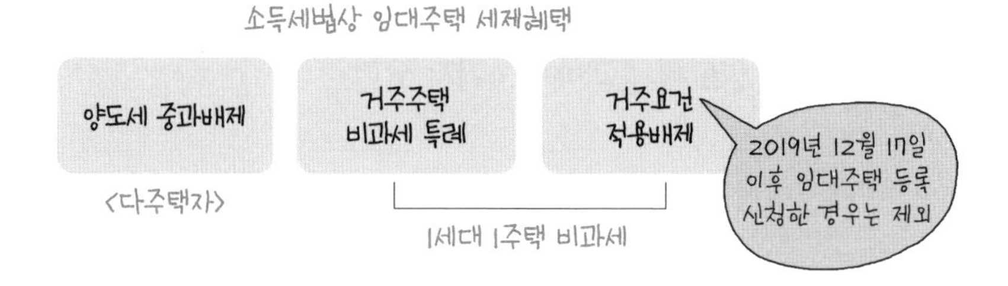

양도세 중과되지 않으려면

다주택자가 조정대상지역의 주택을 팔면 양도세가 중과된다. 3년 이상 보유 주택도 장기보유특별공제를 받을 수 없고, 기본세율에 2주택자라면 20%P, 3주택 이상이라면 30%P가 가산된다.* 그런데 요건을 갖춘 임대주택을 파는 경우에는 다주택자라도 장기보유특별공제를 받을 수 있고 기본세율로 과세된다. 즉, 중과되지 않는다. 이를 '중과배제'라고 한다.

* 단, 다주택자 양도세 중과 유예기간인 2022년 5월 10일~2025년 5월 9일 양도 시 중과가 안 된다.

양도세 중과배제 혜택은 요건을 갖춘 임대주택 자체를 팔 때 받을 수 있는 혜택이다. 그런데 상담하다 보면, 다른 주택을 팔 때 임대주택이 주택 수에서 빠진다고 잘못 알고 있는 사람들이 많다. 하지만 다른 주택을 팔 때 임대주택은 주택 수에 포함된다.

질문 3주택자인 O씨는 1채(A주택)는 요건을 갖춘 임대주택이고, 2채(B주택, C주택)는 임대주택 등록을 하지 않았다. 임대주택으로 등록하지 않은 B주택(조정대상지역)을 팔 때, O씨는 2주택자로 중과될까?

O씨는 3주택자로 중과된다.* 임대주택이라고 해서 주택 수에서 빠지는 것이 아니다.

* 단, 다주택자 양도세 중과 유예기간인 2022년 5월 10일~2025년 5월 9일 양도 시 중과가 안 된다.

임대주택 양도세 중과배제 4가지 요건

임대주택에 대한 양도세가 중과되지 않으려면 다음의 4가지 요건을 갖추어야 한다. 다만, 2018년 9.13 대책으로 임대주택에 대한 세제혜택이 축소되면서 1주택 이상을 보유한 1세대가 2018년 9월 14일 이후 조정대상지역 내 신규 취득**한 주택은 제외된다. 즉, 이 경우에는 임대주택 등록을 해도 양도세가 중과된다.***

** 조정대상지역의 공고가 있은 날 이전에 주택(분양권, 입주권 포함)을 취득하거나, 주택을 취득하기 위해 매매계약을 체결하고 계약금을 지급한 경우에는 종전 규정을 적용한다.

*** 단, 다주택자 양도세 중과 유예기간인 2022년 5월 10일~2025년 5월 9일 양도 시 중과가 안 된다.

① 임대주택 등록

소득세법에 따른 사업자등록과 '민간임대주택에 관한 특별법'에 따른 임대사업자 등록을 모두 해야 한다. 단, 2020년 7월 11일 이후 민간임대주택법 개정에 따라 폐지되는 유형의 임대주택(단기임대주택, 장기임대주택 중 아파트)으로 등록하거나 단기임대주택을 장기로 전환하는 경우에는 적용되지 않는다.

② 금액 기준

수도권 주택이라면 임대 개시일 시점에 기준시가가 6억원 이하, 수도권 밖 주택이라면 기준시가가 3억원 이하여야 한다.

③ 일정기간 이상 임대

2018년 3월 31일까지 임대주택 등록을 했다면 5년 이상 임대하면 세제혜택을 받을 수 있었지만, 2018년 4월 1일 이후 등록분부터는 8년 이상 장기임대주택, 2020년 8월 18일 이후는 10년 이상 장기임대주택이어야 세제혜택을 받을 수 있다.*

• 임대주택의 양도세 중과배제 요건, 특히 그중에서도 '일정기간 이상 임대' 요건과 관련해 자주 하는 질문은 216쪽에서 상세히 살펴본다.

④ 임대료 상한 기준

2019년 2월 12일 이후 주택 임대차계약을 갱신하거나 새로 체결하는 분부터는 임대료 인상 상한제도 지켜야 한다. 임대료 인상률이 5% 이하여야 한다.

거주주택 비과세 특례 또는 거주요건 적용배제를 받으려면

임대주택 있는 상태에서 2년 이상 거주주택을 먼저 팔 경우, '거주주택비과세 특례'를 받을 수 있다(168쪽 참조).

[거주요건 적용 배제] 2019년 12월 16일 이전 사업자등록과 임대주택 신청한 주택은 거주요건을 채운 것으로 봐 1세대 1주택 비과세를 받을 수 있다. 단, 2019년 12월 17일 이후 임대주택 신청한 경우 거주 2년 채워야 비과세 요건을 갖춘 것으로 본다(128쪽 참조).

07
임대주택 양도세 중과배제, 자주 하는 5가지 질문

가장 많이 볼 수 있는 매입임대주택을 중심으로 양도세 중과배제 요건과 관련해 흔히 하는 질문을 소개한다.

【참고】 2023년 1월 5일 서울 강남 3구(강남, 서초, 송파)와 용산구를 제외한 전 지역이 조정대상지역에서 해제되었다.

양도 당시 조정대상지역이 아니라면 다주택자라도 양도세가 중과되지 않는다. 조정대상지역이라도 한시적 중과유예기간인 2022.5.10~2025.5.9 기간 이내 양도 시 중과되지 않는다.

단기임대주택 등록했는데(2018년 3월 31일 이전), 자동말소 됐다면?

개정된 민간임대주택법에서 단기임대주택이 폐지됨에 따라, 2018년 3월 31일 이전에 단기임대주택으로 등록한 경우 4년이 지나면 자동말소 통보를 받게 되었다. 양도세가 중과되지 않으려면 임대의무기간 5년을 채워야 하는데 자동말소로 요건을 채울 수 없게 된 것이다. 이 문제점을 보완하기 위해 임대의무기간이 끝나서 자동말소 되는 경우, 임대기간을 충족한 것으로 보아서 양도세 중과배제 혜택을 받을 수 있게 했다.

자동말소 후 임대주택 요건 계속 지켜야 하나?

양도세 중과배제 혜택을 받으려면 임대료 상한 요건(5%)을 지켜야 한다. 그렇다면 임대주택이 자동말소된 이후에도 양도일까지 임대료 상한 요건을 계속 지켜야 될까?

그렇지 않다. 예규(서면법규재산 2022-208, 2022.03.30.)에 따르면 임대의무기간이 종료되어 자동말소 된 장기임대주택은 그 이후에는 임대료 상한 요건을 지키지 않아도 해당 임대주택을 양도할 때 중과하지 않는다.

단기임대주택과 장기임대주택 중 아파트를 자진말소 했다면?

민간임대주택법에서 폐지된 유형인 단기임대주택과 장기임대주택 중 아파트의 임대주택 사업자는 임차인의 동의를 받아 자진말소를 신청할 수 있다. 이때 임대주택 사업자가 임대의무기간의 50% 이상을 임대하고 자진말소를 하는 경우에는 양도세 중과배제 혜택을 받을 수 있다.

중요한 점은 자동말소는 기간의 제한 없이 양도세 중과배제를 받을 수 있는 반면, 자진말소는 자진 말소일로부터 1년 이내에 임대주택을 양도해야 중과배제 혜택을 받을 수 있다는 것이다. 이 점을 꼭 기억하자.

임대의무기간의 50%는 몇 년을 의미할까?

폐지되는 유형을 자진말소 하면서 세제혜택을 받기 위해서는 임대의무기간의 50% 이상 임대한 후여야 한다. 여기서 말하는 '임대의무기간'은 무엇을 의미할까? 민간임대주택법에 따른 임대의무기간으로 단기임대주택이라면 4년의 반인 2년 이상이면 되고, 장기임대주택이면 8년의 반인 4년 이상이면 된다.

2020년 8월 18일 이후 임대주택 등록분부터는 10년 이상 임대해야

민간임대주택법에 따른 임대의무기간이 8년에서 10년으로 연장되었기 때문에, 2020년 8월 18일 이후 임대주택 등록분부터는 10년 이상 임대주택으로 등록해야 양도세 중과배제를 받을 수 있다.

하지만 아파트는 2020년 7월 11일 이후부터는 임대주택으로 등록해도 양도세 중과배제 혜택을 받을 수 없고, 2020년 8월 18일 이후부터는 아예 임대주택 등록을 할 수 없게 되었다. 따라서 아파트를 제외한 단독주택, 다중주택, 연립주택, 다세대주택, 오피스텔의 경우에 다른 요건들을 모두 갖춘다면 양도세 중과배제가 된다고 이해하면 된다.

08
다주택자의 임대주택, 조세특례제한법으로 절세하기

임대주택 세제혜택 축소

조세특례제한법(이하 '조특법')은 정책적인 목적으로 세금에 대한 감면, 또는 중과와 같은 조세특례에 대한 사항을 규정하는 법률이다.

다주택자 양도세 시행 초기에 임대주택을 장려하려는 목적으로 조특법에 임대주택에 대한 양도세 100% 감면과 장기보유특별공제율을 높게 적용해 주는 세제혜택을 두었는데, 주택경기의 과열이 좀처럼 잡히지 않자 조특법상의 임대주택 세제혜택도 축소하였다.

① 2018년 9.13 부동산대책으로 금액 기준 요건이 새로 생겼다.

② 2020년 8월 민간임대주택법 개정으로 아파트 임대는 8년 임대 의무기간이 끝나면 자동말소 되기에, 양도세 100% 감면 요건인 10년 임대요건을 갖추는 것이 원천적으로 불가능해졌다. 즉, 아파트는 양도세 100% 감면을 받을 수 없게 되었다.

③ 아파트는 장기보유특별공제 혜택도 50%밖에 못 받게 되었다. 또한 장기보유특별공제율 특례(50%, 70%)를 임대기간 동안 발생한 양도차익에 대해서만 받을 수 있게 세제혜택이 축소되었다.

양도세 100% 감면 받으려면

임대주택을 양도할 때 다음의 요건을 '모두' 갖추면, 임대기간 중 발생한 양도소득에 대한 양도세를 100% 감면해 준다. 양도세는 감면받고 농어촌특별세로 감면세액의 20%만 내면 된다.

① 취득일로부터 3개월 이내 장기임대주택 등록

임대주택을 2018년 12월 31일까지 취득했고, 취득일로부터 3개월 이내에 장기일반민간임대주택으로 지방자치단체와 세무서에 등록해야 했다. 취득일로부터 3개월이 지나서 등록했다면 양도세 100% 감면은 적용받을 수 없다.

② 면적 및 금액 기준

조특법상 세제혜택을 받으려면 예전에는 면적기준만 적용해 국민주택규모(전용면적 85㎡) 이하면 되었다. 즉, 면적기준만 있다 보니 강남의 고가 소형 아파트도 임대주택으로 등록하면 양도세 100% 감면 혜택을 볼 수 있었다.

그래서 2018년 9.13 부동산 대책에서 조특법상 세제혜택 요건에도 금액 기준이 추가되었다. 임대 개시일 당시 기준시가 6억원(수도권 밖은 3억원) 이하여야 한다.

다만, 2018년 9월 13일 이전에 주택(분양권·입주권 포함)을 취득한 경우*에는 종전 규정을 적용하여 면적만 85㎡ 이내이면 되고 금액은 상관없다.

* 매매계약을 체결하고 계약금을 지급한 사실이 증빙서류에 의해 확인되는 경우 포함

③ 일정기간 이상 임대

임대주택으로 등록한 후 10년 이상 계속 임대한 후 양도해야 한다. 2020년 8월 민간임대주택법 개정으로 아파트는 임대의무기간이 지나면 임대주택 등록이 자동으로 말소된다. 따라서 아파트는 10년 기간 요건을 채울 수 없어져서 100% 감면은 받을 수 없다.

④ 임대료 상한 기준

임대기간 중 임대보증금 또는 임대료의 증가율이 5%를 초과하지 않아야 한다(1년 이내 증액 청구 금지 포함).

조세특례제한법 양도세 100% 감면(아파트는 불가)

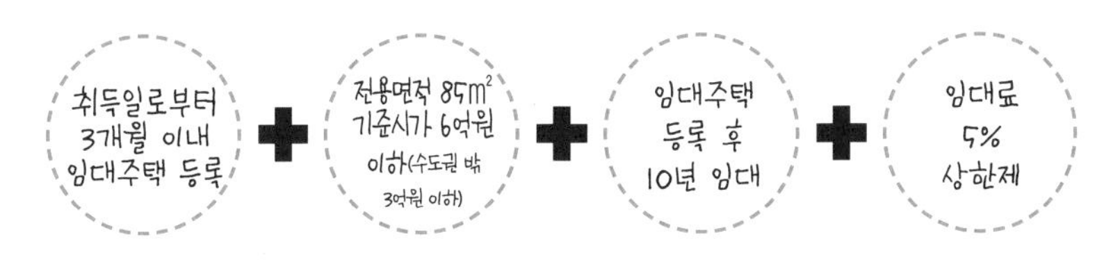

장기보유특별공제 과세특례 받으려면

다음의 요건을 '모두' 갖춘 장기임대주택을 양도하면 임대기간 중 발생하는 소득에 대해서는 장기보유특별공제율을 50% 적용받는다. 10년 이상 계속하여 임대한 경우에는 70%를 공제받을 수 있다.

① 면적 및 금액 기준

조특법상 세제혜택을 받으려면 국민주택 규모(전용면적 85㎡) 이하여야 한다. 또한 2018년 9.13 대책에서는 임대 개시일 당시 기준시가 6억원(수도권 밖은 3억원) 이하여야 한다는 금액기준도 추가되었다.*

• 다만, 2018년 9월 13일 이전에 주택(분양권 · 입주권 포함)을 취득한 경우, 또는 매매계약을 체결하고 계약금을 지급한 사실이 증빙서류에 의하여 확인되는 경우에는 종전 규정을 적용한다.

② 일정기간 이상 임대

임대주택으로 등록한 후 8년(장기보유특별공제율 50%), 또는 10년(장기보유특별공제율 70%) 이상 계속 임대한 후 양도해야 한다. 그런데 2020년 12월 31일까지 임대주택으로 등록한 경우에 한해서만 이 규정이 적용된다(단, 민간건설임대주택은 2024년 12월 31일까지 가능하다).

2020년 8월 민간임대주택법 개정으로 아파트 임대 등록은 8년 임대의무기간이 종료하면 자동말소 되기에 10년 이상 임대할 수가 없게 되었다. 따라서 아파트는 8년 이상 계속하여 임대한 경우 50% 장기보유특별공제율만 적용받을 수 있다.

③ 임대료 상한 기준

임대기간 중 임대보증금 또는 임대료의 증가율이 5%를 초과하지 않아야 한다(1년 이내 증액 청구 금지 포함).

④ 2020년 12월 31일까지 임대주택 등록한 경우 적용

2020년 7월 11일 이후 장기임대주택으로 등록 신청한 아파트나 단기임대주택을 2020년 7월 11일 이후에 장기임대주택으로 변경 신고한 주택은 제외한다.

따라서 앞의 ①, ②, ③, ④의 요건을 만족한 경우, 임대주택을 2018년 12월 31일까지 취득한 경우는 취득일로부터 3개월 이내에 임대주택으로 등록하고 10년 이상 임대했으면, 양도세 100% 감면과 장기보유특별공제 혜택 중 하나를 선택해서 받을 수 있다.

하지만 2018년 12월 31일 이전에 취득한 주택이라도 취득일로부터 3개월이 지나서 임대주택 등록을 했다면 양도세 100% 감면은 받을 수 없고 장기보유특별공제 혜택만 받을 수 있다.

조세특례제한법 장기보유특별공제 과세특례

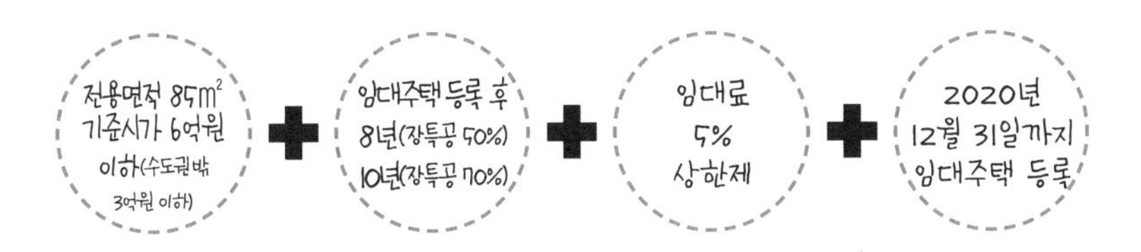

장특공 매년 2%씩 추가공제 받으려면

2020년 7.10 부동산대책 전에는 임대주택 사업자 중 상당수는 요건을 충족한 후에 10년 이상 임대해서 양도세를 100% 감면받거나 장특공을 70% 받는 것에만 초점이 맞추어졌다.

하지만 2020년 7.10 부동산대책으로 아파트는 10년 임대 자체가 불가능해졌고, 6년 이상 임대하고 자동말소 또는 자진말소 하려는 사례가 생기자, 조특법 상의 장특공 추가공제 혜택 규정에도 관심을 가지게 되었다.

6년 이상 임대한 임대주택을 양도하는 경우, 장특공을 전체 양도차익에 보유기간별로 매년 2%씩 추가공제율을 더해 적용받을 수 있다. 비과세나 감면 같은 세제혜택은 대개 거주자에게 주어지는데, 이 규정은 특이하게 비거주자도 받을 수 있는 혜택이다.

임대기간에 따른 장기보유특별공제 추가 공제율

임대기간	추가 공제율
6년 이상 7년 미만	2%
7년 이상 8년 미만	4%
8년 이상 9년 미만	6%
9년 이상 10년 미만	8%
10년 이상	10%

장특공을 추가로 받으려면 다음의 요건을 충족해야 한다.

① 2018년 3월 31일까지 지방자치단체에 임대주택 등록, 세무서에 사업자등록을 한 주택이어야 한다.

② 금액기준을 체크하자.

임대 개시일 당시 기준시가가 6억원(수도권 밖 3억원) 이하 주택이어야 한다. 면적기준은 없다.

③ 장기임대주택으로 등록해서 6년 이상 임대해야 한다.

④ 임대료 상한 기준을 만족해야 한다.

2019년 2월 12일 이후 주택 임대차계약을 체결하거나 기존 계약을 갱신하는 분부터 임대료 등의 증가율이 5%를 초과하지 않아야 한다.

09
수도권 기준시가 6억원 이하, 지금이라도 임대주택 등록할까?

9.13 대책 이전에 산 주택이라면

2018년 9월 13일 이전에 사거나 매매계약을 하고 계약금을 치른 주택이나 분양권의 경우, 임대 개시일 당시 기준시가가 6억원 이하라면, 지금이라도 임대주택으로 등록하면 종전대로 소득세법상 양도세 중과배제(장기보유특별공제, 기본세율 적용) 및 종부세 비과세를 받을 수 있다. 다만, 아파트는 2018년 9월 13일 이전에 취득했어도 이제(2020년 7월 11일 이후)는 임대주택으로 등록해도 세제혜택을 받을 수 없다.

또한 2018년 9월 13일 이전에 산 주택이나 분양권은 조특법상 세제혜택인 양도세 100% 감면, 장기보유특별공제 혜택을 받으려면 기준시가에 상관없이 면적만 85㎡ 이내면 된다.

다만, 양도세 100% 감면은 2018년 12월 31일까지 취득한 주택(매매계약을 체결하고 계약금을 납부한 경우 포함으로 취득일로부터 3개월 이내 장기임대주택으로 등록한 경우)에 한해서 적용되기 때문에 불가능하다. 장기보유특별공제 특례도 매입임대주택인 경우 2020년 12월 31일까지 임대주택으로 등록한 경우에 한한다.

9.13 대책 후에 산 주택이라면

2018년 9월 14일 이후에 1세대 1주택 이상 보유자가 조정대상지역 내•에서 취득한 주택부터는 임대주택으로 등록해도 소득세법상 양도세 중과배제와 종부세 비과세를 못 받는다. 조정대상지역 내 주택은 임대주택으로 등록해도 양도세를 중과••한다. 다만, 1세대 1주택 이상 보유자에게 적용되는 만큼, 무주택 세대라면 2018년 9월 14일 이후에 취득한 조정대상지역 내 주택에 대해서도 임대주택 등록으로 양도세 중과배제와 종부세 비과세 혜택을 받을 수 있다.

• 취득 당시 조정대상지역 외에 있는 주택이라면, 요건을 충족하는 경우 양도세, 종부세 세제혜택이 가능하다.

•• 한시적 유예기간(2022. 5. 10~2025.5.9)에 양도시 중과 되지 않는다.

또한 조특법상 양도세 100% 감면과 장기보유특별공제 혜택을 받으려면, 전용면적 85㎡ 이내이면서 동시에 기준시가 6억원(수도권 밖 3억원) 이하 요건을 만족해야 한다. 그나마도 양도세 100% 감면은 2018년 12월 31일로 일몰 종료되었고, 장기보유특별공제 혜택도 2020년 12월 31일까지 임대주택으로 등록한 경우에 한해서 적용된다.

다주택자가 2024년 조정대상지역에서 산 주택이라면

① 다주택자 양도세 중과배제

1세대 1주택 이상을 보유한 사람은 2018년 9월 14일 이후에 조정대상지역에 있는 주택을 취득한 경우 임대주택으로 등록해도 중과배제 혜택을 받을 수 없다.

② 장기보유특별공제 특례

2020년 12월 31일까지 임대주택으로 등록한 경우, 조특법에서는 일정요건을 갖추면 8년 이상 임대하면 장기보유특별공제율을 50%, 10년 이상 임대하면 70%를 적용해 준다. 하지만 2024년에 취득한 주택은 이런 혜택을 받을 수 없다.

③ 양도세 100% 감면

조특법에서는 2018년 12월 31일까지 취득한 경우(매매계약을 체결하고 계약금을 납부한 경우 포함)에 한해서 취득일로부터 3개월 이내에 임대주택 등록 등 요건을 갖춘 경우에 양도세 100% 감면 혜택을 주었다. 하지만 2024년에 취득한 주택은 해당 사항이 없다.

④ 2년 이상 거주주택 비과세

2024년에 조정대상지역에서 새로 산 단독, 다가구, 연립, 다세대, 오피스텔을 임대주택(임대의무기간: 10년)으로 등록하면, 2년 이상 거주주택을 팔 때 1세대 1주택 양도세 비과세 특례를 받을 수 있다.

결론적으로 이제 조정대상지역에서 새로 취득해서 임대주택으로 등록할 경우, 세제혜택은 2년 이상 거주주택 비과세 특례밖에 없고, 이마저도 아파트는 제외된다. 2020년 7월 11일 이후로는 아파트는 임대주택 등록 자체도 되지 않기 때문이다.

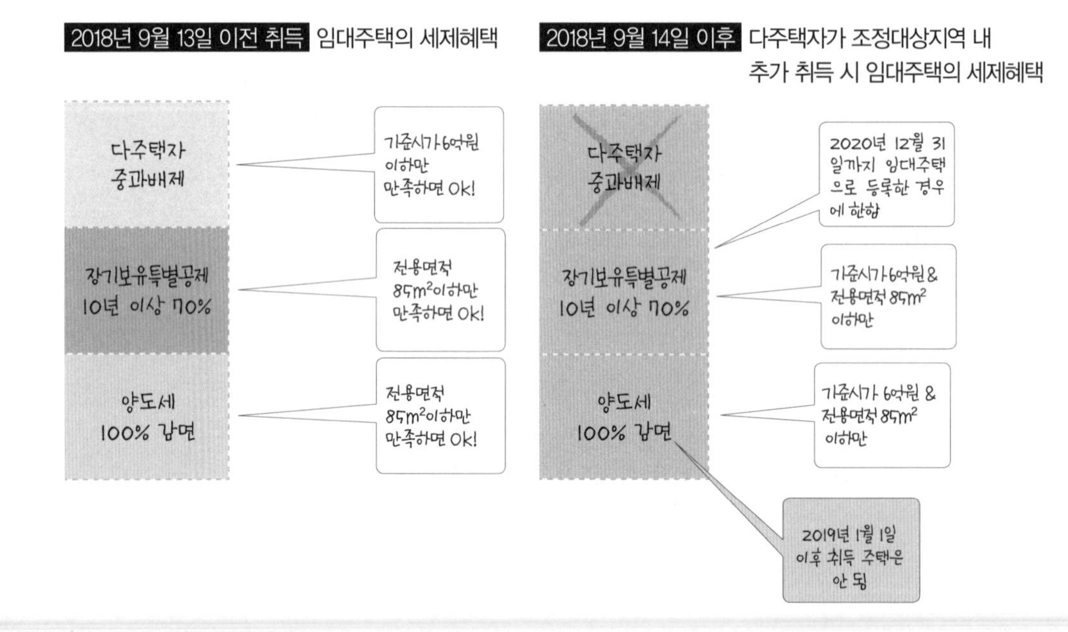

10

임대료 인상률 5% 상한제 4가지 핵심질문

환산보증금 어떻게 구할까?

임대주택의 세제혜택을 받으려면 의무임대기간뿐만 아니라 임대료 인상률 5% 상한제를 지켜야 한다. 예를 들어 P씨의 임대주택이 보증금 1,000만원에 월세 70만원이라면, 다음 계약 시 월세를 5% 인상률로 73만 5,000원까지만 올릴 수 있다.

월세를 전세로 바꿀 경우

만약 월세를 전세로 전환한다면 어떻게 계산해야 할까?

① 월세와 보증금이 섞여 있을 때는 전체 환산보증금을 구한다. 환산보증금은 1년치 월세를 전월세 전환율로 나누어 구하면 된다[(월세×12개월)/전월세 전환율]. 2024년 3월 현재 전월세 전환율은 5.5%이다.* P씨의 임대주택이 보증금 1,000만원, 월세 70만원이라면 환산보증금을 구하면 약 1억 6,200만원이 나온다.

• 2024년 3월 현재 **전월세 전환율**은 5.5%인데, 주택임대차보호법 시행령 비율(10%), {한국은행 기준금리(3.5%, 2024년 3월 현재)+시행령 이율(2%)} 중에서 작은 값으로 결정한다.

> ✰ **환산보증금** = 보증금 + (월세 × 12개월) / 전월세 전환율
> 약 1억 6,200만원 = 1,000만원 + (70만원×12개월) / 5.5%

② 임대주택의 세제혜택을 받으려면, 이처럼 월세를 전세로 전환해 계산한 환산보증금에 5% 상한제를 적용한다. 환산보증금이 약 1억 6,200만원이었으므로, 다음 계약 시에는 임대료를 5%를 인상한 1억 7천만원까지만 올릴 수 있다.

전세를 반전세로 전환하는 경우

전세보증금 3억원을 보증금 1억원의 반전세로 바꾼다면 어떨까?

① 전세보증금이 3억원이었으므로 임대료 5% 인상률을 적용하면 3억 1,500만원까지 올릴 수 있다.

② 전세보증금은 1억원으로 낮추고, 나머지 2억 1,500만원은 월세로 돌릴 예정이라고 하자.

연 월세 임대료를 구하려면 2억 1,500만원에 전월세 전환율 5.5%를 곱하면 된다. 그러면 연 임대료가 약 1,180만원으로 나오는데, 이것을 12개월로 나누면 월 임대료는 약 98만원이다. 즉, 보증금 1억원에 월세 98만원을 받으면 된다.

다음 세입자, 임대료 5% 초과 못 올릴까?

질문 K씨는 기존에 세입자(A)가 있는 상태에서 2019년 6월에 임

대주택으로 등록했다. 다음 임차인과 계약할 때 임대료를 5% 초과해서 인상할 수 있을까?

임대주택으로 등록하면 민간임대주택법에 따라 임대료 인상률 5% 상한제를 지켜야 한다. 이때 기준은 임대주택으로 등록한 후 작성한 표준 임대차계약이다.

K씨는 2019년 10월 23일 이전에 임대주택으로 등록한 경우여서, 기존 세입자와 한 계약 다음에 최초로 하는 표준 임대차계약 (B)은 5% 상한제가 적용되지 않았고, 임대인 마음대로 정할 수 있었다. 다만, 그다음부터는 5% 상한제가 적용되었다.

2019년 10월 24일부터 바뀐 임대료 인상률 규정

임대료 인상률 규정은 '민간임대주택에 관한 특별법'의 개정으로 2019년 10월 24일 이후부터는 다음과 같이 바뀌었다.

① 2019년 10월 24일 이후 등록하는 임대주택부터는 기존 세입자의 임대료가 최초 임대료가 되어, 다음 계약부터 바로 임대료 인상률 5% 상한제가 적용된다.

② 임대의무기간이 끝난 후에도 임대기간 동안에는 임대료 5% 상한제를 지켜야 한다. 이는 개정 법령이 시행되기 전에 임대주택으로 등록한 기존 사업자에게도 소급해서 적용된다.

③ 임대의무기간 안에 주택을 임의로 팔거나 의무조건 위반 시 과태료가 1,000만원에서 3,000만원으로 올랐다.

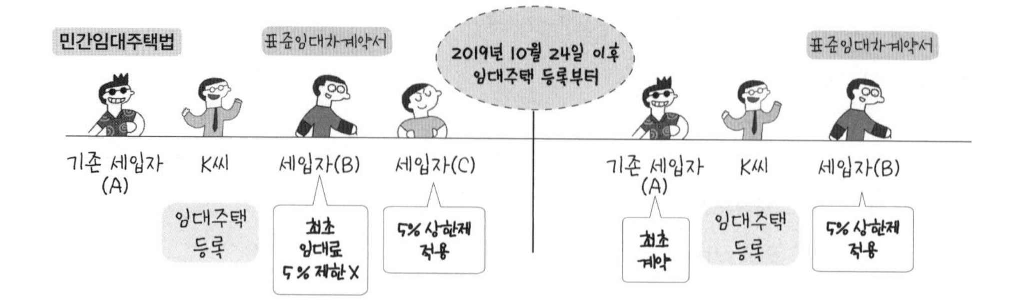

소득세법상 세제혜택을 위한 임대료 인상률 규정

민간임대주택법상 임대료 5% 상한율과 세제혜택을 받기 위한 소득세법 또는 조특법상 임대료 5% 상한율 규정은 시기에 차이가 있다.

소득세법상 세제혜택인 다주택 양도세 중과배제, 거주주택 비과세 특례 등을 받기 위해서는 임대료 5% 상한율 규정을 지켜야 한다. 이때 임대보증금 또는 임대료 상한 규정은 2019년 2월 12일 이후 주택 임대차계약을 체결하거나 기존 계약을 갱신하는 분부터 적용한다(종부세 동일).

참고로 조특법상 세제혜택(양도세 100% 감면, 장특공 50%, 70% 공제)을 받기 위한 임대료 인상률은 임대주택으로 등록하고 난 후 최초로 체결한 표준임대차계약이 기준이다.

임대주택 등록은 득과 실이 동시에 있다. 따라서 세제혜택으로 받을 수 있는 이익과 민간임대주택법상 의무 불이행 시의 과태료 등을 꼼꼼히 따져 등록 여부를 신중히 결정해야 한다.

임대주택 등록 시 지켜야 할 기타 의무

임대주택으로 세제혜택을 받으려면 거주지 관할 시·군·구청에 임대주택사업자로 등록하고, 세무서에 사업자등록을 해야 한다. 이때 시·군·구청에 임대주택으로 등록하는 것은 '민간임대주택에 관한 특별법'에 따른 것인데, 이 법은 세법과는 별개로 위반행위를 규정하고 있고 이를 어기면 과태료가 부과된다.

2020년 8월 법 개정으로 임대보증금 보증보험 가입도 의무화되었다. 2020년 8월 18일 이후에 임대주택으로 등록하는 분부터는 임대보증금에 대한 보증보험을 의무적으로 가입해야 한다. 단, 2020년 8월 17일 이전에 이미 등록한 임대주택사업자는 2021년 8월 18일 이후에 임대차계약을 갱신하거나 임차인이 변경되는 시점부터 가입하면 된다.

임대주택으로 등록하고 임대의무기간 이내에 말소하는 경우 3,000만원의 과태료가 부과된다.

하지만 법 개정으로 인해 폐지된 단기임대주택과 장기임대주택으로 등록한 아파트는 임대의무기간 전에 등록말소•(자진말소)를 해도 3,000만원의 과태료를 내지 않아도 된다.

• 임차인의 동의와 각종 의무를 이행했을 경우에 한함

주요 과태료의 부과기준

위반행위	근거 법조문	과태료		
		1차 위반	2차 위반	3차 이상 위반
가. 임대사업자가 법 제5조 제7항에 따라 등록 신청 당시 임대차계약이 없는 경우 산정한 임대보증금의 상한을 추후 임대차계약에서 준수하지 않은 경우	법 제67조 제3항 제8호	200만원	400만원	500만원
나. 법 제5조의 2에 따른 부기등기를 하지 않은 경우	법 제67조 제3항 제1호	200만원	400만원	500만원
다. 법 제5조의 4를 위반하여 설명하지 않거나 설명한 사항을 확인받지 않은 경우	법 제67조 제3항 제2호	500만원	500만원	500만원
라. 주택임대관리업자가 법 제7조를 위반하여 등록사항 변경신고 또는 말소신고를 하지 않은 경우	법 제67조 제3항 제3호	200만원	400만원	500만원
마. 주택임대관리업자가 법 제12조에 따른 현황 신고를 하지 않은 경우	법 제67조 제3항 제4호	200만원	400만원	500만원
바. 주택임대관리업자가 법 제13조 제1항 및 제2항에 따른 위·수탁계약서 작성·교부 및 보관의무를 게을리한 경우	법 제67조 제4항 제2호	50만원	70만원	100만원
사. 임대사업자가 법 제42조 제4항을 위반하여 민간임대주택 공급신고를 하지 않은 경우	법 제67조 제2항 제1호	500만원	700만원	1,000만원
아. 법 제43조 제1항을 위반하여 임대의무기간 중에 민간임대주택을 임대하지 않은 경우	법 제67조 제1항 제1호	임대주택당 3,000만원		
자. 법 제43조 제2항 또는 제3항을 위반하여 민간임대주택 양도신고를 하지 않고 민간임대주택을 양도한 자	법 제67조 제4항 제2호의 2	임대주택당 100만원		
차. 제43조 제4항을 위반하여 시장·군수·구청장의 허가를 받지 않고 임대의무기간 중에 임대사업자가 아닌 자에게 민간임대주택을 양도한 경우	법 제67조 제1항 제2호	임대주택당 3,000만원		

11
임대주택 등록 시 취득세, 재산세 혜택

취득세 감면은 어떻게?

아파트나 오피스텔을 최초 분양받는 경우, 전용면적이 60㎡ 이하이면서 취득 당시 가액이 수도권 6억원(수도권 밖 3억원) 이하인 경우 임대주택으로 등록하면 2024년 12월 31일까지는 취득세를 100% 면제받을 수 있다. 하지만 기존 아파트나 오피스텔을 사는 경우에는 취득세를 감면받을 수 없다.

임대주택이 20호 이상인 사람이 추가로 임대주택을 더 사는 경우, 전용면적 60~85㎡ 이내이고 10년* 이상 장기임대주택으로 등록하면 취득세를 50% 감면받을 수 있다. 2019년 12.16 부동산 대책으로 2020년 8월 12일 이후 취득분부터는 기준시가 6억원(수도권 밖 3억원) 이하여야 한다는 금액기준이 추가되었다.**

• 2020년 8월 18일 이후 임대주택(아파트 제외) 등록분부터: 10년 이상
2020년 8월 17일 이전 등록: 4년 이상, 8년 이상

•• 취득세를 감면받고 나서 민간임대주택법상 허용되는 사유를 제외하고 의무임대기간을 채우지 않고, 임의로 양도하거나 다른 용도로 사용하거나 임대사업자 등록이 말소된 경우에는 감면받은 취득세를 다시 내야 한다.

재산세 감면은 어떻게?

임대주택의 재산세 감면은 면적과 임대기간에 따라 다르게 적용된다. 2020년 8월 12일 이후 취득분부터는 공동주택은 기준시

가 6억원(수도권 밖 3억원), 오피스텔은 기준시가 4억원(수도권 밖 2억원) 기준이 추가되었다. 아파트나 오피스텔은 2채 이상 임대한 경우 적용되는데, 2020년 7월 11일 이후 신청하는 장기임대주택 중 아파트나 단기임대주택을 장기임대주택으로 변경 신고한 주택은 제외된다. 다가구주택은 1채라도 감면된다.

의무임대기간을 채우지 않고 임대사업자 등록이 말소되면 소급하여 5년 이내에 감면된 재산세를 내야 한다(부득이한 사유에 해당되는 경우 제외).

주택임대사업자의 취득세 및 재산세 감면

구 분		단기임대주택	장기임대주택	비 고
의무임대기한		4년 이상	8년 이상	10년 이상(2020년 8월 18일 이후)
취득세*	60m^2 이하	100% 면제		1. 2024년 12월 31일까지 2. 건축주로부터 공동주택, 오피스텔을 최초로 분양받는 경우만 3. 최소납부제도 지방세특례제한법 177조의 2 • 취득세 200만원 초과 시 15% 납부 • 취득세 200만원 이하 면제 4. 취득일로부터 60일 이내
	60~85m^2	해당 없음	50% 감면	1. 장기임대(10년 이상) 목적으로 20호 이상 취득, 또는 20호 이상 보유자가 추가 취득 시 2. 취득일로부터 60일 이내
재산세*	40m^2 이하	100% 면제 (임대기간 30년 이상인 영구임대주택, 국민임대주택)	100% 면제	1. 2024년 12월 31일까지 2. 2호 이상 임대 시 한정(2019년부터 장기임대주택, 다가구주택 40m^2 이하는 1호도 가능) 3. 40m^2 이하 다음과 같이 적용 (최소납부제도 지방세특례제한법 제177조의 2) • 재산세 50% 초과 시 15% 납부 • 재산세 50만원 이하 면제
	40~60m^2	50% 감면	75% 감면	
	60~85m^2	25% 감면	50% 감면	

* 2019년 12.16 부동산 대책으로 2020년 8월 12일 이후 취득분부터 가액요건이 추가되었다.

세제혜택 위한 임대주택 등록 및 말소

오프라인에서 임대주택 등록하기

1. 주소지 관할 시·군·구청 주택과에 방문하여 임대사업자 등록을 신청한다. 이때 분양계약서 또는 매매계약서와 신분증을 지참해야 한다.
2. 임대사업자등록신청서를 작성하여 제출한다. 임대사업자등록증이 나오는 데는 며칠이 걸린다.
3. 주소지 관할 세무서 민원실에 방문하여 시·군·구청에서 발급받은 임대사업자등록증 사본을 제출하고 사업자등록을 신청한다.

온라인에서 임대주택 등록하기

국토교통부와 한국토지주택공사의 렌트홈 사이트에서 민간임대사업자로 쉽게 등록할 수 있다. '국세청 사업자 신고' 란을 체크하면, 별도로 세무서에 가서 신고하지 않아도 한번에 지방자치단체와 세무서에 등록을 마칠 수 있어 편리하다.

1. 민간임대주택 등록 시스템인 렌트홈(www.renthome.go.kr)에 접속한다.

2. 렌트홈 사이트가 열리면, 화면 위쪽의 메뉴에서 **임대사업자 등록 신청**을 누른 다음 **임대사업자 등록신청**을 클릭한다.

3. 렌트홈 사이트에 처음 접속했다면 '보안 및 발급 프로그램 설치' 화면이 열린다. 화면의 안내에 따라 설치하면 된다.

4. 이제 로그인 화면이 열린다. 민간임대주택 등록 시스템의 회원이 아니면 회원가입부터 해야 한다. 회원가입을 한 후에 아이디와 비밀번호를 입력해 로그인을 한다.

임대사업자 민원신청을 하려면 공동인증서를 반드시 등록해 두어야 한다. 〈공동인증서 등록〉 단추를 누른 다음에 공동인증서를 등록하자. 그러면 다음 접속부터는 아이디와 비밀번호를 입력할 필요 없이 공동인증서로 바로 로그인할 수 있어서 편리하다. 입력이 끝났으면 〈회원가입〉 단추를 누른다.

I 필수입력사항

아이디 *	중복확인 * 6~12자의 영문소문자, 숫자만 가능합니다.
비밀번호 *	●●●●●●●●● * 최대 12자리까지 입력 가능합니다.
비밀번호 확인 *	●●●●●●●●● 비밀번호를 한번 더 입력하십시오.
이름 *	
생년월일 *	년 월 일
휴대전화 *	- -

5. 이제 '임대사업자 등록신청' 화면이 열린다. 먼저 '임대사업 신청인' 항목부터 작성해 보자.

'신청인' 항목에서 이름, 주민등록번호, 전화번호, 휴대폰번호, 이메일 주소, 도로명 주소를 입력한다. 이때 주민등록번호를 친 다음 〈실명 인증〉 단추를 눌러 실명 인증을 해주어야 한다.

만약 주택을 2명 이상이 공동으로 건설하거나 소유할 경우는 소유자들의 정보를 모두 입력해서 등록해야 한다. 차례로 한 명씩 정보를 입력한 다음 〈추가〉 단추를 누르면 아래의 '신청인' 란에 해당 정보가 입력된다. 이때 주의할 점은 공동 소유자 중에 대표를 반드시 지정해야 한다는 것이다. 대표일 경우 신청인 정보를 입력한 다음 '대표여부'에 체크 표시를 하면 된다.

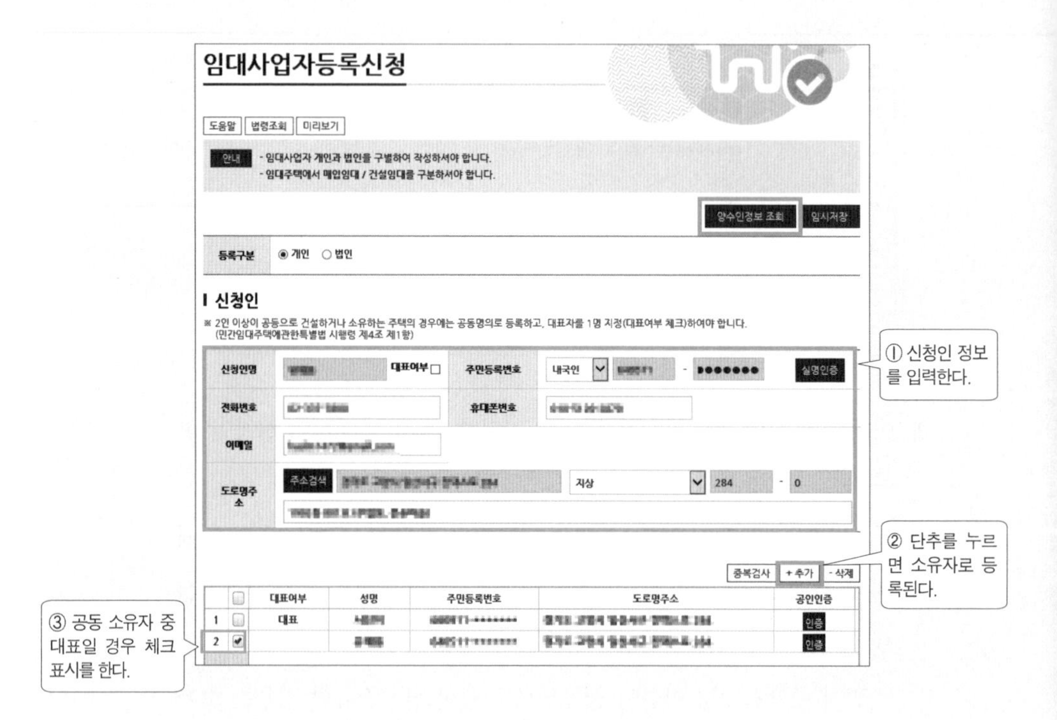

'양수인 정보'는 포괄양수도로 임대주택을 취득할 때, 취득자인 양수인이 본인의 정보를 조회할 수 있는 기능이다.

양도인이 의무임대기간 중에 임대주택을 팔면 과태료가 부과된다. 하지만 양수인이 임대주택을 포괄양수도로 승계하는 조건으로 취득하면 과태료가 부과되지 않는다. 이때 양도인은 임대사업자 말소신고 시 양수인의 정보를 입력하게 되어 있다. 따라서 나중에 양수인이 임대주택 등록 시 본인의 정보를 조회해 볼 수 있다.

6. 임대주택에 관한 사항을 작성한다. 먼저 민간매입임대주택과 민간건

설임대주택 중에서 선택한다. 자기가 건설한 주택이 아니고 취득한 주택이면 '민간매입임대주택'을 선택하면 된다.

임대주택의 '종류'를 선택하는 단계에서는 장기 일반민간임대주택 10년을 선택하면 된다.(2020년 8월 민간임대주택법 개정으로 단기 일반민간임대주택은 폐지되었고, 장기 일반민간임대주택의 임대의무기간은 10년으로 늘어났다.) '유형'에서 연립주택, 다세대 등 주택 유형을 선택하고 임대주택의 주소를 입력한다.

7. '국세청 사업자 신고' 항목에 체크한다.

8. 매매계약서 사본, 분양계약서 사본 등 첨부서류를 등록한다.

임대사업 말소신고

임대사업자가 다음의 사유로 등록을 말소하는 경우, 반드시 말소신고를 해야 한다. 렌트홈 사이트에서 말소신고도 할 수 있다.

등록 말소 사유

- 임대물건 미보유(다른 임대사업자 포괄양도)
- 임대물건 미보유(일반인 양도 허가)
- 임대사업자 등록 후 1개월 경과 전 말소신청
- 임대주택 미취득(취득 전에 미리 임대주택 등록을 신청했으나 최종적으로는 취득하지 않은 경우)
- 임대사업자 사망
- 임대의무기간 경과
- 단기임대주택 또는 장기임대주택 중 아파트의 자진말소

주택임대사업자의 설명 의무

임대사업자가 임차인과 임대차계약을 하거나 변경하는 경우, 표준임대차계약서를 주고 이해할 수 있도록 설명해야 하며, 임차인은 서명 또는 기명날인의 방법으로 확인한다(민간임대주택에 관한 특별법 제48조).

- 임대보증금에 대한 보증의 보증기간 등
- 민간임대주택의 선순위 담보권 등 권리관계에 관한 사항(등기부등본 제시)
- 임대의무기간 중 남아 있는 기간

현장사례로 보는
절세전략

신축감면주택 있는 다주택자의 절세전략

—2019년 2월, 세무업계를 발칵 뒤집은 예규, 그리고 2021년 2월

질문 H씨는 신축감면주택(A)과 시가 13억원의 고가주택(B)을 가지고 있다. 그리고 이번에 이사를 가려고 새 아파트(C)를 샀다. 양도세를 절세할 수 있는 방법은 무엇일까?

구분	비고
A아파트	신축감면주택
B아파트	시가 13억원 고가주택, 현재 거주주택
C아파트	이사를 위해 새로 취득한 주택

1세대 1주택 비과세 적용 시 주택 수에 포함 안 함

다주택 중과 때는 주택 수에 합산

'신축감면주택 + 일반주택'의 경우

만약 H씨가 신축감면주택(조특법 제99조의 2)과 다른 주택을 1채 가지고 있는 2주택자라면, 다른 주택을 팔 때 신축감면주택은 주택 수에서 제외된다. 즉, H씨네는 1주택자로 취급받는다. 따라서 다른 주택을 팔 때 1세대 1주택 비과세를 받을 수 있다. 보유 및 거주 기간을 채운 12억원 이하 주택이라면 양도세를 한푼도 안 내도 된다.

'신축감면주택 + 일시적 2주택'의 경우

H씨는 신축감면주택(A)과 지금 거주 중인 다른 주택(B)이 있는 상태에서 이사로 인해 새로운 주택(C)을 구입했다. 이 경우에 종전주택(B)을 팔면

양도세는 어떻게 될까?

H씨의 경우 신축감면주택(A)은 1세대 1주택 비과세를 적용할 때 주택으로 보지 않으므로, 이사로 인한 일시적 2주택 상태였다. 만약 종전주택을 보유 및 거주 기간을 채운 후에 팔면 1세대 1주택 비과세를 받을 수 있었다.

신축감면주택 + '고가주택인 종전주택' 일시적 2주택의 경우
-2021년 2월 16일까지 양도분

그런데 H씨가 현재 거주하고 있는 아파트가 시가 13억원인 고가주택인 것이 문제였다. 당시 고가주택은 9억원 초과 양도차익에 대해서 과세되었는데, 이때의 세율과 장기보유특별공제율이 관건이었다.

세법에 따르면, 신축감면주택은 '다주택 중과'를 따질 때는 주택 수에 합산된다. 따라서 H씨는 3주택자가 된다. 그런데 2021년 2월 세법이 개정되기 전까지는 일시적 2주택의 종전주택은 3주택 이상 중과배제주택은 아니었다.

결론적으로 종전 세법 및 예규에 따르면, H씨는 고가주택인 종전주택을 팔 때, 9억원 초과 양도차익에 대해서는 3주택자로서 중과를 받아 양도세 기본세율에 20%P가 가산되며 장기보유특별공제도 받을 수 없었다.

의견 사실 앞의 예규가 발표되었을 때 상당수의 세무업계는 충격을 받았다. 왜냐하면 '신축감면주택과 일시적 2주택'이 있는 '3주택자'에게 이사로 인한 일시적 2주택의 비과세 특례를 준다면, 종전주택이 고가주택이라도 마찬가지여야 한다고 판단했기 때문이다. 즉, 1세대 1주택 고가주택 양도차익 계산법에 따라 양도차익을 구하고, 장기보유특별공제율도 보유 및 거주 기간에 따라서 각각 연 4%씩 적용해야 한다고 말이다.

하지만 이 예규는 고가주택인 종전주택의 양도세를 계산할 때, 일시적 2주택자의 종전주택이 3주택자 중과배제 주택에는 포함되지 않기에 9억원 초과 양도차익에 대해 중과해야 한다는 것이다.

사실 이 예규는 엄격한 법리해석을 통해 보면 틀리지는 않다. 하지만 신축감면주택이 있는 상태에서 이사로 인한 일시적 2주택이 되면 비과세를 해준다는 취지상으로 보았을 때, 세법개정을 통해 종전주택이 고가주택이라도 동일하게 비과세 특례를 적용하는 것이 타당해 보였다.

2021년 2월 17일 이후 양도분부터는 1주택 장특공 & 기본세율 과세

앞서 언급한 불합리한 부분을 정부가 2021년 2월 일시적 2주택을 중과배제되는 3주택자의 범위에 추가하도록 소득세법 시행령(제167조의 3 1항 13호)을 개정함으로써 합리화하였다. 따라서 9억원(2021년 12월 8일 이후 양도 시 12억원)을 초과하는 양도차익에 대해 보유 및 거주 기간에 따라 연 4%씩 장기보유특별공제율이 적용되고 기본세율로 과세된다. 다만, 2021년 2월 17일 이후 양도하는 분부터 적용되어 그전에 이미 양도한 고가주택에 대한 중과는 구제받을 수 없다는 아쉬움은 남는다.

거주주택 비과세, 일시적 2주택자 동시 적용 시 양도세

사례 K씨는 2006년 서울시 마포구의 주택(A)을 사서 계속 거주하고 있다. A주택의 양도가액은 17억원이고 취득가액은 7억 5,000만원이다.

2017년에는 서울에서 추가로 주택을 1채 샀는데, 2018년 4월 양도세 중과가 시행되기 전에 임대주택(B)으로 등록했다. 등록 당시 기준시가는 5억 4,000만원이었다. 그리고 이듬해인 2019년 5월 서울에서 주택(C)을 1채 더 샀다. K씨는 A주택을 2021년 5월 이전에 판다면 양도세를 얼마나 내야 하는지 물어왔다.

구분	특징	내용
A주택 (2006년 취득)	2년 이상 거주주택	C주택 취득일로부터 2년* 이내 양도 시 1세대 1주택 비과세 단, 양도가액 9억원** 초과하는 양도차익에 대해서는 과세됨
B주택 (2017년 취득)	임대주택 등록	기준시가 6억원 이하, 5년 이상 임대, 임대료 상한 5%기준 만족해야 함
C주택 (2019년 취득)	신규 취득주택	

임대주택(요건 만족)이 있는 상태에서 2년 이상 산 거주주택을 먼저 팔아도 거주주택 비과세 특례로 1세대 1주택 비과세를 받을 수 있다. 그런데 만약 이사갈 집을 먼저 사고 나서 거주주택을 판다면 어떻게 될까?

• 2023년 1월 12일 이후 양도분부터는 '3년'이 적용된다.
•• 2021년 12월 7일 이전 양도, 2021년 12월 8일 이후 양도시 고가주택 기준 12억원

이 경우 임대주택과 일시적 2주택 상태가 된다. 앞에 사례와 같은 맥락이다. 이 경우에도 양도가액이 9억원* 이하라면 일시적 2주택 요건을 갖추면 비과세를 받을 수 있었다. 그런데 고가주택이라면 기준금액 초과 양도차익에 대해서는 장기보유특별공제가 적용되지 않고 양도세 세율도 20%P(3주택자)가 가산되었다(2021년 2월 16일까지 양도분에 한함). 하지만 2021년 2월 17일 이후 양도분부터는 1세대 1주택자의 장기보유특별공제율을 적용받고 기본세율로 과세된다.

따라서 종전에는 K씨처럼 2년 거주주택 비과세 특례를 받으려는 경우, 종전 집(A)을 먼저 팔고 나서 이사갈 집(C)을 취득하는 것이 세부담 측면에서 유리했다. 하지만 이제는 법 개정으로 장기임대주택과 일시적 2주택인 경우에도 고가주택인 종전주택에 대한 1세대 1주택 비과세를 동일하게 적용받을 수 있다. 즉, 종전 집이 있는 상태에서 이사갈 집을 취득해도 괜찮다.

이처럼 세법은 수시로 개정되니, 부동산을 사고팔 때는 항상 세금을 먼저 챙기는 습관을 가질 필요가 있다.

• 2021년 12월 7일 이전 양도, 2021년 12월 8일 이후 양도시 고가주택 기준 12억원

한눈에 보기 임대주택 세제혜택 한눈에 보기

세금	근거법	내용	요건	
			임대기간	금액(기준시가)
양도세	소득세법	**양도세 중과배제** 요건을 만족한 임대주택 양도 시 장기보유특별공제 & 기본세율(6~45%)	• **~2020년 8월 17일까지 이전 임대주택 등록** ┌ 2018년 3월 31일까지 등록(단기·장기) : 5년 └ 2018년 4월 1일 이후 등록(장기) : 8년 • **2020년 8월 18일 이후 임대주택 등록** 10년 이상 임대(장기임대주택)	임대 개시일 당시 기준시가 (수도권 밖 3억원) 이하
		거주주택 비과세 임대주택 보유하고 있는 상태에서 2년 이상 거주주택 양도 시 양도소득세 비과세	• **2020년 7월 10일 이전 임대주택 등록** 5년 이상 임대(단기·장기임대주택) • **2020년 7월 11일~2020년 8월 17일 임대주택 등록** 8년 이상 임대(장기임대주택) • **2020년 8월 18일 이후 임대주택 등록** 10년 이상 임대(장기임대주택)	임대 개시일 당시 기준시가 6억원 (수도권 밖 3억원) 이하
		거주요건 제외 조정대상지역 내 2017년 8월 3일 이후 취득한 주택을 임대주택으로 등록한 경우, 1세대 1주택 판단 시 2년 이상 거주요건 제외	**의무 임대기간** 4년 단기임대주택 8년 장기임대주택	X
	조세특례제한법	임대기간 중 발생한 양도소득에 대해 양도세 100% 감면(감면세액의 20% 농특세 과세)	10년 이상 장기임대주택	**2018년 9월 13일 이전 취득** 가액 요건 없음 **2018년 9월 14일 이후 취득** 임대 개시일 당시 기준시가 6억원 (수도권 밖 3억원) 이하
		임대기간 중 발생한 양도차익에 대한 장기보유특별공제 과세 특례	**8년 이상 장기임대주택** 50% **10년 이상 장기임대주택** 70%	**2018년 9월 13일 이전 취득** 가액 요건 없음 **2018년 9월 14일 이후 취득** 임대 개시일 당시 기준시가 6억원 (수도권 밖 3억원) 이하
		6년 이상 임대한 장기임대주택에 대한 양도소득세 과세 특례	6년 이상 임대 – 매년 2%씩 장특공 추가 공제	임대 개시일 당시 기준시가 6 (수도권 밖 3억원) 이하

요건		
용면적	임대료 5%상한 [1년 이내(임대료 증액 청구 금지 포함)]	적용 시기 주의점
X	2019년 2월 12일 이후 주택임대차계약 체결 또는 기존 계약 갱신분부터 적용	• 2018년 9월 14일 이후 1주택 이상 보유 세대가 조정대상지역에 새로 취득한 주택은 임대주택 등록해도 양도세 중과 • 2020년 7월 11일 이후 임대주택 등록분부터 아파트 제외
X	2019년 2월 12일 이후 주택임대차계약 체결 또는 기존 계약 갱신분부터 적용	2020년 7월 11일 이후 임대주택 등록분부터 아파트 제외
X	2019년 2월 12일 이후 주택임대차계약 체결 또는 기존 계약 갱신분부터 적용	2019년 12월 17일 이후 임대주택 신청분부터 적용되지 않음. 즉, 2년 이상 거주해야 함
㎡ 이내	임대기간 동안 계속 5% 임대료 상한 요건 적용	-2018년 12월 31일까지 취득(매매계약 체결 후 계약금 납부한 경우 포함)한 경우까지 적용 -취득일로부터 3개월 이내에 임대주택 등록해야 함 -2020년 8월 민간임대주택법 개정으로 아파트는 요건(10년 임대) 충족이 불가능해짐
㎡ 이내	임대기간 동안 계속 5% 임대료 상한 요건 적용	-2020년 12월 31일까지 임대주택 등록한 경우에 한함 -2020년 8월 민간임대주택법 개정으로 아파트는 70% 공제율 적용 불가능해짐
	2019년 2월 12일 이후 주택임대차계약 체결 또는 기존 계약 갱신분부터 적용	-2018년 3월 31일까지 임대주택 등록한 경우에 한함

이은하 세무사의
현장 목소리

다주택자 절세 체크리스트

1. 1세대가 보유하고 있는 주택 리스트를 작성한다.

2. 상속받은 주택이 있다면 상속주택 특례를 받을 수 있는지 체크한다.

3. 증여받은 주택은 증여일로부터 10년•이 지났는지 체크한다.

4. 조정대상지역 외 주택과 조정대상지역 내 주택을 나눈다.

5. 조정대상지역 외 주택을 먼저 팔아 주택 수를 줄인다.

6. 수도권 및 광역시, 특별자치시 외의 지역(경기도 읍면, 광역시 군, 세종시

우리 세대의 주택 리스트

	주택 유형	소재지	전용 면적(m^2)	취득 시기	취득 유형	양도 예상시기	양도 유형
1							
2							
3							
4							
5							
6							
7							
8							
9							
10							

• 2022년 12월 31일까지 증여받은 분은 '5년'이 적용된다.

의 읍면 지역은 포함) 기준시가 3억원 이하인 주택은 다주택자 중과 시 주택 수에서 제외한다.

7. 조정대상지역 내 주택이라면, 중과배제주택이 있는지 찾는다.

8. 임대주택으로 등록했을 때 세제혜택과 불이익을 검토한다.

9. 양도차익이 적은 주택부터 먼저 판다.

10. 무주택이며 세대분리가 가능한 자녀가 있다면 증여를 검토한다.

11. 다주택자의 조정대상지역 내 주택 양도세 중과 한시적 유예기간 (2022년 5월 10일~2025년 5월 9일)을 활용하는 것이 유리한지 검토한다.

취득 가액	양도 가액	조정대상 지역여부	보유 기간	거주 기간	임대 시 임대기간	특례 여부

• 상속주택 특례
• 다주택자 중과 시 주택 수에서 제외되는 주택
• 중과배제주택

5

CHAPTER

"지금이라도 세금을 좀더 아낄 수 있는 절세법이 있나요?"
부동산 투자자 4,000명과 상담하면서 자주 듣던 말이다.
부동산 세금이야말로 아는 만큼 아낄 수 있다. '부동산 세금의 꽃'이라고 하는
양도세를 중심으로 절세의 기본기를 닦아보자.

재개발 · 재건축 주택의 양도세

01
관리처분계획 인가일, 청산금이 중요하다

관리처분계획 인가일 전은 주택, 이후는 입주권

재개발·재건축에 대한 양도세에서 먼저 알아두어야 할 중요한 개념은 '관리처분계획 인가일'과 '청산금'이다.

우선 '관리처분계획 인가'란 정비사업시행자가 토지, 건축물 등 조합원이 보유한 기존 권리를 정비사업으로 새롭게 조성하는 토지나 건축물에 대한 권리로 배분하는 계획을 수립한 이후, 이를 관공서에 인가받는 행위를 말한다. 이때 기억해야 할 것은 관리처분계획 인가일 전은 기존주택으로 보고, 이후는 주택이 아닌 조합원의 입주권으로 본다는 것이다.

재개발·재건축 진행과정

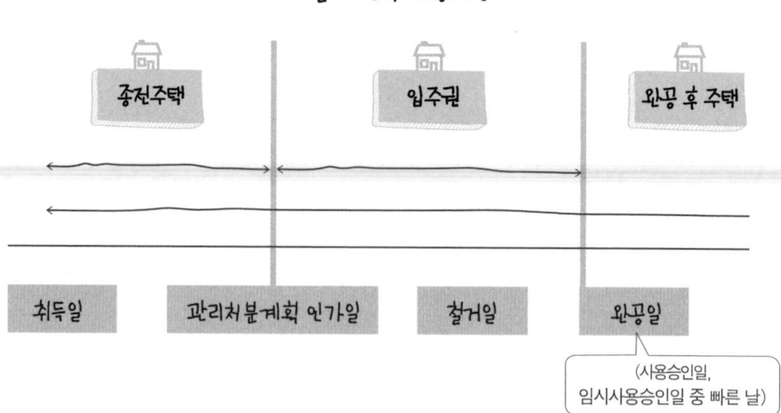

재개발·재건축 주택을 관리처분계획 인가일 전에 판다면, 그냥 주택을 파는 것이므로 주택에 대한 양도세 규정에 따른다. 하지만 관리처분계획 인가일 이후에 판다면 입주권을 파는 것이므로 입주권에 대한 규정을 봐야 한다. 입주권과 관련해서는 뒤에서 살펴보겠다.

또한 공사가 끝나서 새로운 아파트가 완공되고 나면, 부동산을 취득할 수 있는 권리였던 입주권이 주택으로 바뀐다. 이와 관련해서도 자주 등장하는 질문들이 있다. 뒤에서 차근차근 알아보겠다.

완공 후 팔 때는 청산금을 고려하라

한편, 재건축을 하면 추가로 돈을 더 내야 할 수도 있고, 오히려 조합으로부터 돈을 받게 되는 경우도 있다. 이렇게 정산하는 금액을 '청산금'이라고 한다. 재건축이 완공되고 나서 파는 경우 양도세는 청산금을 고려해서 계산해야 한다는 것을 기억하고, 이제 본격적으로 입주권부터 시작해 보자.

02

입주권의 양도세

재개발 또는 재건축 사업을 통해 종전 부동산의 소유자가 신축주택을 받을 수 있는 권리를 '조합원 입주권'이라고 한다. '도시 및 주거환경정비법'에 따른 재개발사업 또는 재건축사업, '빈집 및 소규모주택 정비에 관한 특례법'에 따른 소규모재건축사업 등을 시행하는 정비조합의 조합원으로서 취득한 것에 한정한다. 여기서는 입주권을 팔 때 양도세, 그리고 입주권을 보유하고 있는 상태에서 다른 주택을 팔 때 입주권이 어떤 영향을 주는지 살펴보자.

입주권 자체를 팔 때 양도세

입주권 하나만 있을 때

입주권은 당초 주택이었던 것이 부동산을 취득할 수 있는 권리로 바뀐 것이다. 양도일 현재 입주권 1개만 보유한 1세대가 입주권을 판다면 비과세를 받을 수 있을까?

관리처분계획 인가일 현재 1세대 1주택 비과세 요건을 갖추었다면, 즉 관리처분계획 인가일 현재 2년 이상 보유(2017년 8월 3

일 이후 조정대상지역내 취득 시 2년 거주 포함)했다면, 입주권인 상태에서 팔더라도 1세대 1주택 비과세를 받을 수 있다. 단, 양도가액이 12억원을 초과하면 초과분에 대해서는 과세된다.

일시적 입주권+주택, 입주권 팔 때 비과세는?

입주권을 보유하고 있다가 주택을 취득해서 일시적으로 입주권과 주택을 보유한 경우, 입주권을 일정기간 안에 팔면 일시적 비과세 특례가 적용된다. 그 주택을 취득한 날부터 3년 이내에 입주권을 팔면 된다. 이때에도 관리처분계획 인가일 현재 입주권이 1세대 1주택 비과세 요건을 갖추어야 하는 것은 마찬가지다.

또한 다음의 사유에 해당하는 경우에는 3년 이내에 양도하지 못하는 경우에도 양도세 비과세를 받을 수 있다.

① '금융회사부실자산 등의 효율적 처리 및 한국자산관리공사의 설립에 관한 법률'에 따라 설립된 한국자산관리공사에 매각을 의뢰한 경우

② 법원에 경매를 신청한 경우

③ 국세징수법 따른 공매가 진행 중인 경우

④ 재개발사업, 재건축사업 또는 소규모재건축사업 등의 시행('도시 및 주거환경정비법' 제73조 또는 '빈집 및 소규모주택 정비에 관한 특례법' 제36조)으로 현금으로 청산을 받아야 하는 토지 등 소유자가 사업시행자를 상대로 제기한 현금청산금 지급을 구하는 소송절차가 진행 중인 경우, 또는 소송절차는 종료됐으나 해당 청산금을 지급받지 못한 경우

⑤ 재개발사업, 재건축사업 또는 소규모재건축사업 등의 시행(④와 같은 법 적용)에 따라 사업시행자가 토지 등 소유자('도시 및 주거환경정비법' 제2조 제9호 또는 '빈집 및 소규모주택 정비에 관한 특례법' 제2조 제6호)를 상대로 신청·제기한 수용재결 또는 매도청구소송 절차가 진행 중인 경우, 또는 재결이나 소송절차는 종료되었으나 소유자가 해당 매도대금 등을 지급받지 못한 경우

입주권을 팔 때는 중과되지 않는다

사례 O씨는 송파구 가락동에 아파트 1채를 보유하고 있고, 용산에 재건축 아파트 입주권을 가지고 있다. 2채 모두 10년 이상 보유했다. 이 경우 입주권을 팔 때 중과될까?

다주택자가 조정대상지역 내에 있는 입주권을 팔아도 양도세가 중과되지 않고 기본세율로 과세된다(단, 2년 이상 보유한 경우에 한함).

입주권의 양도세 계산법

입주권의 양도세는 기존주택의 양도소득과 부동산을 취득할 수 있는 권리 부분으로 나누어 계산한다. 기존주택의 양도소득은 취득일부터 관리처분계획 인가일까지의 기간에 대해 장기보유특별공제를 해주지만, 부동산을 취득할 수 있는 권리 부분은 장기보유특별공제를 해주지 않는다. 한편 입주권이 아닌 주택을 팔 경우, 입주권은 '주택 수에 포함된다'. 즉, 사례의 O씨가 입주권을 팔면 중과되지 않지만, 가락동 아파트를 판다면 입주권을 포함해 1세대 2주택자이기 때문에 양도세가 2주택자로 중과된다.*

• 단, 다주택자 양도세 중과 유예기간인 2022년 5월 10일~2025년 5월 9일 양도 시 중과가 안 된다.

입주권 보유 상태에서 주택 팔 때 양도세

입주권과 주택을 보유하고 있다가 주택을 팔 경우, 입주권은 주택 수에 포함된다.

'1주택+입주권'일 경우

1주택과 입주권을 보유하고 있다면, 주택을 팔 때 입주권도 주택 수에 포함되므로, 2주택자에 해당되어 1세대 1주택 비과세를 받을 수 없다. 다만, 1주택 세대가 입주권을 취득한 후 종전주택을 파는 '일시적으로 1주택+입주권'의 경우, 종전주택을 팔 때 1세대 1주택 요건을 만족했다면 비과세를 받을 수 있다.

① 일단 주택을 보유한 지 1년이 지나서 입주권을 취득해야 한다.

② 입주권을 취득한 날로부터 3년 이내 주택을 양도해야 한다.

3년이 지나도 비과세 방법 있다

입주권을 취득한 지 3년이 지났더라도 다음 두 가지 요건을 모두 갖추면 1세대 1주택 비과세를 받을 수 있다. 단, 2022년 2월 15일 이후에 취득한 입주권부터는 종전주택을 취득하고, 1년이 지나서 입주권을 취득해야 한다는 요건이 추가되었다.

① 재개발사업, 재건축사업 또는 소규모재건축사업 등의 관리처분계획 등에 따라 취득하는 주택이 완성된 후 3년* 이내에 그 주택으로 세대 전원이 이사하여 1년 이상 계속하여 거주할 것

* 2023년 1월 12일 이후 주택을 양도하는 경우에 적용. 2023년 1월 12일 전 양도시 '2년' 적용

② 재개발사업, 재건축사업 또는 소규모재건축사업 등의 관리처분계획 등에 따라 취득하는 주택이 완성되기 전, 또는 완성된 후 3년* 이내에 종전주택을 양도할 것

• 2023년 1월 12일 이후 주택을 양도하는 경우에 적용. 2023년 1월 12일 전 양도시 '2년' 적용

'입주권+다주택'일 경우

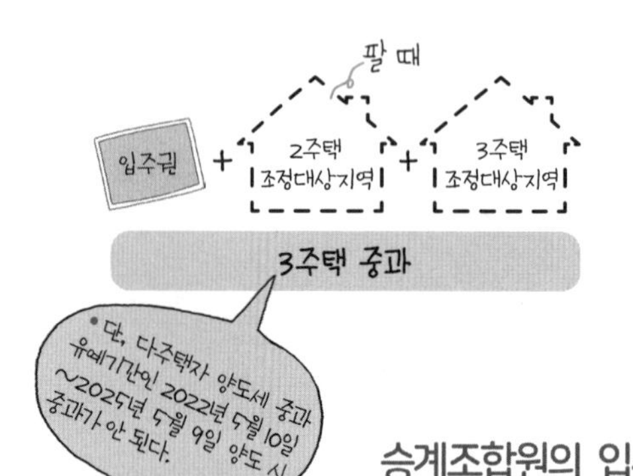

입주권은 다른 주택을 팔 때 주택 수에 포함되기 때문에, 조정대상지역 내에 2주택과 입주권을 보유한 사람이 주택을 1채 판다면 3주택자로 중과된다.*

승계조합원의 입주권 양도세

관리처분계획 인가일 후에 입주권을 조합원으로부터 취득한 것이라면 어떻게 될까?

관리처분계획 인가일 이전에 입주권을 취득한 사람을 '원조합원', 후에 취득한 사람을 '승계조합원'이라고 한다. 승계조합원은 관리처분계획 인가일 후에 입주권을 취득했기 때문에, 양도일 현재 입주권 1개뿐이라도 1세대 1주택 비과세를 받을 수 없다. 양도차익에 대해서 양도세가 과세되는데, 입주권을 단기간 보유하다 파는 경우에는 중과세율이 적용된다.

· 입주권 1년 미만 보유: 70%

· 입주권 1년 이상 2년 미만 보유: 60%

· 입주권 2년 이상 보유: 기본세율(6~45%)

03
재건축 후 완공된 신축아파트 양도세 계산하기

사례 K씨는 A아파트를 20년 전에 1억 7,000만원에 샀는데 2015년 재건축이 시작되어 2018년에 완공되었다. 관리처분계획 인가일 당시 조합원 권리가액은 2억 2,000만원이었고 추가 분담금(청산금 납부)으로 7,000만원을 냈다. K씨는 이 아파트를 팔고 싶어서 알아보니 시세가 10억원이었다. 양도차익은 어떻게 계산할까?

1단계: 인가일 전 양도차익과 이후 양도차익으로 나눈다.
재건축이 끝나서 완공된 이후 신축주택을 팔 때 양도세 계산은 다소 복잡하다. 이때도 관리처분계획 인가일이 중요하다. 인가일 전과 이후로 양도차익을 나누어 계산해야 한다.

인가일 전의 양도차익 계산하기: 관리처분계획 인가일 전의 양도차익을 계산할 때, 양도가액은 조합원 권리가액이 된다. 인가일에 평가한 권리가액으로 한 번 정산하는 것이다.

K씨가 소유한 A아파트의 인가일 전의 양도차익은 권리가액이 2억 2,000만원이므로 취득가액 1억 7,000만원과 필요경비를 뺀 5,000만원이다(필요경비는 계산편의상 0원으로 가정). 인가일에 기존주

택을 권리가액에 팔고, 인가일 이후 양도차익은 권리가액으로 재취득했다는 개념으로 생각하면 이해하기 쉽다.

① **인가일 전 양도차익** = 권리가액 – 취득가액 – 필요경비
= 2억 2,000만원 – 1억 7,000만원 – 필요경비(계산편의상 0원으로 가정)
= 5,000만원

인가일 이후의 양도차익 계산하기: 인가일 이후의 양도차익은 양도가액에서 권리가액과 청산금(추가 분담금)을 더한 금액을 빼고, 여기에 다시 필요경비를 뺀 것이다(필요경비는 계산편의상 0원으로 가정). 즉, K씨의 경우 인가일 이후의 양도차익은 양도가액이 10억원, 권리가액이 2억 2,000만원, 청산금이 7,000만원이므로 7억 1,000만원이다.

② **인가일 이후 양도차익**
= 양도가액 – (권리가액 + 청산금) – 필요경비
= 10억원 – (2억 2,000만원 + 7,000만원) – 필요경비(계산편의상 0원으로 가정)
= 7억 1,000만원

2단계: 인가일 이후 양도차익을 다시 구분한다.

인가일 이후 양도차익을 청산금 납부분 양도차익과 기존 부동산분 양도차익으로 구분하여 계산한다. 계산법은 아래와 같다.

③ **인가일 이후 청산금 납부분 양도차익**
= 인가일 이후 양도차익×청산금 / (권리가액 + 청산금)
= 7억 1,000만원×7,000만원 / (2억 2,000만원 + 7,000만원)
= 1억 7,137만 9,310원

④ 인가일 이후 기존 부동산분 양도차익
= 인가일 이후 양도차익×권리가액 / (권리가액 + 청산금)
= 7억 1,000만원×2억 2,000만원 / (2억 2,000만원 + 7,000만원)
= 5억 3,862만 690원

3단계: 전체 양도차익을 기존 부동산분과 청산금 납부분으로 나눈다

이제 재건축이 되어 완공된 주택의 전체 양도차익을 구해보자. 기존 부동산분 양도차익의 경우, 인가일 전 양도차익과 인가일 이후 양도차익을 더해서 구하면 된다.

- **기존 부동산분 양도차익** = ① + ④ = 5억 8,862만 690원
- **청산금 납부분 양도차익** = ③ = 1억 7,137만 9,310원

* 계산편의상 필요경비는 0원으로 가정함

그런데 왜 이렇게 복잡하게 계산할까? 그 이유는 장기보유특별공제를 적용하는 기간이 각각 다르기 때문이다. 즉, 청산금 납부분의 양도차익은 관리처분계획 인가일부터 양도일까지의 보유기간에 장기보유특별공제율을 적용하고, 기존 부동산의 양도차익은 이 주택의 취득일부터 양도일까지의 보유기간에 대한 공제율을 적용한다.

결과적으로 K씨가 완공된 후 계속 살고 있는 이 재건축 아파트를 10억원에 팔 경우, 양도차익은 기존 부동산분 약 5억 8,862만원, 청산금 납부분 약 1억 7,137만원이고, 각각 장기보유특별공제율을 달리 계산하여 최종 양도세를 계산하면 된다.

04
청산금, 재건축 공사기간 2가지 질문

청산금도 양도세 내야 할까?

질문 서울시 강동구에 재건축 예정인 아파트를 보유하고 있는 M씨는 조합으로부터 청산금 2억원을 받았다. 청산금에 대해서도 양도세를 내야 할까?

주택 소유자가 재건축으로 인해 추가로 돈을 더 내야 하는 경우도 있지만, 기존주택의 평가액이 일반분양액보다 더 크면 오히려 청산금을 받기도 한다. 이렇게 청산금을 받는 경우 기존주택을 양도한 것으로 보아 양도세 과세대상이다.

또한 이 경우 기존주택의 양도로 보기 때문에, 기존주택이 1세대 1주택 비과세 대상이면 양도세 비과세가 적용되고, 조정대상지역의 다주택자로서 중과 대상이면 청산금 역시 중과된다.*

• 단, 다주택자 양도세 중과 유예기간인 2022년 5월 10일~2025년 5월 9일 양도 시 중과가 안 된다.

이때 입주권이 확정되는 날 이후에도 그 주택이 철거되지 않고 사실상 주거용으로 사용하는 경우, 이를 주택으로 보아 보유 및 거주 기간에 합산한다.

청산금의 양도시기는?

청산금 수령에 대한 양도일은 소유권 이전 고시일의 다음날이다. 따라서 이 날이 속하는 달의 말일로부터 2개월 이내에 양도세를 신고·납부해야 한다.

재건축 공사기간도 보유기간에 포함될까?

질문 완공된 신축 아파트를 팔 때, 재건축 공사기간은 1세대 1주택 비과세 요건의 보유기간에 포함될까?

보유기간을 계산할 때는 멸실된 구주택의 보유기간과 공사기간 및 재건축한 신축주택의 보유기간을 모두 합산한다. 다만, 재건축사업계획에 따라 추가로 청산금을 납부한 경우로서, 새로 취득한 재건축주택의 부수토지가 종전주택의 부수토지보다 늘어난 경우, 그 늘어난 부수토지는 사용검사필증 교부일부터 1세대 1주택 보유기간을 계산해야 한다.

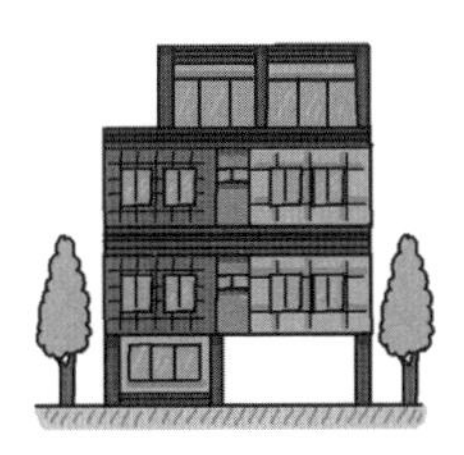

05

재건축 동안의 거주용 대체주택 비과세 될까?

사례 경기도 과천의 아파트에 살고 있는 Y씨는 재건축으로 이주비를 받고 다른 곳으로 이사를 해야 하는 상황이다. 그런데 공사기간이 최소 3년 이상은 걸릴 것 같아 전세를 살기가 부담스럽다. Y씨는 공사기간 동안 살 집을 1채(대체주택) 사려고 생각 중이다. 그런데 나중에 이 집을 팔 때 2주택자로 양도세가 과세되는 것은 아닐지 걱정이다.

재건축 1주택자의 대체주택, 양도세 비과세 받으려면

1세대 1주택자가 그 주택이 재개발·재건축으로 멸실되고 새로 건축되는 동안, 다른 곳으로 이사를 갈 때 Y씨처럼 고민하는 경우가 많다.

재개발·재건축 아파트가 완공될 때까지 3년 이상은 걸리는데, 전세계약 기간 2년을 넘기니 또 전세계약을 해야 하는 것이 걸리는 것이다. 그래서 그 기간 동안 살 집을 사려고 해도, 이번에는 나중에 새로 산 집을 팔 때 양도세가 많이 나올까 봐 걱정이 된다.

하지만 걱정하지 않아도 된다. 세법에서는 1주택자가 재개발사업, 재건축사업 또는 소규모재건축사업 등의 시행기간 동안 거주하기 위하여 다른 주택(대체주택)을 취득한 경우, 이 대체주택을 팔 때 1세대 1주택으로 보아 양도세 비과세를 해준다. 이때 대체주택에 대해서는 1세대 1주택 비과세 요건인 2년 보유(2017년 8월 3일 이후 조정대상지역 내 주택 취득 시 2년 거주 포함) 기간의 제한도 받지 않는다. 단, 다음의 요건을 모두 만족해야 한다.

① 재개발사업, 재건축사업 또는 소규모재건축사업 등의 사업시행 인가일 이후 대체주택을 취득하여 1년 이상 거주해야 한다.

② 재개발·재건축 주택이 완공된 후 3년• 이내에 그 주택으로 세대 전원이 이사(취학, 근무상의 형편, 질병의 요양 등 부득이한 사유 시 제외)하여 1년 이상 계속 거주해야 한다.

③ 재개발·재건축 주택이 완공되기 전, 또는 완공된 후 3년• 이내에 대체주택을 양도해야 한다.

• 2023년 1월 12일 이후 주택을 양도하는 경우에 적용. 2023년 1월 12일 전 양도시 '2년' 적용

따라서 1주택자인 Y씨가 비과세를 받으려면 어떻게 해야 할까? Y씨는 대체주택에서 1년 이상 거주해야 하며, 재건축이 완공되면 완공일로부터 3년 이내에 세대 전원이 과천 아파트로 이사 와서 1년 이상 계속 거주하고, 대체주택은 과천 아파트가 완공되기 전, 또는 완공된 후 3년 이내에 양도해야 한다. 그러면 Y씨는 대체주택을 팔 때 1세대 1주택으로 비과세를 받을 수 있다.

6

CHAPTER

6장에서는 개정된 종합부동산세의 내용을 꼼꼼히 살펴보고 사례별 절세전략을 점검해 보자. 그리고 주택 임대소득에 대한 종합소득세와 한층 복잡해진 주택 취득세, 많은 사람들에게 세금보다 무서운 존재인 건강보험료에 대해서도 살펴본다.

알면 덜 내는
종부세, 종소세, 취득세,
재산세, 건강보험료까지

01

달라진 종부세 3가지

종합부동산세는 과세 기준일인 매년 6월 1일 현재, 일정 금액을 초과한 주택과 토지를 보유한 사람에게 과세되는 보유세이다. 흔히 '종부세'라고 한다. 주변에서 자주 볼 수 있는 사례는 주택에 대한 종부세이다. 토지는 사업용토지의 경우 공시지가가 80억원을 넘어야 종부세가 나오므로 그리 흔하지 않다.

주택을 보유할 때 내는 보유세에는 재산세와 종부세가 있다. 재산세는 집값이 얼마든 간에 모든 주택에 과세되지만, 종부세는 인(人)당 보유한 주택의 공시가격이 9억원(1세대 1주택 단독명의인 경우 12억원)을 초과할 때 과세된다.

종부세는 한동안 다주택자에게 가장 큰 세금 이슈였다. 양도세는 팔아서 이익이 생기면 내는 세금이니 팔지 않으면 상관없는데, 종부세는 보유하고만 있으면 매년 내야 되기 때문에 피할 도리가 없다. 게다가 매년 종부세를 내고 나면 그동안 생긴 시세차익을 다 반환하게 될 수도 있기 때문에 가장 민감한 세금이라고 볼 수 있다. 2022년 종부세가 너무 많이 올라 못 내겠다는 심판청구가 전년도에 비해 14배나 급증한 것도 이런 이유에서다.

2021년 종부세는 사상 최대를 찍었고, 2022년부터 완화되기 시작했다. 2023년부터 달라진 종부세 내용을 살펴보자.

기본공제금액 인당 9억원, 1세대 1주택자 12억원으로 상향

종부세 과세표준은 인(人)별로 주택 공시가격을 합산한 금액에서 기본공제 금액을 차감한 후에 공정시장가액비율을 곱해서 계산한다. 2022년까지 기본공제 금액은 인당 6억원이었는데, 2023년부터는 인당 9억원으로 상향되었다.

또한 1세대 1주택자인 경우에는 추가로 공제를 더 해준다. 기본공제 금액이 종전 11억원에서 2023년부터 12억원으로 상향되었다. 종부세에서 '1세대 1주택자'란 세대원 중 1명만이 주택분 재산세 과세대상인 1주택만을 소유한 경우로 거주자여야 한다.

공정시장가액비율
2021년 95%,
2022년 60%
2023년~ 60%

종부세의 과세표준 = (공시가격 - 9억원 또는 12억원) × **공정시장가액비율**

세금 조절하는 효과

다주택자가 보유한 공시가격 10억원 아파트의 과세표준
종부세의 과세표준=(10억원−9억원)×60%=6,000만원

세율 인하

종부세 세율은 기본세율과 다주택자에게 적용되는 중과세율로 구분된다. 이때 세율을 적용하는 주택 수는 '인(人)'당으로 계산한다. 종전에는 2주택 이하인 경우 기본세율(0.6~3%)을 적용하고, 조정대상지역에 2주택자를 포함한 3주택 이상인 경우에는 기본세율의 2배인 중과세율(1.2~6%)을 적용했다.

하지만 2023년 세율은 다음과 같이 개정되었다.

첫째, 전반적인 세율이 인하되었다.

기본세율이 0.5~2.7%, 중과세율이 0.5~5%로 내렸다.

둘째, 조정대상지역의 2주택자에게 기본세율이 적용된다.

2022년까지는 조정대상지역의 2주택자에게 중과세율이 적용되었지만, 개정된 종합부동산세법이 적용되는 2023년부터는 기본세율이 적용된다.

셋째, 3주택 이상이라도 과세표준이 12억원 이하이면 기본세율이 적용된다.

주택가액을 합산해도 그리 크지 않은 소형주택을 여러 채 가지고 있다는 이유로 종부세가 과도하게 나오는 것을 방지하기 위해 과세표준 12억원 이하인 경우에는 주택 수가 3채 이상이라도 중과세율이 적용되지 않는다.

다주택자 중과 일부 폐지 및 세율 인하

종전

과세표준	2주택 이하	3주택 이상*
3억 이하	0.6%	1.2%
3억 초과 6억 이하	0.8%	1.6%
6억 초과 12억 이하	1.2%	2.2%
12억 초과 50억 이하	1.6%	3.6%
50억 초과 94억 이하	2.2%	5.0%
94억 초과	3.0%	6.0%
법인	3.0%	6.0%

* 조정대상지역 2주택 포함

➔

개정•

• 2023년부터 적용

과세표준	2주택 이하*	3주택 이상
3억 이하	0.5%	
3억 초과 6억 이하	0.7%	
6억 초과 12억 이하	1.0%	
12억 초과 25억 이하	1.3%	2%
25억 초과 50억 이하	1.5%	3%
50억 초과 94억 이하	2%	4%
94억 초과	2.7%	5%

* 조정대상지역 2주택 포함

세부담 상한율 150%로 하향

종부세는 전년도에 비해 세금이 급격히 증가하는 것을 방지하기 위해, 전년도 재산세와 보유세를 합한 금액의 일정비율을 초과하면 그 초과금액에 대해서는 과세하지 않는다. 이를 '세부담 상한'이라고 한다.

세부담 상한율은 2022년까지는 기본세율이 적용되는 경우에는 150%였지만, 중과세율이 적용되는 경우에는 300%가 적용되었다. 하지만 2023년부터는 모두 동일하게 150%로 개정되어 중과세율을 적용받는 경우 300%에서 150%로 하향 조정되었다.

【참고】 공정시장가액비율 60% 유지

공정시장가액비율이란 과세표준을 구할 때 적용하는 공시지가의 비율이다. 2022년부터 공정시장가액비율은 60%를 유지 중이다. 공시가격이 10억원일 때 공정시장가액비율이 60%라면, 10억원에서 기본공제 9억원을 공제한 1억원에 60%를 곱한 6,000만원이 과세표준이 된다.

질문 D씨는 서울에 공시가격이 12억원인 주택이 1채 있다. 종부세는 얼마일까?

이 경우 만약 D씨가 1세대 1주택자라면 종부세는 없다. 1세대 1주택이면 12억원까지 공제되기 때문이다. 부부 공동명의라면 인당 9억원씩 최대 18억원을 공제받을 수 있다.

질문 G씨는 서울에 공시가격이 9억원인 주택을 2채 가지고 있다. 종부세는 얼마일까?

이 경우 종부세는 약 250만원이다. 2023년부터는 조정대상지역 2주택자도 기본세율이 적용되는데다 기본공제도 상향되어 세부담이 대폭 감소했다.

종부세는 6월 1일 현재의 소유자에게 부과된다. 따라서 양도 또는 증여하려면 5월 말까지는 해야 해당 연도의 종부세를 피할 수 있다는 점을 기억하자.

02 1세대 1주택자 종부세 절세법

종부세는 고액의 부동산 보유자에게 부과하여 부동산 투기를 막고자 생긴 세금이다. 따라서 부동산을 투기 목적으로 보유하는 것이 아닌 1세대 1주택자에게는 종부세를 완화해 주는 세제혜택이 있다.

정부는 1세대 1주택자의 부담을 덜어주기 위해 종부세와 관련해 3가지 세제혜택을 주고 있다. 투기는 막고 재산이 많은 사람의 세금은 현실화하되, 실수요자인 1세대 1주택자의 부담은 덜어주려는 정책당국의 의지가 엿보이는 대목이다. 1세대 1주택자라면 다음의 내용을 잘 챙겨 세제혜택을 보자.

단독명의 1세대 1주택자, 3억원 추가 공제

앞에서 살펴봤듯, 종부세 과세표준은 공시가격에서 9억원을 공제한 금액에 공정시장가액비율을 곱하여 계산한다. 그런데 단독명의 1세대 1주택자는 3억원을 추가로 공제해 주어 결과적으로 12억원을 공제받을 수 있다. 여기서 '1세대 1주택자'란 세대원 중 한 명만이 주택분 재산세 과세대상(단, 별장 제외)인 1주택만을 소유한 것을 말한다.

고령자 및 장기보유 세액공제 한도

과세 기준일(6월 1일) 현재, 만 60세 이상인 1세대 1주택자는 산출세액에 연령별 공제율을 곱한 금액을 공제해 준다.

종부세 고령자 세액공제

또한 1세대 1주택자로서 과세 기준일(6월 1일) 현재 5년 이상 보유한 사람은 종부세를 계산할 때, 산출세액에 보유기간별 공제율을 곱한 금액을 공제해 준다.

종부세 장기보유 세액공제

그런데 고령자 세액공제와 장기보유 세액공제를 합해서 일정율을 초과하지 못하도록 공제한도를 두고 있다. 2020년까지는 이 둘을 합한 공제한도가 70%였지만, 2021년 납부분부터는 공제한도가 80%로 확대되었다. 가령, 만 70세 이상이면서 15년 이상 보유한 1세대 1주택자는 종부세 산출세액의 80%를 공제받을 수 있다.

1세대 1주택자 종부세 세액공제율

연령	공제율	보유기간	공제율
만 60세 이상~만 65세 미만	20%	5년 이상~10년 미만	20%
만 65세 이상~만 70세 미만	30%	10년 이상~15년 미만	40%
만 70세 이상	40%	15년 이상	50%

1세대 1주택에 대한 종부세 세제혜택은 앞에서 살펴본 바와 같이 3가지다. ① 기본공제 금액이 9억원에서 12억원으로 상향, ②

소유자가 만 60세 이상이면 받을 수 있는 고령자 세액공제, ③ 5년 이상 보유하면 받을 수 있는 장기보유 세액공제이다.

1세대 1주택이라면, 즉 세대원 중 1명만이 주택분 재산세 과세 대상인 1주택만을 소유한 경우에는 종부세에서 이 3가지가 하나의 묶음으로 따라온다고 이해하면 쉽다.

반면 1세대 1주택이 아닌 경우에는 인당 기본공제 9억원을 받을 수 있고, 고령자나 장기보유에 대한 세액공제는 받을 수 없다.

부부 공동명의 1주택자가 '공동명의 1주택자 신청'을 하는 것이 유리한지 불리한지를 따질 때도 이 3가지 혜택을 염두에 두고 체크해 보면 된다.

부부 공동명의 1주택자도 세액공제

2020년까지는 단독명의 1세대 1주택자만 종부세를 계산할 때 고령자 세액공제와 장기보유 세액공제를 받을 수 있었다. 즉, 1주택을 부부 공동명의로 가지고 있으면 종부세 계산 시 총 12억원(인별 6억원)*을 공제받을 수 있는 대신, 고령자 세액공제나 장기보유 세액공제는 받지 못하는 불이익이 있었다. 공동명의로 인해 오히려 불이익을 받게 되는 결과가 초래된 것이다.

* 2020년 당시 기본공제 금액, 현재는 9억원

이에 세법이 개정되어 2021년부터는 부부 공동명의 1주택자의 선택의 폭이 넓어졌다. 종부세 계산 시 종전대로 인당 9억원씩 총 18억원을 공제받거나, 또는 단독명의 1주택자처럼 12억원을 공제받는 대신 장기보유 세액공제와 고령자 세액공제를 받는 방식, 둘 중에 유리한 것을 선택할 수 있게 되었다.

① 1주택을 장기보유 했거나 고령자인 경우, 단독명의 1주택자처럼 12억원을 공제받고 장기보유 세액공제와 고령자 세액공제를 받는 것이 유리할 수 있다. 2023년 기본공제 금액이 인당 9억원으로 상향됨에 따라 부부 공동명의라면 최대 18억원을 공제 받을 수 있다. 결국 기본공제 차이를(18억-12억)상쇄하고도 남을 만큼 세액공제를 많이 받아야만 유리하기 때문에 미리 잘 따져봐야 한다.

② 부부 중 한 명을 납세의무자로 하겠다고, 그해 9월 16일부터 30일까지 관할 세무서장에게 '공동명의 1주택자 신청서'를 제출해야 한다. 이때 '공동명의 1주택자'는 부부 중 지분율이 높은 사람을 말하며, 지분이 같다면 부부 간 협의를 통해 정할 수 있기 때문에 보유기간이 같다는 가정 하에 고령자로 정하는 것이 유리하다.

질문 L씨 부부는 1세대 1주택을 공동명의(5:5)로 보유하고 있다. 이 아파트의 공동주택 공시가격은 20억원이다. L씨는 71세, 배우자는 65세이고, 이 아파트를 보유한 지는 15년이 넘었다. 종부세 계산 시 부부 공동명의, 또는 공동명의 1주택자 신청 중에서 무엇이 유리할까?(2024년 종부세 기준)

부부 공동명의인 경우 종부세

부부 공동명의일 때는 인당 9억원씩 총 18억원을 공제받을 수 있지만, 1세대 1주택자가 받을 수 있는 세액공제는 받을 수 없다. 이 경우 종부세(농특세 포함)는 인당 약 20만원으로 둘을 합하면 40만원이다.*

• 공정시장가액비율 60%

'공동명의 1주택자' 신청한 경우 종부세

부부 중 지분율이 큰 사람을 공동명의 1주택자로 해야 되는데, L씨 부부는 지분율이 같다. 그런데 L씨가 배우자보다 나이가 많아 고령자 세액공제를 더 많이 받을 수 있다. L씨를 공동명의 1주택자로 정해서 계산해 보자.

이런 경우 L씨가 단독명의로 소유하고 있다고 보고 종부세를 계산한다. 즉, 12억원을 공제하고 고령자 세액공제와 장기보유 세액공제도 빼준다. 계산하면 종부세는 약 46만원이다.

결론적으로 L씨 부부는 공동명의 1주택자로 신청하지 않고 그냥 부부 공동명의로 적용받는 것이 종부세를 6만원 정도 아낄 수 있다.

부부 공동명의로 1주택을 보유하고 있다면, 두 가지 경우의 세부담을 비교해 보고, 공동명의 1주택자가 유리하다면 반드시 신청기간 안에 관할 세무서에 신청하는 것이 좋다.

부부 공동명의 vs 공동명의 1주택자 신청 시 종부세 비교(2024년)

구분	부부 공동명의	공동명의 1주택자로 신청 시
공제금액	18억원	12억원
세액공제	–	·고령자 세액공제: 40% ·장기보유 세액공제: 50% ·한도: 80% 적용
종부세 (농특세 포함)	인당 약 20만원 × 2 = 40만원	약 46만원

일시적 2주택자, 상속주택이나 지방 저가주택 있어도 1세대 1주택으로 본다

다음에 해당하는 경우에는 1세대 1주택 판단 시 주택 수에서 제외해 준다. 따라서 기본공제 12억원 및 고령자 또는 장기보유 세액공제 혜택을 받을 수 있다. 과세기준일(6월 1일) 현재 아래 주택을 보유한 경우에는 1세대 1주택 과세특례를 신청*하여 1주택자 세제혜택을 받을 수 있다.

* 해당 연도 9월 16일부터 9월 30일까지 관할세무서장에게 신청

① 일시적 2주택 요건을 갖춘 경우
② 1주택과 요건을 갖춘 '상속주택'을 함께 소유하고 있는 경우
③ 1주택과 요건을 갖춘 '지방 저가주택'을 함께 소유하고 있는 경우

가령 1세대 1주택인 자가 요건을 갖춘 상속주택 등 특례주택을 보유하고 있을 경우, 1주택이 아니지만 1세대 1주택자로 보아 세제혜택 3가지(기본공제 12억원, 고령자, 장기보유 세액공제)를 받을 수 있다.

그렇다고 상속주택 등에 대해 종부세가 과세되지 않는다는 의미는 아니다. 종부세 과세표준에는 해당 상속주택 등을 합산한다. 합산한 공시가격에서 12억원을 공제하고, 이 상속주택 등 특례주택에 대해서는 세액공제가 적용되지 않는다.

일시적 2주택자, 3년 이내에 종전주택 팔면 1세대 1주택 과세특례 가능

1세대 1주택자가 보유하고 있는 주택을 양도하기 전에 다른 1주택을 취득하여 2주택이 된 경우로서, 과세기준일(6월 1일) 현재 신규주택을 취득한 날부터 3년이 경과하지 않은 경우를 말한다.

일시적 2주택으로 1세대 1주택자 과세특례를 신청해서 적용받았는데 3년 이내에 종전주택을 팔지 못한 경우, 추가세액 및 이자상당가산액을 부담하게 된다는 점에 주의하자.

주택 수 판정에서 제외되는 상속주택은?

다음 중 하나에 해당되는 상속주택이면, 1세대 1주택 주택 수 판정 시 제외된다. 이때 요건을 갖춘 상속주택이 여러 채라도 마찬가지이다.

① 과세기준일 현재 상속개시일부터 5년이 경과하지 않은 주택

② 전체 주택에서 상속받은 지분율이 40% 이하인 주택

③ 과세기준일 현재 상속 지분율에 상당하는 공시가격이 6억원(수도권 밖의 지역에 소재하는 주택의 경우에는 3억원) 이하인 주택

즉 과세기준일(6월 1일) 현재 피상속인의 사망일로부터 5년이 지나지 않았거나, 5년이 지났더라도 지분율이 40% 이하 또는 지분율에 상당하는 공시가격이 6억원(수도권 밖 3억원) 이하인 소규모 상속주택은 종부세 과세표준 및 세액을 계산할 때, 1세대 1주택자 판정할 때 주택 수에서 제외해준다.

지방 저가주택의 요건은?

이제 지방에 세컨드 하우스를 가지고 있어도 종부세 폭탄을 맞지 않을 수 있게 되었다. 종전에는 서울에 집이 있는 상태에서 강원도에 세컨드 하우스를 취득해서 보유한 경우 2주택이 되기 때문에, 서울 집에 대해 1세대 1주택 종부세 혜택을 받을 수 없었다. 지방에 저가주택을 1채 샀다가 서울 집의 종부세 부담이 크게 증가하게 된 이유다. 이에 서둘러 지방 주택을 처분하는 사례가 늘었다.

하지만 2022년 세법개정으로 지방에 있는 공시지가가 3억원 이하인 1주택은 주택 수를 계산할 때 제외되어 서울 집에 대해 1세대 1주택에 해당하는 종부세 혜택을 받을 수 있다. 이때 지방 저가주택은 1채만 소유하고 있을 때에만 특례 적용을 받을 수 있다는 점에 주의하자.

① 공시가격이 3억원 이하일 것
② 수도권, 광역시(군 제외), 특별자치시(읍, 면 제외) 외의 지역, 강화군·옹진군·연천군에 소재하는 1주택

1주택과 주택 부수토지 소유한 경우 종부세는?

질문 T씨는 아파트 1채와 단독주택의 부수토지를 가지고 있다. 단독주택의 건물은 동생 명의로 되어 있고, 주택의 부수토지는 T씨 명의다. T씨는 종합부동산세법상 1세대 1주택으로 보아 12억원 추가공제와 고령자 세액공제, 장기보유 세액공제를 받을 수 있을까?

종합부동산세법에서 1세대 1주택자는 세대원 중 한 명만이 주택분 재산세 과세대상인 1주택을 소유한 것을 의미한다. 그런데 주택의 건물이나 부수토지만 소유해도 각각 주택분 재산세 과세대상이 된다. 그래서 아파트와 주택의 부수토지만 소유한 경우에도 주택분 재산세 과세대상이 2개가 된다.

하지만 예외가 있다. T씨처럼 1주택과 다른 주택의 부수토지를 함께 소유하고 있는 경우, 1세대 1주택자로 보아 3억원을 추가해 12억원을 공제해 준다. 따라서 T씨는 1세대 1주택자로 보아 12억원 기본공제와 고령자 세액공제, 장기보유 세액공제를 모두 받을 수 있다.

질문 N씨는 A주택 1채(단독명의)에 합산배제 되는 임대주택*을 추가로 보유하고 있다. N씨는 1세대 1주택자로 종부세 세제혜택을 받을 수 있을까?

* 임대 개시일 당시 기준시가 6억원(수도권 밖 3억원) 이하인 주택으로, 임대주택 등록(세무서와 지방자치단체)을 하고 일정기간 이상 임대 및 임대료 상한의 요건을 갖춘 주택을 말한다. 단, 1세대 1주택 이상인 사람이 2018년 9월 13일 이후 조정대상지역 내 신규 취득한 주택은 해당하지 않는다. 또한 2020년 7월 11일 이후 임대주택 등록한 아파트는 제외된다.

소유자인 N씨가 임대주택이 아닌 다른 주택(A주택)에 거주하고 있는지 여부에 따라 다르다.

만약 N씨가 과세기준일(6월 1일) 현재 A주택에 주민등록이 되어 있고 실제로 거주하고 있다면, 임대주택을 주택 수에서 제외해 주어 1세대 1주택으로 본다. 즉, N씨는 종부세를 계산할 때 단독명의 1세대 1주택자로 12억원을 공제받을 수 있고 요건을 만족한다면 세액공제도 받을 수 있다.

하지만 N씨가 과세기준일 현재 A주택에 실제 거주하지 않는다면, 종부세를 계산할 때 1세대 1주택자에 대한 혜택을 받을 수 없다.

1세대 1주택자는 고령자 납부유예를 신청할 수 있다

과세기준일 현재 다음 4가지 요건을 모두 충족하는 납세자는 주택분 종부세를 해당 주택을 팔거나 증여 또는 상속할 때까지 납부를 유예해 달라고 신청할 수 있다. 납부유예 신청을 할 때는 그 유예할 주택분 종부세액에 상당하는 담보를 제공해야 한다.

① 1세대 1주택자일 것
② 만 60세 이상이거나 해당 주택을 5년 이상 보유
③ 직전 과세기간 총급여액 7천만원 이하, 또는 종합소득금액 6천만원 이하
④ 해당 연도의 주택분 종부세액이 100만원을 초과할 것

03
다주택자 종부세 얼마나 낼까?

다주택자의 종부세가 강화된 2021년에 과세 기준일인 6월 1일을 앞두고, 사상 최대의 주택 증여가 일어났다. 종부세를 몇 년 내느니 빨리 자녀에게 증여하는 것이 더 유리하다는 판단 때문이었다.

하지만 2년이 지난 후 분위기가 확 바뀌었다. 2023년부터는 종부세 부담이 많이 줄었다. 앞에서 살펴본 바와 같이 기본공제 금액이 인당 6억원에서 9억원으로 상향되었고, 세율도 낮아졌기 때문이다. 또한 2023년 전국 아파트 공동주택공시가격은 전년도에 비해 18.62%로 역대 최대 폭으로 하락했다. 2024년 전국 공동주택 공시가격은 전년도 대비 1.52% 상승으로 보유세가 소폭 오를 전망이다. 다주택자의 종부세 부담은 얼마나 될지 살펴보자.

조정대상지역 2주택자, 기본세율 적용

2023년 1월 5일 이후 조정대상지역은 서울 강남 3구(강남, 서초, 송파)와 용산구뿐이다. 과세기준일인 6월 1일 현재 조정대상지역에 인당 2주택을 보유한 경우 2022년까지는 중과세율이 적용되었다. 하지만 2023년부터는 종부세 세율이 개정되어 조정대상지역에 2주택을 보유해도 중과세율이 아닌 기본세율이 적용된다. 게다가 기본공제 금액도 커졌다.

질문 G씨는 부부 공동명의로 조정대상지역에 기준시가 10억원인 집을 2채 가지고 있다. 2022년과 2023년 이후 종부세 부담은 어떻게 달라졌을까?

부부 공동명의인 경우 2022년에는 기본공제로 인당 6억원씩 최대 12억원을 공제받을 수 있었지만, 2023년부터는 인당 9억원씩 최대 18억원을 공제받을 수 있다. 종부세 세율은 인당 주택 수에 따라 다르다. 2022년까지는 인당 조정대상지역 내 2주택을 보유하면 중과세율이 적용되었지만, 2023년부터는 기본세율이 적용된다.

다음 계산에서는 공시지가와 공정시장가액비율을 동일하게 가정해 계산했지만, 공시지가는 매년 변동 고시되고 공정시장가액비율 역시 달라질 수 있다. 2024년 3월 현재, 공정시장가액비율은 60%이다.

2023년부터 종부세 얼마나 감소할까

구분	2022년	2023년~
기본공제 금액	인당 6억원 × 2 = 12억원	인당 9억원 × 2 = 18억원
공정시장가액비율	60%	60%
세율	중과세율 1.2% 적용	기본세율 0.5% 적용
종부세•	인당 276만원 × 2 = 552만원	인당 19만원 × 2 = 38만원

• 세율을 곱한 금액에 공제할 재산세액을 차감하여 계산한다.

종부세 세율 적용 시, 주택 수 어떻게 계산할까?

종부세 세율을 적용할 때 주택 수는 과세 기준일인 6월 1일 현재 인(人)별로 소유한 주택 수로 계산한다. 양도세는 주택 수를 세대별로 계산하지만, 종부세는 인별로 계산한다. 이때 조정대상지역 여부도 6월 1일 기준으로 판단한다.

공동소유 주택의 종부세는?

종부세 세율을 적용할 때 2주택, 3주택 여부를 소유자별로 계산한다고 했는데, 그렇다면 공동으로 소유하는 주택은 종부세를 어떻게 계산할까?

종부세에서는 1주택을 여러 사람이 공동으로 소유한 경우, 공동소유자 각자가 그 주택을 소유한 것으로 본다. 즉, 3주택을 부부 공동명의로 보유하고 있다면, 부부 모두 3주택자로 중과세율을 적용받는다.

종부세 중과, 주택 수에서 제외되는 주택은?

다음의 주택은 종부세 주택 수 계산에서 제외된다.

① 상속받은 주택은 주택 수에서 빼준다.

종부세를 계산할 때 다음 중 하나에 해당하는 주택은 주택 수에서 제외해 준다.

① 과세기준일 현재 상속개시일부터 5년이 경과하지 않은 주택. ② 지분율이 40% 이하인 주택 ③ 지분율에 상당하는 공시가격이 6억원(수도권 밖 3억원) 이하인 주택	중 하나

가령 서울에 집 2채를 가진 B씨가 2024년 초 아버지에게 서울 집 1채를 상속받았다면, 2024년 과세 기준일(6월 1일) 현재 3주택자이다. 하지만 상속 개시일인 2024년 초부터 5년 동안은 주택 수에서 제외되어 2주택자로서 중과세율이 아닌 일반세율을 적용받는다. 만약 지분율이 40% 이하거나 지분율에 해당하는 공시가격이 6억원 이하라면, 5년이 지나도 주택 수에 포함되지 않는다. 그런데 이는 세율 적용 시 주택 수에서 제외되는 것, 즉 중과가 되지 않는다는 의미이지, 상속주택에 대해 종부세가 없는 것은 아니다. B씨는 원래 가진 본인의 주택에 상속주택을 더해서 종부세를 일반세율로 내야 한다.

② 합산배제 임대주택 또는 합산배제 사원용 주택 및 어린이집용 주택 등은 주택 수에 포함하지 않는다.

③ 타인이 지은 무허가주택

④ 일시적 2주택 신규주택(280쪽 요건 동일)

⑤ 지방 저가주택(282쪽 요건 동일)

⑥ 신축 소형주택 및 준공 후 미분양주택(200쪽 요건 동일)

다주택자가 종부세 비과세 받는 법

다주택자가 종부세 비과세를 받으려면 임대주택으로 등록하는 방법이 있다. 하지만 정부의 임대주택에 대한 세제혜택이 축소되면서, 내가 소유한 주택이 임대주택 등록 시 종부세 비과세를 받을 수 있을지를 먼저 따져봐야 한다.

2018년 9월 13일 이전 취득한 주택

2018년 9월 13일 이전에 취득한 주택은 조정대상지역 내 주택이라도 임대 개시일 현재 기준시가 6억원(수도권 밖 3억원) 이하라면, 2020년 8월 17일까지 임대주택으로 등록한 경우 8년 이상(2018년 3월 31일까지 등록 시: 5년 이상) 임대하고 합산배제 신청을 하면 종부세 비과세 혜택을 받을 수 있다.

다만, 2020년 7월 11일 이후부터 단기임대주택을 장기임대주택으로 전환한 모든 주택, 그리고 장기임대주택으로 등록한 아파트는 종부세 비과세 혜택을 받을 수 없다.

2018년 9월 14일 이후 취득한 주택

2018년 9.13 부동산 대책으로 임대주택에 대한 세제혜택이 축소되었다. 2018년 9월 14일 이후부터는 1주택을 가진 세대가 추가로 조정대상지역에 있는 집을 사면, 임대주택 등록을 해도 종부세 비과세를 받을 수 없다. 하지만 비조정대상지역에 있는 주택은 요건을 만족하면 임대주택으로 등록해서 종부세 비과세를 받을 수 있다. 단, 2020년 7월 11일부터는 단기임대주택을 장기임대주택으로 전환한 모든 주택, 그리고 장기임대주택으로 등록한 아파트는 종부세 비과세를 받을 수 없다.

2020년 8월 18일 이후 등록한 주택

2020년 8월 18일 이후 등록분부터는 아파트를 제외한 단독주택, 다중주택, 다가구주택, 연립주택, 다세대주택, 오피스텔을 10년 이상 장기임대주택으로 등록하고, 다음의 요건을 갖춘 경우 종부세 비과세를 받을 수 있다.

종부세 비과세 요건은?

이제 다주택자가 임대주택의 종부세 비과세를 받으려면 다음의 요건을 만족해야 한다.

① 임대 개시일, 또는 최초로 합산배제 신고를 한 해의 공시가격이 6억원(수도권 밖 3억원) 이하인 주택이어야 한다.

② 지방자치단체와 세무서에 임대주택으로 등록해야 한다.

③ 임대등록을 한 해의 9월 16일부터 9월 30일까지 세무서에 합산배제신청을 해야 한다.

④ 2018년 3월 31일까지 단기·장기임대주택 등록을 한 경우에는 임대의무기간이 5년이고, 그해 4월 1일 이후에 장기임대주택으로 등록한 경우에는 8년이다. 2020년 8월 18일 이후 장기임대주택 등록분부터는 10년이다.

⑤ 임대료 인상률 5% 상한제도 지켜야 한다(2019년 2월 12일 이후 최초계약 또는 기존계약 갱신분부터).

만약 임대의무기간이나 임대료 상한 요건을 지키지 않으면, 과세되지 않았던 종부세를 내야 하고, 해당 세액의 이자상당액만큼을 추징당하게 된다.

하지만 2020년 8월 민간임대주택법의 개정으로 2018년 3월 31일 이전에 등록한 단기임대주택이 자진말소된 경우 5년의 임대의무기간을 채울 수 없게 됐다. 이에 정부는 폐지되는 임대주택인 단기임대주택과 장기임대주택으로 등록된 아파트를 임대의무기간이 되기 전에 자진말소 하거나 자동말소 되는 경우, 임대의무기간 5년을 채우지 못해도, 그동안 비과세를 받은 종부세를 추징하지 않도록 세법을 개정했다.

임대사업자의 종부세 체크포인트

임대의무기간을 채우지 못한 경우: 종부세 + 가산세 추징

예외: ① 단기임대주택 또는 아파트를 자진말소 또는 자동말소 된 경우

② 기존 임대주택이 재개발, 재건축으로 직권 말소되는 경우

* 이런 경우에는 임대의무기간을 채우지 못해도 비과세를 받은 종부세가 추징되지 않음.

합산배제 신고

임대주택의 종부세 비과세를 받으려면 합산배제 신고도 해두어야 한다. 합산배제 신고란 말 그대로 (임대주택을) 종부세 대상에 합산하지 말아 달라'고 신고하는 것이다. 임대주택으로 등록한 첫해에 합산배제 신고를 하면 이후에는 자동으로 반영된다.

합산배제 신고는 국세청의 홈택스(www.hometax.go.kr)에서도 할 수 있고, 세무서에서 오는 안내문에 동봉된 합산배제 신고서를 작성해서 우편으로 보내도 된다.

종부세 계산법

	인당 공시가격 합계	공동주택가격, 개별주택가격
(-)	공제금액	인별 9억원(1세대 1주택자 단독명의 12억원)
(×)	공정시장가액비율	60%
(=)	과세표준	
(×)	세율(%)	누진세율
(=)	종합부동산세액	
(-)	공제할 재산세액	
(-)	세액공제	1세대 1주택자 고령자, 장기보유 세액공제
	세부담상한초과액	
(=)	납부세액	

【참고】 합산배제 신청한 임대주택이 등록 자동말소 등으로 요건을 충족하지 못하게 된 경우에는 '제외' 신고를 반드시 해야 한다.

* 다음 서식 ① 신고 구분에 '제외'라고 기재

■ 종합부동산세법 시행규칙 [별지 제1호서식(1)] (2021.03.16. 개정)

(20 년도)임대주택 합산배제 (변동)신고서(갑)

(「종합부동산세법 시행령」 제3조제1항에 따른 주택)

(앞쪽)

1. 납세의무자

성 명 (법인명 또는 단체명)		주 민 등 록 번 호 (법인등 사업자등록번호)		주 소 (본점 소재지)	(☎:)

2. 합산배제 (변동)신고 주택명세 (단위: ㎡, 원)

번호	① 신고 구분	② 공공 구분	③ 소 재 지	임대구분 등				공시가격 등		등록사항		임차인				조정대상지역 (장기일반민간 임대주택 취득 등)	
				④ 임대 구분	⑤ 취득 사유	⑥ 주택 구분	⑦ 전용 면적	⑧ 공시 가격	⑨ 임대 개시일 등	⑩시·군·구 등록번호 (등록일)	⑪세무서 등록번호 (등록일)	⑫ 성명	⑬ 주민등록번호	⑭ 월세	⑮ 임대 보증금	⑯ 조정대상 지역공고일	⑰ 취득일자, 계약일자
1	제외																
2																	
3																	
4																	
5																	
6																	
7																	
8																	

「종합부동산세법 시행령」 제3조제9항에 따라 위의 주택에 대하여 종합부동산세 과세표준 합산배제를 (변동)신고합니다.

년 월 일

신 고 인: (서명 또는 인)

세 무 대 리 인: (서명 또는 인)

세무서장 귀하

297㎜×210㎜[일반용지 60g/㎡(재활용품)]

04
주택 임대소득의 종소세 4가지 체크포인트

"지금 살고 있는 아파트 외에 보증금 5,000만원, 월세 100만원에 임대를 주고 있는 집이 1채 더 있는데요. 보증금과 월세가 이 정도라도 임대소득에 대해 세금을 내야 되나요?"

주택의 임대소득은 사업소득으로 종합소득세(이하 종소세) 과세대상이다. 따라서 다음 해 5월에 종소세를 신고하고 납부해야 한다. 하지만 소액이라도 과세되는 상가와는 달리, 주택의 임대소득은 비과세가 되는 경우도 있다. 또한 전세보증금에 대한 간주임대료도 전부 과세되는 것은 아니다.

주택 임대소득에 대한 종소세는 '주택 수가 몇 채'인지, '전세인지 월세인지' 여부에 따라 다르게 적용된다.

양도소득은 세대 기준, 임대소득은 부부 기준

사례 D씨는 아버지, 어머니와 함께 살고 있는 30대 후반 미혼녀다. D씨네 가족은 주택을 각 1채씩 총 3채를 보유하고 있다. 현재 살고 있는 아파트는 아버지 명의이고, 어머니와 D씨 명의의 아파트는 각각 임대를 주고 있다.

이 경우 종소세는 어떻게 과세될까?

양도세는 주택 수를 세대 단위로 계산하지만, 주택 임대소득에 따른 종소세는 부부를 단위로 계산한다. 양도세를 계산할 때 D씨 가족은 1세대 3주택자이다. 하지만 주택 임대소득을 계산할 때는 부부인 아버지와 어머니는 한 단위로 보아 2주택자이고, 자녀인 D씨는 1주택자로 본다.

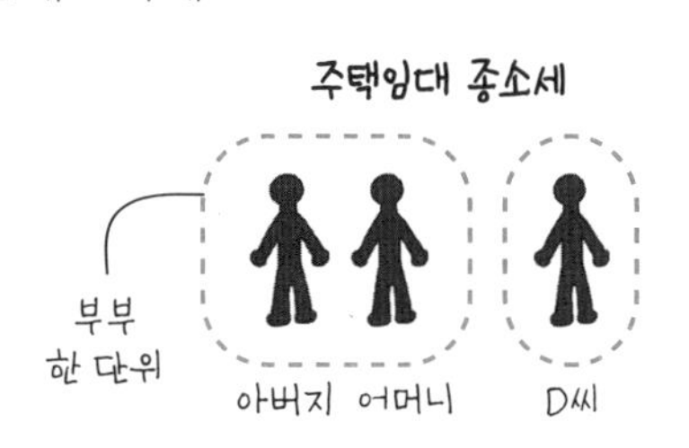

주택 수에 따른 종소세, 어떻게 다를까?

부부합산 1주택자는 일정금액 이하인 주택의 월세수입은 비과세해준다. 이 고가주택 기준금액이 기준시가 9억원에서 2023년부터 12억원으로 상향되었다.

기준시가 12억원 이하인 부부합산 1주택자는, 주택 임대소득이 비과세가 된다. D씨는 1주택자이므로 기준시가가 12억원 이하인 주택이라면 임대소득에 대한 세금이 없다.

D씨의 부모님은 어떨까? 부부 합산 2주택자이므로, 임대료를 월세로 받으면 과세되고, 전세로 받는다면 과세소득은 없다. 전세보증금에 대한 간주임대료는 3주택 이상부터 과세되기 때문이다.

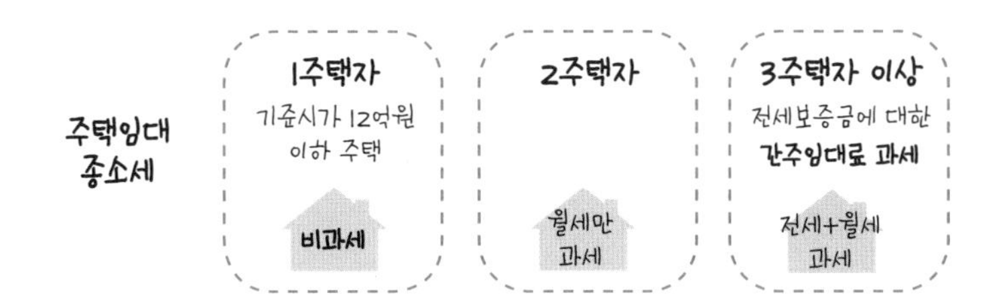

공동소유 주택, 임대소득 계산할 때 주택 수는?

1채의 주택에 소유자가 여러 명인 공동소유 주택의 경우, 주택임대소득을 계산할 때 지분이 가장 큰 사람의 소유로 본다. 지분이 가장 큰 사람이 2명 이상인 경우는 각각의 소유로 하되, 정당한 사유가 있는 경우 소유자들끼리 합의하여 한 명을 그 주택의 임대수입 귀속자로 정할 수 있다.

질문 아버지와 아들은 주택(A)을 6대 4로 공동 소유하고 있고, 어머니는 B주택을 가지고 있다. 이런 경우 주택 임대소득을 구할 때 주택 수는 어떻게 계산할까? A주택의 기준시가는 8억원이다.

먼저 공동소유 주택 A는 주택 임대소득을 계산할 때, 지분이 가장 큰 아버지의 소유로 본다. 그래서 아들은 이 주택의 임대소득에 대한 세금이 없다. 단, 아들의 연간 임대수입이 600만원 미만인 경우에 한한다.

한편, 주택 임대소득에서 주택 수는 부부만 합산한다. 자녀가 가지고 있는 주택은 합산되지 않는다. 부부는 A, B주택을 소유한 2주택자이기 때문에 월세소득은 과세되지만, 전세로 임대를 주고 있다면 종소세가 나오지 않는다.

2020년부터 강화된 소수지분자의 임대소득세

2019년까지는 앞의 사례처럼 공동주택의 소수지분자는 임대소득에 대한 과세에서 모두 빠져나갈 수 있었다. 그러다 보니 자녀를 소수지분으로 포함시켜 임대소득세를 피하려는 사례가 많이 생겨났다. 이에 2020년 세법 개정에는 이를 보완하는 규정이 생겼다.

2020년 귀속분부터는 그 주택에서 발생하는 임대소득이 연간 600만원 이상이거나, 기준시가 12억원* 초과 주택의 지분을 30% 초과 소유한 경우에는 소수지분자도 주택 수에 가산하며 임대소득세를 내야 한다.

* 2023년 발생한 소득부터 적용, 2022년까지 발생한 소득은 기준시가 9억원 적용

만약 앞의 사례에서 아들의 연간 임대소득이 600만원 이상이거나, A주택의 기준시가가 12억원을 넘는다면, 아들도 1주택을 소유한 것으로 보아 월세소득에 대해 종소세를 내야 한다.

05

주택 임대수입 계산하는 법

주택 임대수입 어떻게 계산할까?

W씨가 월세를 100만원씩 받는다면 그해 임대수입은 1,200만원이다. 월세 소득은 계산이 간단하다. 월세금액에 임대한 개월 수를 곱하면 된다.

> **부동산 임대수입** = 월세×임대 개월 수

반면 전세보증금은 임대기간이 종료되면 돌려주어야 하는 돈이다. 따라서 전세보증금 그 자체는 소득이 아니다. 그래서 전세보증금을 환산해서 간주임대료를 계산한다.

보증금을 환산

> **부동산 임대수입** = (월세×임대 개월 수) + 간주임대료

보증금은 간주임대료로 환산한다

간주임대료란 전세 또는 월세 보증금에서 발생하는 소득을 임대료로 간주하여 과세하는 금액을 말한다. 보증금을 은행에 넣어두었다면 생길 수 있는 이자상당액 개념이라고 보면 된다.

간주임대료 과세

전체 주택 수에서 소형주택 빼고 3채 이상일 때

보증금에 대한 간주임대료는 부부 합산 3채 이상일 때부터 과세되는데, 주택 수를 계산할 때 소형주택은 빼준다. 즉, 소형주택을 빼고 난 후 3채 이상일 때 과세된다.

소형주택의 기준은 범위가 축소되었다. 2018년 말까지는 1호, 또는 1세대당 60㎡ 이하 & 기준시가 3억원 이하였으나, 2019년부터 2026년까지는 40㎡ 이하 & 기준시가 2억원 이하로 바뀌었다. 즉, 전세보증금에 대한 과세가 더 강화된 것이다.

간주임대료는 보증금에서 3억원을 뺀 금액의 60%에 정기예금 금리인 3.5%•를 곱한 다음, 여기에서 임대보증금으로 발생한 이자나 배당소득을 빼서 계산한다. 단, 장부나 증빙서류로 입증된 것이어야 한다.

> ☆**간주임대료**= (보증금 – 3억원) × 60% × 정기예금 금리 3.5%(2024년• 귀속) – 해당 과세기간의 해당 임대사업 부분에서 발생한 이자 및 배당금••

• 2022년 귀속 소득분 1.2% 적용, 2023년 귀속 소득분 2.9%

• 정기예금 금리는 시중은행의 정기예금 금리 수준을 반영하여 소득세법 시행규칙에서 조정한다.

•• 장부를 기장하지 않고 추계신고를 하는 경우에는 이자, 배당금은 차감되지 않는다.

【참고】 2026년부터는 기준시가 12억원이 넘는 고가주택 2채를 소유한 경우에도 보증금에 대한 간주임대료 대상에 포함된다.

주택 임대소득의 과세 여부를 판단할 때, 주택 수는 부부 합산해서 계산하지만, 종소세는 소유자별로 각자 계산한다. 따라서 부부 각자 전세보증금이 3억원을 넘지 않으면 간주임대료는 없다.

주택 임대소득에 대한 과세

<table>
<tr><th>구분</th><th>월세</th><th>전세보증금
(간주임대료)</th><th>2,000만원 이하
소규모 임대소득</th></tr>
<tr><td>1주택</td><td>비과세
(단, 기준시가 12억원 초과 주택은 과세)</td><td rowspan="2">비과세</td><td rowspan="3">2014~18년 비과세,
2019년부터
분리과세 선택 가능</td></tr>
<tr><td>2주택</td><td>과세</td></tr>
<tr><td>3주택 이상</td><td>과세</td><td>간주임대료 과세
(소형주택은 제외)</td></tr>
</table>

질문 H씨 부부는 거주주택 1채와 임대주택 2채를 가지고 있다. 임대주택 2채는 부부 각각 단독명의인데, 하나는 전세보증금이 2억원이고, 다른 하나는 3억원이다. H씨의 간주임대료는 얼마일까? (단, H씨 부부는 소형주택은 없다.)

H씨 부부는 부부 합산 3주택이기 때문에 전세보증금의 간주임대료 과세대상이다. 만약 임대주택 2채 모두 H씨 단독명의라면, 3억원을 초과하는 보증금에 대해서 간주임대료가 나왔을 것이다. 그런데 H씨 부부는 임대주택을 각각 1채씩 가지고 있고, 각자 임대

보증금이 3억원이 안 되기 때문에 간주임대료가 없으며 종소세가 과세되지 않는다.

주택임대 종소세 체크리스트

① 임대소득에 대한 종소세는 주택 수를 계산할 때 부부 합산한다.
② 주택이 부부 합산 1채인 경우, 기준시가 12억원 이하 주택의 임대수입은 종소세가 비과세 된다.
③ 기준시가 12억원 초과 주택 1채, 또는 2주택 이상의 월세 임대수입은 과세된다.
④ 주택이 3채 이상이고, 부부 각자가 받은 보증금이 3억원을 초과하면, 보증금에 대한 간주임대료가 발생한다.
⑤ 간주임대료에서 주택 수를 계산할 때는 소형주택은 제외한다. 즉, 부부 합산 주택이 3채인데 그중 1채는 소형주택이라면, 간주임대료를 계산할 때 2채가 되어 간주임대료 대상이 아니다.

06
임대수입 연 2,000만원 이하인 경우

2014년부터 2018년까지는 주택 임대수입이 연 2,000만원 이하이면 비과세여서 종소세를 내지 않아도 되었다. 하지만 2019년부터는 비과세가 되지 않는다. 따라서 2020년 5월 신고분부터는 임대수입이 연 2,000만원 이하여도 종소세를 신고하고 납부해야 한다.

임대수입이 연 2,000만원 이하라면, 분리과세와 종합과세 중에서 하나를 선택할 수 있다.

분리과세와 종합과세, 무엇을 선택할까?

분리과세란 특정 소득을 종합소득에 합산하지 않고 별도로 과세하는 것을 말한다. 소득세는 소득이 높을수록 오르는 누진세이므로, 일반적으로 분리과세가 세금 부담이 적다. 하지만 다른 소득이 거의 없어 종합과세가 오히려 유리하다면 종합과세를 선택해도 된다. 즉, 둘 중에 세금이 더 적게 나오는 것으로 선택하면 된다.

분리과세를 선택할 경우, 임대주택 등록 여부에 따라 필요경비율과 공제율이 달라진다. 임대주택으로 등록했다면 필요경비율 60%와 기본공제 400만원, 임대주택으로 등록하지 않은 경우에는 필요경비율 50%에 기본공제 200만원만 공제해 준다. 단, 기본공제 400만원, 또는 200만원은 분리과세 주택임대소득을 제외한 종합소득금액이 2,000만원 이하인 경우에만 공제된다. 여기에 세율 14%를 곱하면 임대소득에 따른 세금이 나온다.

질문 P씨는 연 주택 임대수입이 1,000만원이고 주택 임대사업자로 등록했다. 종소세가 얼마나 나올까?(단, P씨는 주택임대소득 외의 다른 종합소득은 없다.)

임대수입에서 필요경비로 60%를 빼주고, 기본공제로 400만원을 공제한 다음에 세율 14%를 곱하면 된다. 계산해 보면 P씨는 종소세를 한푼도 안 내도 된다.

임대소득세 = {임대수입−필요경비(60%)−400만원} × 세율(14%)

P씨의 임대소득세 = {1,000만원−(1,000만원×60%)−400만원} × 세율(14%)
= 0원

종소세 감면되는 임대주택

기준시가 6억원 이하, 전용면적 85㎡ 이하이며 임대주택으로 등록한 경우는 종소세를 감면받을 수도 있다. 4년 단기임대주택으로 등록하면 세액의 30%, 8년 이상 장기임대주택으로 등록*하면 75%를 감면해 준다(감면세액의 20%는 농어촌특별세로 부과). 다만, 2020년 7월 11일 이후 등록 신청한 단기임대주택 또는 장기임대주택 중 아파트는 감면받지 못한다.

2021년부터는 임대주택을 2채 이상 임대하는 경우 감면율이 축소되었다. 4년 단기임대주택인 경우 세액의 20%, 8년 장기임대주택인 경우 세액의 50%를 감면**해 준다. 단, 임대기간 동안 임대료 인상률 5% 상한을 지켜야 한다.

임대주택 등록/미등록에 따른 임대소득세 비교(분리과세의 경우)

구분	임대주택 등록	임대주택 등록 안 한 경우
임대수입금액	20,000,000원	20,000,000원
필요경비율	60%	50%
공제금액***	4,000,000원	2,000,000원
과세표준	4,000,000원	8,000,000원
세율	14%	14%
산출세액	560,000원	1,120,000원
세액감면율	50%	–
농어촌특별세	56,000원	–
결정세액	336,000원	1,120,000원

필요경비율 낮다.
공제금액이 적다.
세액 감면을 안해준다.
절세

* 2020년 8월 18일 이후 등록 신청분부터: 10년

** 소득세를 감면받은 경우 '감가상각의제' 규정이 적용된다. 따라서 향후 임대주택 매도 시 양도세가 증가할 수 있으니 세액감면을 받는 것이 오히려 불리할 수 있다는 점을 알아두자.(사전법령해석소득 2020-233, 2021.3.09.).

*** 분리과세 주택임대소득을 제외한 해당 과세기간의 종합소득이 2,000만원 이하인 경우에 공제를 해준다.

07
임대수입 연 2,000만원 초과인 경우

주택 임대수입이 연 2,000만원을 초과하면 다른 소득과 합산하여 종합과세로 신고해야 한다. 종합과세는 분리과세보다 신고가 복잡한데, 크게 추계신고와 장부작성으로 나눌 수 있다.

추계신고란?

일반적으로 사업자는 매출과 실제로 발생한 비용을 장부로 작성하여 이익에 대해 세금을 내야 한다. 임대사업자도 마찬가지다. 하지만 장부를 작성하지 않아도 국세청에서 정하는 경비율만큼은 비용으로 인정받을 수 있다. 이렇게 장부를 작성하지 않고, 정해진 경비율만큼만을 경비처리하여 신고하는 것을 '추계신고'라고 한다. 말 그대로 추정하여 계산하는 신고라는 의미이다.

추계신고의 방법에는 단순경비율과 기준경비율이 있다.

추계신고
추정해서 계산해 신고한다

단순경비율 기준경비율

단순경비율이 유리하다

업종별로 차이는 있지만, 일반적으로 단순경비율은 기준경비율보다 훨씬 높다. 가령 일반주택임대업(업종코드: 701102)의 경우 단순경비율은 42.6%이고, 기준경비율은 17.2%이다. 경비율이 높을수록 비용으로 차감을 많이 해주며, 소득금액이 그만큼 줄어들어 결국 세금이 적게 나온다. 따라서 경비율이 높은 단순경비율을 적용받는 것이 유리하다.

임대소득 높으면 기준경비율

임대소득자가 단순경비율과 기준경비율을 맘대로 선택할 수 있는 것이 아니다. 세법에서 수입금액에 따라 정해 놓았다.

① 해당 연도에 신규 사업자라면, 첫해 수입금액이 7,500만원보다 적으면 단순경비율을 적용한다.

② 신규 사업자가 아니라면, 작년 수입금액이 2,400만원보다 적어야 단순경비율을 적용한다.

③ 만약 작년 수입금액이 2,400만원 이상이면 기준경비율을 적용한다.

기준경비율 신고의 장단점

기준경비율로 신고할 경우 장부작성의 번거로움을 피할 수 있다. 하지만 기준경비율 신고 시 다음과 같은 단점이 있다.

① 매입비용과 임차료, 인건비는 실제 지출된 증빙이 있어야 경비로 차감해주며, 지출을 증빙하지 못하면 수입금액의 겨우 17.2%만 비용으로 인정받게 된다.
② 전년도 수입금액이 4,800만원 이상인데 장부를 작성하지 않고 추계신고를 하면, 무기장 가산세(산출세액의 20%)가 부과된다. 수입이 많으면서도 장부를 작성하지 않고 추계신고를 하면 불이익을 주겠다는 세무당국의 의지가 보이는 지점이다.
③ 특히 전년도 수입이 7,500만원 이상인 복식부기 의무자가 기준경비율로 추계신고를 하면, 기준경비율의 반(17.2%×0.5)만큼인 8.6%만 경비로 인정받을 수 있으므로 매우 불리하다.

신규사업자 임대수입 연 7,500만원 미만인 경우

질문 O씨는 올해 주택임대사업을 시작했는데, 임대수입이 7,000만원이고 필요경비는 1,000만원 가량이다. 장부를 기장해서 신고하는 것이 유리할까?

신규 사업자는 첫해 수입이 7,500만원보다 적으면 단순경비율로 신고해도 된다. 일반 주택임대사업의 단순경비율은 42.6%이다. 따라서 O씨는 수입 7,000만원의 42.6%인 2,982만원을 필요경비로 인정받을 수 있다. 실제 경비가 단순경비율보다 적으므로 단순경비율로 신고하는 것이 유리하다.

단순경비율 신고 대상이라면, 대개는 단순경비율로 신고하는 것이 실제 경비로 신고하는 것보다 세금을 줄일 수 있다. 따라서 신규 사업자로서 수입이 연 7,500만원 미만이거나, 또는 기존 사업자로서 전년도 수입이 2,400만원 미만이라면 단순경비율로 신고하는 것이 좋다.

신규 사업자의 수입 7,000만원, 단순경비율 vs. 장부 작성

구분	추계_단순경비율	장부작성_실제 경비
수입금액	70,000,000원	70,000,000원
(-)필요경비	29,820,000원	10,000,000원
(=)소득금액	40,180,000원	60,000,000원

단순경비율 유리!

08

임대수입 장부 작성 5가지 질문

장부 작성 필요한 경우는?

질문 W씨는 작년 주택임대수입이 5,000만원이었고, 올해도 5,000만원 발생했다. 필요경비는 1,000만원 가량이다. 장부를 기장해서 신고하는 것이 유리할까?

W씨는 장부 작성이 유리하다. 주택임대수입이 5,000만원인 W씨가 추계로 신고할 경우 수입금액에 기준경비율을 곱한 만큼을 경비로 인정받을 수 있는데, 계산해 보면 860만원이 나온다. 하지만 장부를 작성해서 실제 쓴 경비를 인정받는다면 1,000만원을 차감할 수 있다. 게다가 전년도 수입금액이 4,800만원 이상인데 추계로 신고하면, 무기장 가산세(산출세액의 20%)를 추가로 내야 한다. W씨는 전년도 임대수입이 5,000만원으로 복식부기 의무자 기준인 7,500만원 미만이다. 간편장부를 작성해도 되지만, 만약 복식장부로 신고한다면 기장 세액공제를 20% 받을 수 있다.

간 편 장 부 106

① 날자	② 거래내용	③ 거래처	④수 입 (매출)		⑤비 용 (원가관련매입포함)		⑥고정자산 증감(매매)		⑦ 비고
			금 액	부가세	금 액	부가세	금 액	부가세	

임대수입 5,000만원, 추계와 장부 작성 비교

구분	추계_기준경비율	장부 작성_실제 경비
수입금액	50,000,000원	50,000,000원
(-)필요경비	8,600,000원	10,000,000원
(=)소득금액	41,400,000원	40,000,000원

기준경비율 17.2% 적용

실제경비

장부 작성 유리

간편장부와 복식장부가 뭐지?

장부란 수입금액과 필요경비들을 기록해 놓은 것이다. 장부의 종류에는 간편장부와 복식장부가 있다.

전년도 수입이 7,500만원 미만이면 간편장부로 신고할 수 있다. 세무당국에서 수입이 적은 편이니 간단한 약식장부로 신고해도 된다는 것이다. 하지만 전년도 수입이 7,500만원 이상이면 정식 장부인 복식부기에 의한 장부로 신고해야 한다. 간편장부나 복식부기는 일반인이 직접 작성하여 신고하기는 어렵고, 대부분 세무 전문가에게 맡겨 신고한다.

결과적으로 주택 임대수입이 연 2,000만원을 초과해 종합과세 대상이라면, 본인의 수입금액에 따라 장부 작성과 추계에 따른 종소세를 비교하여 유리한 쪽으로 신고하면 되는 것이다.

수입금액별 임대수입 신고의무

전년도 수입금액	0~2,400만원 미만	2,400만원 이상 ~4,800만원 미만	4,800만원 이상 ~7,500만원 미만	7,500만원 이상
추계신고	단순경비율 (신규 7,500만원 미만)	기준경비율		
장부 의무	간편장부			복식부기
무기장 가산세	X		○	
기장 세액공제	○			X

무기장 가산세와 기장세액공제

세법에서는 수입금액에 따라 장부 작성을 요구하는데 이를 어기면 무기장 가산세를 내야 한다. 전년도의 수입금액이 4,800만원 이상이면 간편장부 대상인데, 기준경비율에 따라 추계신고를 하는 경우 무기장 가산세로 산출세액의 20%를 내야 한다. 복식부기 의무자가 장부를 기록하지 않은 경우에도 마찬가지로 무기장 가산세를 내야 한다.

한편, 간편장부 대상자가 복식부기에 따라 기장한 경우 기장세액공제를 산출세액의 20%로 해준다. 간편장부로 해도 되는데 복식부기로 기장한 것이므로 성실신고에 대한 혜택이라 할 수 있다.

장부 작성 시 필요경비로 인정받는 것은?

• 공동사업장의 차입금 이자와 건강보험료

공동사업자의 경우에는 공동사업장을 1거주자로 보아 공동사업장별로 소득금액을 계산한다.

공동사업에 출자하기 위해 빌린 돈에 대한 이자는 비용으로 인정되지 않는다.

또한 공동사업장의 대표자 및 구성원이 부담하는 지역건강보험료는 공동사업장의 필요경비로 인정해 주지 않는다.

장부를 작성하면 주택임대사업과 관련된 비용을 필요경비로 인정받을 수 있다. 그 임대주택을 취득하는 데 들어간 대출이자*, 보증금을 돌려주느라 대출받은 돈의 이자, 재산세, 건강보험료, 도배·장판·전등·화장실 수리비 등과 같은 수선비, 임대차계약 시 발생하는 중개수수료 등이다.

감가상각비 절세의 기술

필요경비 중 건물 감가상각비는 주의해야 한다. 임대수입을 계산할 때 건물 감가상각비를 필요경비로 빼면, 나중에 이 주택을 팔아 양도세를 낼 때는 필요경비로 인정받지 못한다.

예를 들어 건물을 2억원에 샀는데, 임대소득세를 신고할 때 감가상각비 6,000만원을 필요경비로 처리했다고 하자. 이 경우 나중에 양도세를 계산할 때 취득가액이 2억원이 아니라 6,000만원을 차감한 1억 4,000만원이 된다. 취득가액이 낮아지니 결국 양도차익이 늘어나 양도세가 많이 나온다.

일반적으로 매년 발생하는 임대소득보다는 부동산을 팔 때 발생하는 양도소득이 크다. 따라서 감가상각비는 소득세에서 비용으로 처리하기보다는, 팔 때 필요경비로 온전히 차감받는 것이 유리하다.

09
임대수입 추적 강화에 대비하자

가끔 이런 말을 하는 투자자를 만나게 된다.

"주변에서 임대소득에 대해 세금을 내는 사람을 거의 못 봤어요. 임대주택으로 등록하지 않으면 임대소득이 노출되지 않을 것 같은데요……. 저도 임대주택으로 등록하지 않고 종소세를 안 내도 될까요?"

국토교통부는 주택임대차정보시스템(RHMS)을 개발하여 정부 부처간 흩어져 있는 임대주택 관련 정보들을 총망라하고 있다. 이 시스템을 통해 임대주택 등록 여부에 관계없이 임대 여부를 파악할 수 있게 되었으니 주의해야 한다.

임대주택 등록 안해도, 이제 세무당국은 알 수 있다

집주인이 임대주택으로 등록하지 않은 주택이라도, 세무당국은 전월세 확정일자 또는 월세 세액공제 정보로 임대 여부를 확인할 수 있다. 또한 이러한 정보가 없는 주택은 전기사용량으로 공실 여부를 판단하여, 공실이 아닌 경우에는 임대한 것으로 추정하게 된다.

전월세 확정일자나 월세 세액공제 자료가 있으면 신고 내용을 임대소득으로 본다. 만약 이러한 정보가 없다면 한국감정원이 작성한 주택 유형·지역·규모별 전세금 수준을 기준으로 임대료를 추정한다.

2019년부터 주택임대소득에 대해 전면과세가 실시된 데다가, 주택임대차정보시스템으로 정밀한 조사가 가능해졌다. 따라서 임대주택으로 등록하지 않았다고 해서 임대소득을 누락했다가는, 나중에 원래 내야 할 세금을 납부하는 것은 물론이고 가산세까지 맞을 가능성이 커졌다.

게다가 2021년 6월 1일부터 전월세 거래도 주택 매매처럼 계약일로부터 30일 안에 신고하는 것을 의무화하는 '전월세 신고제'가 시행되었다.

2021년 6월 1일 이후 최초로 주택임대차계약을 체결하거나 변경하는 경우에 적용되며, 신고내용은 계약 체결 시 해당 임대차계약 당사자의 인적사항, 임대차 대상 주택사항, 보증금 등 임대차 계약내용 및 임차인의 계약갱신 요구권 사용 여부 등이다. 신고 대상 금액은 보증금이 6,000만원 또는 월 임차료가 30만원을 초과하는 경우다. 모든 지역에 해당되는 것이 아니라 수도권 전역(서울, 경기도, 인천), 광역시, 세종시 및 도의 시 지역에 한한다.

신고누락 시 미신고 기간과 계약금액에 따라 4만원에서 100만원의 과태료가 부과되며 임대차계약을 허위로 신고하면 100만원의 과태료가 부과된다.* 이 제도가 시행됨에 따라 주택 임대소득은 전부 노출된다고 보면 된다.

* 2021년 6월 1일~2024년 5월 31일까지는 계도기간으로 이 기간중에는 과태료가 부과되지 않는다.

주택임대차정보시스템(RHMS) 개요

국토교통부, 행정안전부, 국세청 등이 보유한 임대차 계약정보, 주택 소유 정보, 가격정보 등을 연계하여 임대주택 현황, 임대사업자의 임대소득 등을 실시간 파악할 수 있다.

임대차 계약정보		소유정보		자가 여부	가격정보	공실 여부
국토부	국세청	국토부	행안부	행안부	국토부	국토부
• 지자체 임대 등록 자료 • 확정일자 신고자료	• 월세세액 공제자료 • 주택임대 사업자 등록자료	건축물대장 소유정보	재산세 대장	주민등록 자료	• 공시가격 시스템 • 실거래가 신고자료	건축물 에너지 정보

주택임대소득자, 사업자등록 안하면 가산세 낸다

"저와 같은 경우에도 임대사업자 등록을 해야 되나요?"

2020년부터는 주택 임대소득자에게 사업자등록을 의무화했고, 사업자등록을 하지 않는 경우 수입금액의 0.2%만큼의 가산세가 부과된다.

① 사업자등록은 언제까지?

사업자등록은 임대 개시일로부터 20일 이내에 하면 된다.

② 사업자등록을 해야 하는 대상은?

주택임대소득이 있는 사람은 사업자등록을 해야 한다. 즉, 부부 합산 기준시가 12억원을 넘는 1주택자, 또는 월세 수입이 있는 2주택 이상자, 3주택 이상이면서 보증금 합계가 인당 3억원을 초과해 간주임대료 대상인 사람은 사업자등록을 해야 한다.

③ 사업자등록을 하는 방법은?

인터넷 국세청 홈택스(www.hometax.go.kr) 사이트, 또는 세무서에 직접 방문해 신청할 수 있다.

렌트홈의 사업자등록과 무엇이 다른가?

임대사업자 등록은 사람들이 가장 많이 궁금해 하며 질문하는 부분 중 하나이다.

먼저 사업자등록은 '민간임대주택에 관한 특별법'에 따라 구청에 하는 임대사업자등록, 그리고 '소득세법'에 따라 세무서에 하는 사업자등록이 있다.

렌트홈(임대등록시스템, www.renthome.go.kr)에서는 구청 임대사업자등록을 인터넷으로 할 수 있고, '국세청 사업자 신고' 란에 체크하는 경우 세무서 신고까지도 같이 할 수 있다.

임대주택에 대해 세제혜택을 받으려면 구청과 세무서에서 하는 임대사업자 등록을 모두 해야 한다. 하지만 가령 임대 개시일 당시 기준시가가 6억원(수도권 외 지역 3억원)을 넘어서 임대주택 등록을 하더라도 세제혜택을 받을 수 없는 경우, 구청에는 임대주택 등록을 하지 않고, 세무서에만 사업자등록을 하면 된다.

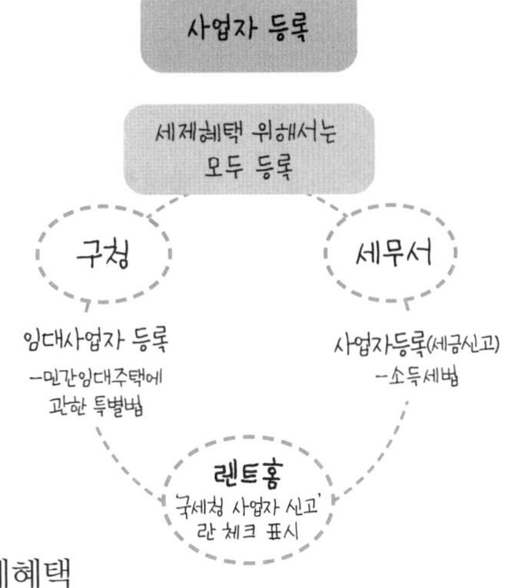

임대주택으로 구청에까지 등록하는 것은 세제혜택을 받기 위해서인데, 요건이 안 되어 어차피 세제혜택을 받을 수 없다면 등록할 필요가 없다. 구청에 등록하게 되면 여러 가지 지켜야 할 의무들이 따라오기 때문이다.

세무서에 임대사업자로 등록하는 것은 세금을 납부하기 위해 하는 것이므로, '민간임대주택에 관한 특별법'에 따른 과태료는 적용받지 않는다.

사업자등록 안 했을 경우 가산세 부담은?

주택임대사업자로 등록을 안하면 임대수입의 0.2%의 가산세를 내야 한다. 가령 월세를 연 1,200만원을 받는데 사업자등록을 하지 않은 경우 가산세는 2만 4,000원이다. 이런 경우는 가산세 부담이 큰 것은 아니다. 하지만 주택임대소득이 전면 과세됨에 따라 대상자는 사업자등록을 하는 것이 바람직할 것으로 보인다.

10 취득세 절세하기

취득원인과 물건에 따라 어떻게 다를까?

부동산을 취득할 때 내는 취득세는 취득원인과 물건에 따라 세율이 다르다. 매매·증여·상속·원시취득• 등 취득원인에 따라 다르고, 주택·토지·농지 등 부동산 유형에 따라서도 다르다.

• **원시취득**이란 어떤 권리를 다른 사람으로부터 이어받지 않고 새로 취득하는 것을 말한다. 이를테면 건물을 내 돈과 노력으로 신축했다면 소유권을 원시취득한 것이다.

주택 수에 따라 세율이 다르다

2020년 8월 12일 이후 1세대가 취득하는 2주택부터는 취득세율이 최고 12배까지 인상되었다. 이때 취득하는 주택이 조정대상지역인지 비조정대상지역인지에 따라 세율이 달라진다. 1주택자가 조정대상지역의 주택을 추가로 산다면 취득세율이 8%이고, 비조정대상지역의 주택을 추가로 산다면 1~3%이다. 2주택자가 조정대상지역의 주택을 추가로 사면 취득세율이 12%이고, 비조정대상지역의 주택을 추가로 취득하면 8%이다.

다음의 취득세율 표에서 조정대상지역 여부는 이번에 취득하는 주택의 소재지가 기준이고, 주택 수는 해당 세대가 새로 사는 주택까지 포함한 것이다.

주택 수 계산하는 세대의 개념은?

1세대란 주택을 취득하는 사람과 세대별 주민등록표 또는 등록외국인기록표 및 외국인등록표에 함께 기재되어 있는 가족(동거인은 제외)으로 구성된 세대를 말한다. 하지만 다음의 경우에는 같은 세대별 주민등록표 또는 등록외국인기록표등에 기재되어 있지 않아도 1세대로 본다.

① 배우자, 취득일 현재 미혼인 30세 미만의 자녀

② 부모(주택을 취득하는 사람이 30세 미만의 미혼인 경우에 한함)

다만, 다음 중 어느 하나에 해당하는 경우에는 각각 별도의 세대로 본다.

1. 부모와 같은 세대별 주민등록표에 기재되어 있지 않은 30세 미만의 자녀로서 주택 취득일이 속하는 달의 직전 12개월 동안 발생한 소득으로서 행정안전부장관이 정하는 소득*이 「국민기초생활 보장법」에 따른 기준 중위소득을 12개월로 환산한 금액의 40%이상이고, 소유하고 있는 주택을 관리·유지하면서 독립된 생계를 유지할 수 있는 경우(단, 미성년자 제외)
2. 취득일 현재 65세 이상의 직계존속(배우자의 직계존속을 포함하며, 직계존속 중 어느 한 사람이 65세 미만인 경우 포함)을 동거봉양하기 위하여 30세 이상의 직계비속, 혼인한 직계비속 또는 위

* 주택의 취득일이 속하는 달의 직전 12개월 동안 발생한 소득을 합한 금액으로 사업소득, 근로소득, 기타소득 및 이에 준하는 소득으로 경상적, 반복적으로 발생하는 소득을 의미한다.(비과세 소득 및 필요경비 차감)

의 소득요건을 충족하는 성년인 직계비속이 합가한 경우

3. 취학 또는 근무상의 형편 등으로 세대전원이 90일 이상 출국하는 경우로서 「주민등록법」에 따라 해당 세대가 출국 후에 속할 거주지를 다른 가족의 주소로 신고한 경우
4. 별도의 세대를 구성할 수 있는 사람이 주택을 취득한 날부터 60일 이내에 세대를 분리하기 위하여 그 취득한 주택으로 주소지를 이전하는 경우

주택 취득세 세율

구분	주택 수	세율	
개인	1주택	주택가액에 따라 1~3%	
		조정대상지역	비조정대상지역
	2주택	8%	1~3%
	3주택	12%	8%
	4주택 이상	12%	12%
다주택자가 조정대상지역 기준시가 3억원 이상 주택 증여 (그 외 증여 3.5%)		12%	
상속		2.8%(무주택자가 상속받는 경우 0.8%)	
법인		12%	

생애 최초와 출산·양육을 위한 주택 구입은 취득세 감면

생애 최초 주택 구입에 대한 취득세 감면

다음의 4가지 요건을 모두 만족한 경우 취득세가 200만원 이내이

면 전액을 면제해 주고, 200만원을 초과하는 경우 산출세액에서 200만원을 공제한다(취득자가 미성년자인 경우는 제외).

① 주택 취득일 현재 본인 및 배우자가 주택을 소유한 사실이 없는 경우로서
② 취득 당시의 가액이 12억원 이하인 주택을
③ 2022년 6월 21일부터 2025년 12월 31일까지 기간에
④ 유상거래(부담부증여는 제외)로 취득

위와 같이 취득세를 감면받은 사람이 다음의 어느 하나에 해당하는 경우에는 감면된 취득세를 추징한다.

1. 정당한 사유 없이 주택을 취득한 날부터 3개월 이내에 상시 거주를 시작하지 않은 경우
2. 주택을 취득한 날부터 3개월 이내에 추가로 주택을 취득하는 경우. 다만, 상속으로 인한 추가 취득은 제외
3. 해당 주택에 상시 거주한 기간이 3년 미만인 상태에서 해당 주택을 매각·증여(배우자에게 지분을 매각·증여하는 경우는 제외)하거나 다른 용도(임대 포함)로 사용하는 경우

출산·양육을 위한 주택 취득에 대한 취득세 감면

다음의 요건을 모두 충족하는 경우에는 그 산출세액이 500만원 이하인 경우에는 취득세를 전액 면제하고, 500만원을 초과하는 경우에는 산출세액에서 500만원을 공제한다.

① 2025년 12월 31일까지 자녀를 출산한 부모(미혼모 또는 미혼부

를 포함)가

② 해당 자녀와 상시 거주할 목적으로 출산일부터 5년 이내에 (출산일 전 1년 이내 취득 포함)

③ 취득 당시의 가액이 12억원 이하인 1주택을 취득하는 경우로서

1. 가족관계등록부에서 자녀의 출생 사실이 확인될 것
2. 해당 주택이 1세대 1주택에 해당할 것(해당 주택을 취득한 날부터 3개월 이내에 1가구 1주택이 되는 경우를 포함)

위와 같이 취득세를 감면받은 사람이 다음의 어느 하나에 해당하는 경우에는 감면된 취득세를 추징한다.

1. 정당한 사유 없이 주택의 취득일(출산일 전에 취득한 경우에는 출산일)부터 3개월 이내에 해당 자녀와 상시 거주를 시작하지 않는 경우
2. 해당 자녀와의 상시 거주 기간이 3년 미만인 상태에서 주택을 매각·증여(배우자에게 지분을 매각·증여하는 경우는 제외한다)하거나 다른 용도(임대를 포함한다)로 사용하는 경우

일시적 2주택 취득세 중과배제

만약 일시적 2주택 요건을 갖추었다면, 2주택이어도 취득세 중과세율이 적용되지 않고 1~3% 기본세율이 적용된다.

일시적 2주택이란 1주택자가 이사·학업·취업·직장이전 및 이와 유사한 사유로 다른 1주택을 추가로 취득한 경우를 말한다. 이

런 경우 3년 이내에 종전주택 등을 처분하면 일시적 2주택으로 보아서 신규주택을 취득할 때 취득세를 중과하지 않는다. 세법 개정으로 2023년 1월 12일 이후 종전주택 양도분부터는 조정대상지역이라도 동일하게 처분기한 3년이 적용된다.

취득세 중과 적용, 주택 수에서 제외되는 주택

취득세 중과세율을 적용할 때, 다음은 주택 수에서 제외해 준다.

① 공시가격 1억원 이하 주택(단, 정비구역 사업시행구역 소재 주택 제외)

② 상속 개시일•로부터 5년 이내 주택

③ 노인복지주택

④ 등록문화재주택

⑤ 가정어린이집

⑥ 주택의 시공자가 주택의 공사대금으로 취득한 미분양 주택

⑦ 농어촌주택

⑧ 사원에 대한 임대용으로 취득한 주택

⑨ 소형주택

1. 2024년 1월 10일부터 2025년 12월 31일까지 준공된 신축 소형주택을 같은 기간 내에 개인이 최초로 유상취득(상속·증여 제외)하는 경우
2. 기존에 지어진 소형주택을 2024년 1월 10일부터 2025년 12월 31일까지 등록임대사업자가 유상취득하여 60일 이내에 임대등록할 경우

• 2020년 8월 11일 이전에 상속받은 주택은 2025년 8월 11일까지는 주택 수에서 제외된다.

적용대상 소형주택은 전용면적 60㎡ 이하이면서, 취득가액이 수도권은 6억원, 그 외 지역은 3억원 이하인 다가구·다세대·연립주택·도시형 생활주택·주거용 오피스텔만 해당된다.

가령 서울에 아파트 1채와 공시가격 1억원 이하인 주택을 가지고 있는 세대가 서울 강남구에 있는 주택을 추가로 산다면 3주택 중과세율이 아니라 2주택 중과세율이 적용된다. 또한 공시가격 1억원 이하인 주택을 사면 다주택자 중과세율이 적용되지 않는다.

취득세 중과, 분양권·입주권·오피스텔은?

주택을 1채 추가로 취득하려고 할 때, 우리 세대가 주택을 몇 채 보유하고 있는지를 먼저 파악해야 한다. 그래야 이번에 살 주택에 적용되는 취득세율이 몇 %인지 알 수 있기 때문이다. 분양권과 입주권, 오피스텔도 주택 수에 포함될까?

분양권, 입주권

2020년 8월 12일 이후에 취득한 입주권은 주택 수에 포함된다.

입주권의 취득일은 언제일까? 원조합원은 관리처분계획인가 후 주택이 멸실된 날이고, 입주권을 산 승계조합원은 그 입주권을 산 날이 취득일이 된다. 즉, 원조합원은 주택 멸실일이 2020년 8월 12일 이후라면, 취득세율 산정 시 주택 수에 포함된다.

분양권 역시 2020년 8월 12일 이후에 취득한 경우 주택 수에 포함된다. 분양사업자로부터 분양권을 취득한 경우 취득일은 분양계약일이다. 이때 오피스텔 분양권은 실제 사용 전까지는 주거용인지 상업용인지가 불분명하기에 주택 수에 포함되지 않는다.

오피스텔

재산세가 주택으로 과세되는 오피스텔은 2020년 8월 12일 이후 취득한 경우 주택 수에 포함된다. 바꿔 말하면, 2020년 8월 11일 이전에 산 오피스텔, 또는 2020년 8월 12일 이후에 샀더라도 재산세가 업무용으로 과세되는 경우에는 주택 수에 포함되지 않는다. 시가표준액 1억원 이하 오피스텔도 주택 수에서 제외된다.

다주택자가 증여한 주택, 취득세율 중과

다주택자가 보유한 조정대상지역 내 기준시가 3억원 이상인 주택을 증여받으면, 취득세율이 12%로 중과된다.

가령 2주택자인 아버지한테 조정대상지역인 서울 강남구에 있는 기준시가 10억원인 주택을 증여받으면 취득세율이 12%가 적용된다. 단, 조정대상지역이라도 기준시가가 3억원 미만이거나, 비조정대상지역의 주택이라면 일반적인 증여 시의 취득세율인 3.5%가 적용된다.

그런데 2023년 1월 5일 이후 조정대상지역은 강남 3구(강남, 서초, 송파)와 용산구뿐이다. 즉, 강남 3구와 용산구를 제외한 지역은 비조정대상지역이기 때문에 다주택자가 증여해도 이제 취득세가 12% 중과세율이 아닌 3.5% 세율로 적용된다.

2023년 1월 1일 이후 증여하면 취득세 더 낸다

2022년까지는 증여로 무상취득하는 경우 취득세의 과세표준을 시가표준액으로 하였다. 예를 들어 자녀에게 아파트(매매사례가액 15억원, 공동주택 공시가격 11억원)를 증여하면 증여세는 매매사례가액 15억원에 대해 내지만, 취득세는 공시가격인 11억원에 대해 취득세율을 적용했다.

하지만 지방세법의 개정으로 2023년 1월 1일 이후 증여받는 분부터는 과세표준을 '시가인정액'인 매매사례가액, 감정가액, 공매가액 등으로 한다. 시가가 없는 경우 또는 시가표준액이 1억원 이하인 부동산에 한해서만 시가표준액을 적용할 수 있다. 따라서 2023년 이후에 증여받는 분부터는 취득세를 더 내게 되는 셈이다.

2023년 1월 1일부터 취득세도 부당행위계산부인이 적용된다

2023년부터 취득세에서 달라진 내용이 또 하나 있다.

특수관계자 사이에 부동산을 고가 또는 저가로 거래한 경우, 양도세에서는 부당행위계산부인이라는 규정이 적용된다. 특수관계자에게 일정 금액(시가와 거래가액의 차이가 3억원, 또는 시가의 5% 이상인 경우) 이상으로 싸게 팔면 실제 거래한 가액이 아니라 시가를 양도가액으로 보아 양도세를 계산하는 것이다.

그렇다면 부동산을 싸게 산 사람이 내는 취득세는 실제 매수한 금액에 대해 과세가 될까, 아니면 시가에 대해 과세될까?

2022년 말까지는 취득세에 대해 부당행위계산부인 규정이 없었다. 즉, 부동산을 싸게 취득한 사람은 실제로 취득한 금액으로 취득세를 내면 됐다. 즉, 부동산을 싸게 샀으니 취득세를 줄일 수 있었다.

하지만 2023년 1월 1일부터는 취득세에도 부당행위계산부인 규정이 적용된다. 즉, 특수관계인한테 시가인정액보다 낮은 가격으로 부동산을 취득한 경우로서 시가인정액과 사실상 취득가격의 차액이 3억원 이상이거나, 시가인정액의 5%에 상당하는 금액 이상일 때는 실제 거래가액이 아닌 시가인정액에 대해 취득세를 내야 한다.

부모한테 부동산을 저가로 취득한 경우, 2023년부터는 자녀가 내야 될 취득세에도 부당행위계산부인 규정이 적용되어 시가인정액에 대해 취득세를 내야 하니, 취득세가 높아진다는 점을 기억하자.

11

재산세 절세하기

재산세는 말 그대로 보유한 재산에 부과되는 세금으로, 매년 6월 1일을 기준으로 하여 부과된다. 주택은 7월에 산출세액의 50%, 9월에 나머지 50%가 나온다. 주택 재산세가 20만원 미만이면 분납하지 않고 7월에 모두 부과된다. 반면 상가 등은 건축물에 대한 재산세는 7월에 나오고, 토지는 9월에 나온다.

재산세는 6월 1일 현재 소유자에게 과세

재산세와 관련하여 기억할 점은 6월 1일 현재의 소유자에게 과세가 된다는 것이다. 따라서 매수자라면 6월 2일 이후에 잔금을 치르면 그해 재산세를 내지 않아도 된다. 이 경우에 매도자에게 재산세가 나온다. 반면 부동산을 파는 측이라면 5월 31일까지 잔금을 받으면 재산세가 과세되지 않을 것이다.

재산세 과세표준은 시가표준액에 적용률을 곱하여 구한다.

> ✰ **재산세 과세표준**=시가표준액×적용률

적용률은 토지 및 건축물은 70%, 주택은 60%•이다. 이렇게 구한 과세표준에 세율을 곱하면 재산세가 나온다.

• 1세대 1주택자 43~45% 적용

주택의 재산세율

주택 재산세는 누진세이다. 공시가격이 9억원 이하인 1세대 1주택자에게 0.05%P 인하한 특례세율이 적용된다.

주택의 재산세율

<table>
<tr><th>과세표준</th><th>표준세율</th><th>특례세율
(공시가격 9억원 이하 1주택자)</th></tr>
<tr><td>0.6억원 이하</td><td>0.1%</td><td>0.05%</td></tr>
<tr><td>0.6억~1.5억원 이하</td><td>6만원 + 0.6억원 초과분의 0.15%</td><td>3만원+0.6억원 초과분의 0.1%</td></tr>
<tr><td>1.5억~3억원 이하</td><td>19.5만원+1.5억원 초과분의 0.25%</td><td>12만원+1.5억원 초과분의 0.2%</td></tr>
<tr><td>3억원~3.6억원 이하</td><td rowspan="2">57만원+3억원 초과분의 0.4%</td><td rowspan="2">42만원+3억원 초과분의 0.35%</td></tr>
<tr><td>3.6억원 초과</td></tr>
</table>

1세대 1주택자의 아파트 공시가격이 6억원이라면, 공시가격 6억원에 60%를 곱하면 과세표준은 3억 6,000만원이다. 이 과세표준에 특례세율 0.35%를 곱하고 42만원을 더하면 재산세는 63만원이다.

✩ **주택 재산세**$=\underbrace{(\text{시가표준액}\times 60\%)}_{\text{과세표준}}\times\text{재산세율}$

$=(3\text{억 }6{,}000\text{만원}-3\text{억원})\times 0.35\%+42\text{만원}=63\text{만원}$

12 다주택자 건강보험료 체크하기

임대사업자 등록하려니 건강보험료 걱정이다

"저는 직장에 다니는 딸의 피부양자로 되어 있어 건강보험료를 안 내는데요. 이번에 주택임대사업자로 등록하면 건강보험료가 많이 나오는 것은 아닌지 걱정입니다."

상담을 하면서 자주 듣는 말이다. 건강보험은 직장가입자의 피부양자가 되면 보험료를 내지 않고도 유지할 수 있다. 피부양자의 요건은 2018년 7월부터 1단계 개편으로 강화되었고, 2022년 9월 2단계 개편이 시행되었다.

피부양자 3가지 요건 알아보기

관계요건

직장가입자의 부양가족이란 배우자 또는 부모(배우자 부모 포함), 자녀(배우자 자녀 포함), 형제·자매이다. 단, 형제·자매는 만 30세 미만이거나 만 65세 이상, 또는 장애인으로서 미혼일 때만 인정된다.

직장 가입자의 피부양자 요건

관계요건	직장가입자의 부양가족 (배우자, 자녀, 부모, 배우자의 부모 및 자녀, 형제·자매) 단, 형제·자매는 만 30세 미만, 만 65세 이상, 장애인인 경우로서 미혼
소득요건 (모두 만족해야 함)	• 사업자등록이 되어 있다면 사업소득이 없을 것 • 사업자등록이 없는 사업자라면 사업소득의 합계액이 연간 500만원 이하 • 사업자가 아니라면 소득(이자·배당·사업·근로·연금·기타)의 합계액이 연 2,000만원 이하
재산요건 (어느 하나에 해당해야 함)	• 재산세 과세표준의 합이 5.4억원 이하 • 재산세 과세표준의 합이 5.4억원 초과, 9억원 이하일 경우엔 소득의 합계액이 연간 1,000만원 이하 • 재산세 과세표준의 합이 1.8억원 이하(형제·자매일 경우에 한함)

소득요건

직장가입자의 부양가족은 다음 소득요건을 모두 만족해야 한다.

① 사업자등록이 되어 있다면 사업소득금액이 0인 경우에 한해서 피부양자가 될 수 있다.(주택임대소득은 사업자등록 관계없이 소득이 있으면 피부양자에서 제외된다.)

② 보험판매인이나 학원강사 등 사업자등록이 없는 사업자•라면, 사업소득금액이 연 500만원 이하여야 한다.

③ 사업자가 아니라면 연소득••이 2,000만원 이하여야 한다.

• 보험판매인이나 작가, 학원강사 등은 사업자등록이 없이 사업을 할 수 있다.

•• 여기서 말하는 소득이란 이자·배당(연간 1,000만원 이상인 경우에 한함)·사업·근로·연금·기타소득을 모두 합한 금액이고, 비과세소득은 제외한다.

재산요건

소득요건을 만족하더라도 재산이 많으면 피부양자가 될 수 없다. 피부양자는 과세기준일(6월 1일) 현재 토지·건물·주택·선박 등 재산세 과세표준의 합이 5억 4,000만원 이하여야 한다. 과세표준이

5억 4,000만원 초과~9억원 이하라면 소득이 연간 1,000만원 이하여야 한다.

재산세 과세표준은 토지 및 건축물은 기준시가의 70%, 주택은 기준시가의 60%•이다. 주택의 경우 과세표준이 5억 4,000만원 이하가 되려면 기준시가가 9억원 이하여야 하고, 과세표준이 5억 4,000만원 초과, 9억원 이하인 주택은 기준시가로는 9억~15억원 정도로 보면 된다.

• 1세대 1주택자 43~45%

질문1 K씨는 65세로 사업자등록이 없으며, 공무원연금으로 연간 2,300만원 가량을 받고 있다. 재산은 아내와 공동명의인 아파트 1채가 있는데, 공동주택 공시가격은 8억원이고 시가는 12억원이다. 직장인인 아들의 피부양자가 될 수 있을까?

K씨는 아들의 피부양자가 될 수 없다. 연간소득이 2,000만원을 넘었기 때문이다. 2022년 9월부터는 연간소득이 2,000만원을 넘으면 피부양자에서 제외된다. 소득요건 또는 재산요건 중 하나라도 만족하면 피부양자에서 제외된다.

질문2 M씨는 작년에 상가를 구입해서 임대수입이 생겨 지역가입자로 전환되었다. 이때 전업주부인 아내만 아들의 직장건강보험에 피부양자로 올라갈 수 있을까?

불가능하다. 피부양자의 소득요건은 기혼자는 부부 모두 요건을 충족해야 한다. 따라서 K씨가 소득요건을 충족하지 못해서 지역가입자가 되면 그 아내도 지역가입자가 된다. 지역건강보험료는 세대원의 재산 및 소득까지 모두 합산되어 세대주에게 부과되므로, 아내가 재산과 수입이 있다면 지역건강보험료가 더욱 높아질 것이다.

반면, 피부양자의 재산요건은 각자 적용된다. 부부 중에 한 명이 충족하지 못해도 그 배우자는 피부양자가 될 수 있다.

임대주택 등록, 건강보험료 어떻게 달라질까?

주택임대사업자는 사업소득금액이 없어야만 피부양자가 될 수 있다. 만약 임대수입이 1,000만원*을 넘는다면, 임대주택을 등록한 다음 해 11월부터 지역가입자로서 건강보험료를 내야 한다.

* 임대수입 1,000만원에서 필요경비 60%인 600만원과 기본공제 400만원을 빼면, 과세되는 사업소득금액이 0원이 된다(단, 임대주택 등록을 하고 다른 종합소득금액이 2천만원 이하인 경우를 가정한 계산임).

2019년부터는 2,000만원 이하의 주택임대수입도 분리과세로 과세되었다. 따라서 주택임대소득이 있는 사람은 2020년 11월부터는 건강보험료가 부과되었다.

정부에서는 임대주택사업자에게 건강보험 관련 혜택을 준다. 2020년 말까지 등록한 연 2,000만원 이하 분리과세 대상 사업자에게만 해당된다. 단기임대주택 등록자는 임대의무기간 동안 건강보험료 인상분에 대해 40%를 감면해 주고, 8년 장기임대주택 등록자라면 80%를 감면해 준다.

알뜰신잡
부동산 상식

임대사업자 등록,
내 지역 건강보험료 얼마일까?

많은 사람들이 임대사업자로 등록하면 지역 건강보험료가 얼마나 나올지 궁금해 한다. 국민건강보험 사이트에서 계산해 볼 수 있다.

1. 국민건강보험 사이트(www.nhis.or.kr)에 접속한다.
2. 화면 중앙에 있는 〈보험료 계산기〉를 클릭한다.
3. 4대 보험료 계산하기 화면이 열린다. 여기에서 〈지역보험료 모의계산하기〉를 클릭한다.

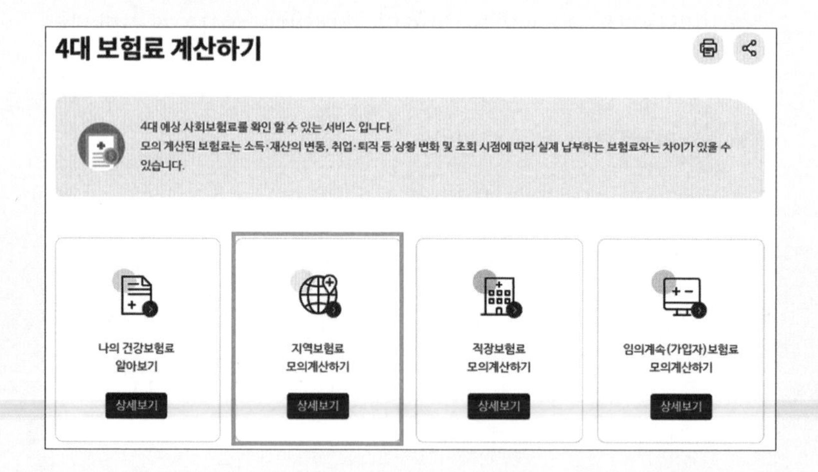

4. 이제 '지역보험료 모의 계산하기' 화면이 열린다. 세대 전체(직장가입자와 그 피부양자는 제외)의 소득금액과 재산금액을 입력하고, 세대 전체의 자동차 관련 정보도 입력한 후 〈계산하기〉를 누르면 된다.

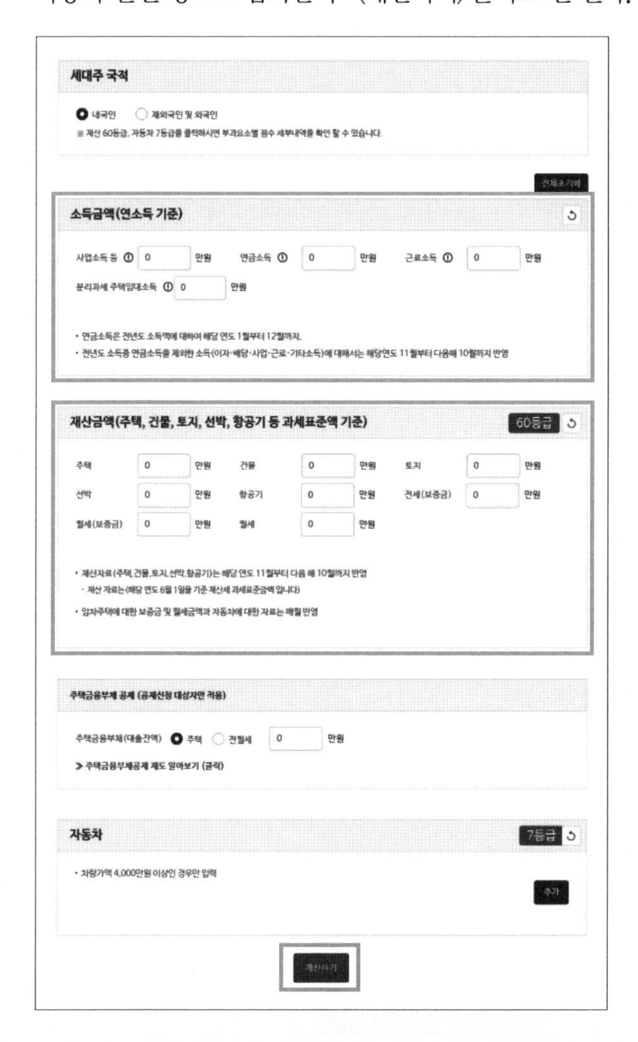

이은하 세무사의
현장 목소리

이제 부동산 신탁에 맡겨도 소용없다

다주택자들은 그동안 종부세 등 부동산 관련 세금을 아끼기 위해 부동산 신탁을 이용하는 경우가 많았다.

2020년까지는 보유한 주택을 부동산 신탁에 맡기면, 수탁자인 은행이나 증권회사 등이 종부세 납세의무자가 되었다. 그래서 다주택자들이 주택 수를 줄이고 누진세율을 낮출 목적으로 주택을 신탁에 맡기는 사례가 많이 생겼다.

이렇게 세금을 회피하는 사례들이 생기자, 정부는 2021년부터는 신탁에 맡겨도 종부세는 원래 소유자(위탁자)에게 부과되도록 세법을 개정했다. 즉, 2021년부터는 부동산 신탁에 맡긴 주택의 소유자가 납세의무자가 된다. 따라서 이제 부동산 신탁에 맡겨도 종부세를 절세할 수 없다.

이은하 세무사의
현장 목소리

이런 임대사업자, 국세청이 눈여겨본다

국세청은 2020년 11월 고가·다주택 임대사업자(기준시가 9억원* 초과 주택임대 또는 3주택 이상 보유자) 3천 명의 세무검증을 실시한 바 있다. 국세청이 당시 발표한 자료를 보고 주의하자.

① 고액 월세 임대: 국세청은 전월세 확정일자, 월세 현금영수증, 전세권·임차권 등기, 임대차계약 신고(민간임대주택법) 등을 통해 임대자료를 분석했다. 이를 통해 고액 월세를 받았으나 실제 신고수입금액과 차이가 많은 경우를 주택임대소득 탈루 혐의가 있다고 보아 이런 임대사업자를 검증대상으로 선정했다.
② 고가·다주택 임대: 임대자료 분석을 통해 수입금액(월세+간주임대료)을 파악하고, 신고수입금액이 크게 차이나서 주택임대소득 탈루 혐의가 있는 임대사업자를 검증했다.
③ 외국인 임차: 외국인에게 주택을 임대했으나 주택임대소득 탈루 혐의가 있는 임대사업자를 검증대상으로 선정했다. 이를 위해 외국인 근로자의 국내 체재비 지원 자료를 수집·분석하여 신고수입금액과 차이가 큰 경우를 파악했다.
④ 빅데이터 분석: 전월세 확정일자 등 임대자료가 없는 경우에도 빅데이터 분석을 통해 탈루 혐의가 있는 임대사업자를 검증대상으로 삼았다.

• 2023년 소득분부터는 12억원으로 개정됨

부부 공동명의 특례 신청, 내게 유리한지 알아보기

부부 공동명의 1주택자가 공동명의 1주택자 특례를 신청하는 것이 유리한지는 주택의 공시가격, 보유 지분율, 소유자의 연령, 보유기간에 따라 다르다. 따라서 각자의 상황에 따른 세부담을 미리 검토해보고, 공동명의 1주택자 특례가 유리하면 9월 16일에서 9월 30일 기간에 신청해야 한다.

국세청 홈택스 '종합부동산세 간이세액계산' 서비스를 이용해서 모의계산을 해보면 한눈에 유불리를 파악할 수 있다.

1. 국세청 홈페이지(www.nts.go.kr)에 접속한 다음에 화면 중앙의 **자주 찾는 서비스**에서 '세금 모의계산'을 클릭한다.

2. '세금 모의계산' 페이지가 열리면 '종합 부동산세 간이세액계산' 항목의 목록 단추를 누른 다음에 '2024년 간이세액계산'을 선택한다.

3. 그러면 '종합부동산세 간이세액계산(모의계산)' 화면이 열린다. 여기서 주택의 '주택과 주택 부속토지에 대한 종합부동산세 계산' 항목의 〈계산하기〉 단추를 누른다.

4. 그러면 '(주택분) 종합부동산세 간이세액계산 입력' 화면이 열린다. 이 화면에서 공시가격을 조회하여 입력하고, 조정대상지역 여부, 재산세 감면 여부를 입력하여 등록한다. 여기서는 공시가격을 '20억원', 조정대상지역 여부는 해당되어 '여'를 선택하고, 재산세 감면 여부는 해당사항이 없어서 '부'로 입력한 다음에 〈등록하기〉 단추를 눌러보겠다.

5. 1세대 1주택 부부 공동명의인지 여부와 보유지분을 입력하는 화면이 열린다. 여기서는 '1세대 1주택(부부 공동명의 포함) 여부'에서 '여'를 선택해 보겠다. 생년월일과 연령, 취득일자, 보유기간을 입력한다. 아래에서는 본인과 배우자의 보유지분을 입력하는데, 여기서는 각각 '50%'로 입력했다. 그리고 1주택자 특례 신청 시 납세의무자로 '본인'에 체크 표시를 했다. 그런 다음에 〈간이세액 계산하기〉 단추를 누른다.

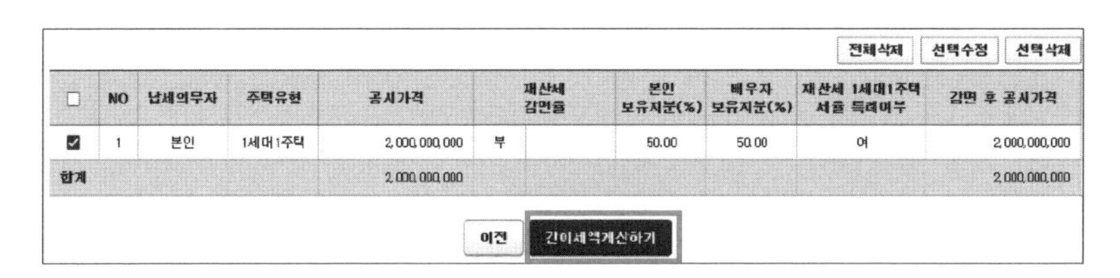

☐	NO	납세의무자	주택유형	공시가격	재산세 감면율		본인 보유지분(%)	배우자 보유지분(%)	재산세 1세대1주택 세율 특례여부	감면 후 공시가격
☑	1	본인	1세대1주택	2,000,000,000	부		50.00	50.00	여	2,000,000,000
합계				2,000,000,000						2,000,000,000

6. 이제 공동명의 1주택자 특례를 적용했을 경우와 미적용했을 경우의 세금을 모의계산을 한 결과를 볼 수 있다. 2024년에는 공동명의 1주택자 특례를 적용했을 경우, 12억원을 공제받고 세액공제를 받아서 납부세액이 약 136만원으로 나온다. 반면 공동명의 1주택자 특례를 적용하지 않은 경우, 부부가 각각 9억원씩 공제를 받아서 납부세액이 인당 약 20만원으로 합하면 약 40만원이다. 결과적으로 2024년에는 공동명의 1주택자 특례를 적용하지 않는 것이 세금을 약 100만원 정도 줄일 수 있다.

공동명의 1주택자 특례 적용(12억원 공제+세액공제 적용)

구분		금액
① (감면후)공시가격 합계		2,000,000,000
② 공제액		1,200,000,000
③ 공정시장가액비율		60%
④ 과세표준 {(①-②)×③}		480,000,000
⑤ 세 율		0.70%
⑥ 재산세공제전 종합부동산세 금액		2,760,000
⑦ 공제할 재산세액		863,999
⑧ 산출세액(⑥-⑦)		1,896,001
세액공제	⑨ 고령자	0
	⑩ 장기보유	758,400
	⑪ 합계 (한도액적용)	758,400
⑫ 종합부동산세액(⑧-⑪)		1,137,601
⑬ 농어촌특별세액(⑫×20%)		227,520
⑭ 납부할세액(⑫+⑬)		**1,365,121**

공동명의 1주택자 특례 미적용(각각 9억원씩 공제+세액공제 없음)

구분		본인 (지분율: %)	배우자 (지분율: %)	합계
① (감면후)공시가격 합계		1,000,000,000	1,000,000,000	2,000,000,000
② 공제액		900,000,000	900,000,000	1,800,000,000
③ 공정시장가액비율		60%	60%	
④ 과세표준 {(①-②)×③}		60,000,000	60,000,000	
⑤ 세 율		0.50%	0.50%	
⑥ 재산세공제전 종합부동산세 금액		300,000	300,000	
⑦ 공제할 재산세액		137,076	137,076	
⑧ 산출세액(⑥-⑦)		162,924	162,924	
세액공제	⑨ 고령자	해당없음		
	⑩ 장기보유			
	⑪ 합계 (한도액적용)			
⑫ 종합부동산세액(⑧-⑪)		162,924	162,924	325,848
⑬ 농어촌특별세액(⑫×20%)		32,584	32,584	65,168
⑭ 납부할세액(⑫+⑬)		**195,508**	**195,508**	**391,016**

※ '⑦공제할 재산세액'은 종합부동산세 과세표준에 상당하는 재산세를 공제하는 것이므로 실제 납부한 재산세와 다를 수 있습니다.

이처럼 국세청 사이트에서 모의계산을 해본 다음에 공동명의 1주택자 특례 여부를 결정하는 것이 좋다.

다주택 임대사업자의 종소세 절세법

사례 G씨 부부는 서울에 주택 4채를 소유하고 있다. 하나는 거주하고 있고, 나머지 3채는 임대를 주고 있다.

임대주택 3채 중에서 A주택은 G씨 명의로 보증금 4억원에 월세 130만원을 받고 있다. B주택은 아내 명의인데, 보증금 5억원에 월세가 90만원이다. 나머지 1채(C주택)는 보증금이 3억원으로 공동명의이다.

G씨는 그동안 주택 임대수입에 대해서는 세금 걱정을 안했는데, 이제 전부 과세된다고 하니 어떻게 과세되는지 궁금하다고 했다.

1. 주택 수를 체크하여 간주임대료 대상인지 확인한다.

먼저 G씨 부부의 소유 주택 수부터 체크하자. 이들은 주택을 4채 소유하고 있다. 3주택 이상이므로 월세뿐만 아니라 보증금에 대한 간주임대료도 과세될 수 있다.

2. 부부 합산 3채 이상일 경우, 소형주택이 있는지 체크한다.

전세보증금에 대한 간주임대료를 계산할 경우, 소형주택은 주택 수에서 제외한다. 그런데 G씨 부부는 소형주택이 없으므로 해당 사항이 없으며 여전히 4주택자로 간주임대료 과세대상이다.

G씨 부부의 주택현황

구분	소재지	주택현황	명의	보증금	월세
	서울	자가 거주	G씨		
A	서울	임대주택	G씨	4억원	130만원
B	서울	임대주택	아내	5억원	90만원
C	서울	임대주택	부부 공동명의	3억원	

3. 주택 임대수입을 계산해 보자.

월세 수입은 월세액에 임대한 개월 수만 곱하면 되니 계산이 간단하다. 사람들이 어려워하는 부분은 전세보증금에 대한 간주임대료를 구하는 것이다. 간주임대료는 보증금에서 3억원을 뺀 금액의 60%에 정기예금 금리인 2.9%•를 곱해서 계산한다. 소득세는 소유자별 과세이기 때문에 각자 보증금에서 3억원씩을 차감해 주는 것이다.

G씨 부부의 임대수입은 각자의 명의별로 계산하고, 공동명의 주택은 별도로 1거주자로 보기 때문에 따로 소득금액을 계산한 뒤에 비율로 나누어 각자 소득에 합산하면 된다.

G씨 부부의 임대수입(2023년 귀속)

구분	임대수입	계산식
G씨(A주택)	1,734만원	130만원 × 12개월 + {(4억원 – 3억원) × 60% × 2.9%}
아내(B주택)	1,428만원	90만원 × 12개월 + {(5억원 – 3억원) × 60% × 2.9%}
공동사업장(C주택)	0	(3억원 – 3억원) × 60% × 2.9%

• 2024년 소득분부터는 3.5%

G씨 부부의 임대수입은 각자 2,000만원 이하로 2014년부터 2018년까지는 비과세였다. 하지만 2019년부터는 과세대상이다.

이들의 소득이 임대수입뿐이라면 종합과세를 선택하는 것이 더 유리할 수도 있다. 하지만 다른 소득이 있다면 분리과세를 신청하는 것이 유리하다.

임대주택 등록한 경우 vs. 등록 안한 경우

임대주택으로 등록, 또는 등록을 안한 경우, 필요경비율과 공제금액이 차이가 난다. 또한 임대주택이 전용면적 85㎡ 이하이면서 기준시가가 6억원 이하라면 조특법상 세액감면도 받을 수 있다. 단, 임대료 인상률이 5% 이하여야 하고 앞서 살펴본 대로 감가상각의제규정이 적용되기 때문에 양도세까지 고려해서 세액공제를 받을지 결정해야 한다.

임대주택 3채 이상, 명의는 골고루 분산

G씨처럼 남편/아내/공동명의로 임대주택을 각각 1채씩 가지고 있다면, 공동사업장도 1거주자로 보아 임대소득을 계산한다. 따라서 간주임대료를 계산할 때, 남편/아내/공동명의 각 3억원씩 총 9억원을 공제받을 수 있다.

만약 G씨가 임대주택 3채를 모두 부부 공동명의로 가지고 있다면 어떨까? 공동사업장의 명의 구성원이 동일하면 동일한 1거주자로 본다. 따라서 이 경우에는 3억원만 공제받을 수 있어서 불리하다.

7

CHAPTER

다주택자 중과가 시행될 당시 주택 증여 건수가 크게 늘어났다. 남에게 팔아서 수억원의 양도세를 내느니, 자녀에게 증여하고 증여세를 내는 것이 더 유리하기 때문이다. 7장에서는 다양한 상황의 증여 및 부담부증여 사례를 통해 절세법을 알아보고, 세무당국의 자금출처 조사에 미리 대비하는 법도 살펴보자.

증여를 통한 양도세 절세법

01

증여세 기본기 익히기

증여세 어떻게 계산할까?

증여는 자산을 무상으로 주는 것을 말한다. 부모가 딸에게 부동산을 증여했다면, 증여를 받은 딸은 증여세를 내야 한다.

증여세는 증여재산가액에서 증여공제를 빼서 과세표준을 구한 다음, 여기에 증여세 세율을 곱하고 누진공제액을 빼서 구한다.

증여세 = (증여재산가액 − 증여공제) × 증여세 세율 − 누진공제액

(증여재산가액 − 증여공제) = 과세표준

관계에 따라 공제액 다르다

배우자가 증여를 받을 때는 6억원까지 공제된다. 예를 들어 아내에게 10년에 한 번 6억원을 증여하면 6억원이 공제되어 증여세를 한푼도 안 내도 된다.

성인 자녀는 10년에 한 번 5,000만원까지 증여공제를 받을 수 있고, 미성년 자녀는 2,000만원까지만 공제된다. 사위, 며느리,

조카와 같은 기타 친족은 1,000만원을 공제받을 수 있다.

관계에 따른 증여 공제액

관계	증여 공제금액
배우자	6억원
직계존비속	성인*: 5,000만원 미성년: 2,000만원
기타 친족	1,000만원

• 성인: 만 19세 이상

결혼 또는 출산한 (손)자녀에게 1억원 '혼인·출산 증여재산공제' 신설

결혼 또는 출산한 사람이 증여받을 때 1억원까지 공제받을 수 있는 '혼인·출산 증여재산 공제' 가 새로 도입되었다. 2024년 1월 1일 이후 직계존속인 부모님 또는 조부모님한테 증여받는 분부터 적용된다. 혼인 신고일 기준으로 이전 2년부터 이후 2년 이내 기간에 증여받거나 자녀 출생 또는 입양일부터 2년 이내에 증여받으면 공제받을 수 있다.

가령, 혼인신고일이 2023년 10월 20일이라면 2년 이후인 2025년 10월 19일까지 증여하면 혼인·출산 증여재산 공제로 1억원까지 공제받을 수 있다. 출산도 출생일(입양일)로부터 2년 이내까지 증여해야 공제받을 수 있기 때문에 2022년에 혼인신고 또는 출산을 했다면 공제를 놓치지 않으려면 2024년 중 2년이 되는 날 전까지는 반드시 증여를 해야 한다. 2024년에 혼인신고 또는 출산을 했다면 2026년 중 2년이 되는 날 전까지 증여해야 한다.

또한, 혼인과 출산 각각 1억원을 공제받을 수 있는 것이 아니라 통합해서 수증자 한 명당 1억원을 공제받을 수 있다는 점도 알아두자.

과세표준에 따라 세율 다르다

증여세는 과세표준에 따라 세율이 다르다. 다음 쪽의 표를 보면 과세표준 1억원 이하라면 증여세 세율은 10%이다. 과세표준 1억원부터 5억원 이하는 세율이 20%, 5억원 초과부터 10억원 이하는 30%, 10억원 초과부터 30억원 미만은 40%이다.

증여금액이 클수록 증여세 세율도 올라간다. 증여세 과세표준이 30억원을 초과하면 세율은 50%이다.

증여세를 계산할 때는 과세표준에 해당하는 증여세율을 곱하고 누진공제액을 빼서 계산한다. 이를테면 증여 과세표준이 3억원이라면 세율이 20%이고, 여기서 과세표준에 따른 누진공제액 1,000만원을 빼면 증여세가 나온다.

증여세 세율 및 누진공제액

과세표준	세율	누진공제액
~1억원 이하	10%	-
1억원 초과~5억원 이하	20%	1,000만원
5억원 초과~10억원 이하	30%	6,000만원
10억원 초과 ~30억원 이하	40%	1억 6,000만원
30억원 초과	50%	4억 6,000만원

질문 17세 딸에게 현금 1억원을 증여하려고 한다. 증여세는 얼마나 나올까?

증여재산가액은 1억원이고, 미성년 자녀라서 증여공제를 2,000만원 받을 수 있다. 과세표준은 증여재산가액에서 증여공제액을 뺀 8,000만원이다. 과세표준이 1억원 이하이므로 세율 10%를 적용하면 증여세가 800만원이 나온다.

증여세 신고기간

증여세 신고기간은 증여일이 속한 달의 말일로부터 3개월 이내이다. 만약 4월에 증여했다면, 그달의 말일인 4월 30일부터 3개월 이내인 7월 말일까지 신고해야 한다.

증여세를 이 기간 안에 신고하면 세액의 3%를 공제해 준다. 만약 증여세가 800만원이라면 24만원을 공제받는다.

증여세는 10년 합산한다

질문 T씨는 20대 아들에게 올해 1억원을 증여하고, 내년에 1억원을 더 증여할 생각이다. 증여세를 낼 때 각각 10% 세율을 적용받을 수 있을까?

그렇지 않다. 증여세는 증여일로부터 소급해서 10년 안에 같은 사람한테 받은 재산을 합산해서 계산한다. 이때 증여를 해주는 사람이 직계존속인 경우 그 배우자를 포함한다. 즉, 할아버지와 할머니, 또는 아버지와 어머니를 동일인으로 본다.

T씨가 올해 아들에게 1억원을 증여하면, 성인 자녀공제 5,000만원을 제하면 과세표준이 5,000만원이므로 세율 10%를 적용받는다. 하지만 내년에 아들이 T씨한테 1억원을 더 증여받으면 10년 합산 증여재산가액이 2억원이 되고, 성인 자녀공제 5,000만원을 제한 1억 5,000만원이 과세표준이 된다. 따라서 1억원을 초과하는 5,000만원에 대해서는 20% 세율을 적용받게 된다.

질문 A씨는 아버지에게 2007년, 2018년, 2021년, 이렇게 3번에 걸쳐 1억원씩 증여를 받았다. 이 경우 증여세는 어떻게 계산할까?

① A씨가 2007년에 1억원을 증여받았을 때는 이전에 증여받은 게 없다. 따라서 성인 자녀 증여공제 5,000만원을 받고 10% 세율을 적용받아서 증여세로 500만원•을 내게 된다.

• 신고세액공제(3%) 고려하지 않음

② 두 번째부터는 앞에 증여한 날짜가 10년 이내인지를 따져봐야 한다.

10년 이내에 증여한 금액이 있다면 합산해서 증여세를 계산한다. 10년 합산 과세표준이 1억원을 초과하면 누진세로 세율이 높아진다. A씨는 10년이 지나고 난 후에 증여해야 10% 세율부터 다시 시작할 수 있다.

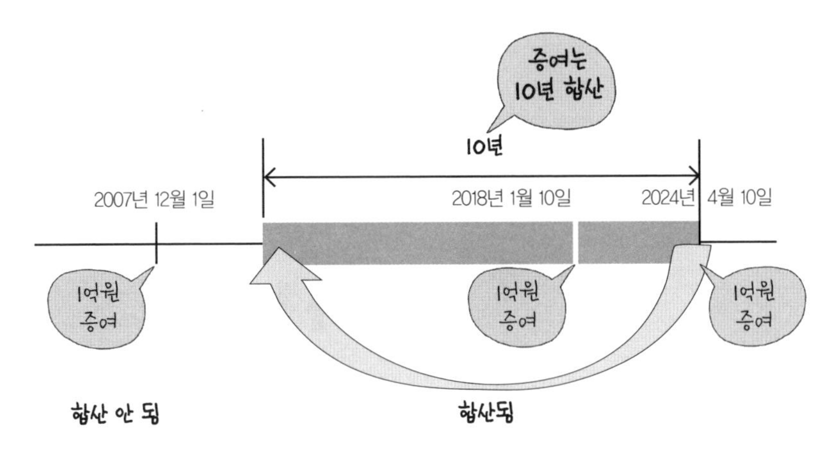

그렇다면 성인 자녀가 10년마다 1억 5,000만원씩 증여를 받는다면, 증여세를 얼마나 내면 될까?

성인 자녀 증여공제로 5,000만원을 제하면 과세표준이 1억원이 되고, 10% 세율을 적용받아 증여세를 1,000만원(신고세액공제 고려하지 않음)씩 내면 된다.

증여공제 그룹별로 10년에 한 번만

증여공제는 증여받는 사람을 기준으로 10년 안에 합산해서 한 번만 받을 수 있다.

증여공제는 그룹별로 적용된다. 증여공제 그룹이란 배우자, 직계존속, 기타 친족을 말한다. 직계존속으로부터 10년 안에 받은 금액을 전부 합산하고, 기타 친족에 속하는 사람들로부터 10년 안에 공제받은 금액을 전부 합산한다.

증여공제 그룹

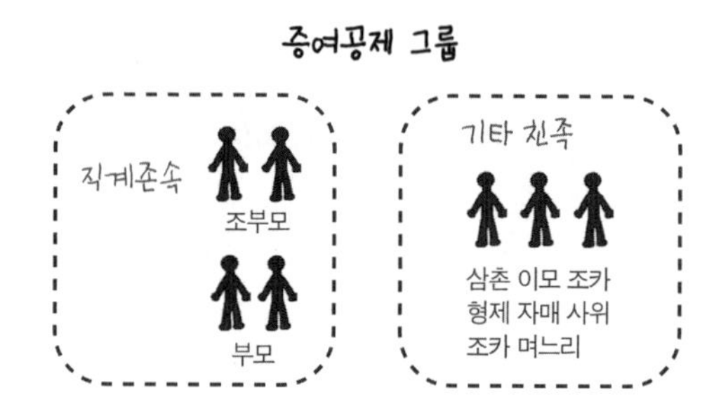

따라서 작년에 할아버지한테 증여를 받을 때 증여공제 5,000만원을 다 썼다면, 올해 아버지한테 받을 때는 증여공제를 받을 수 없다.

기타 친족 그룹도 마찬가지다. 2년 전에 이모한테 증여를 받을 때 증여공제 1,000만원을 썼다면, 올해 고모한테 증여받을 때는 공제를 받을 수 없다. 10년이 지나서 고모한테 증여받아야 1,000만원을 공제받을 수 있다.

02

부동산별 증여재산가액 계산하기

부동산을 사고팔 때는 거래 당사자들끼리 가격을 정하면 되지만, 증여는 무상으로 주는 것이므로 가격을 산정하는 기준이 따로 필요하다. 그렇지 않으면 자기들끼리 증여재산가액을 엄청 싸게 신고해 증여세를 줄일 수 있기 때문이다.

증여 부동산 가격 평가하기

증여 부동산의 가격을 어떻게 평가할까? 증여일 현재의 '시가(時價)'로 하는 것이 원칙이다.

매매사례가액뿐만 아니라 같은 기간에 감정·수용·경매·공매가 있는 경우에는 그 가격을 이용한다. 증여일 6개월 전부터 증여일 후 3개월까지 유사한 물건이 매매되었다면, 그 매매사례가액이 증여재산가액이 된다. 위에 해당되는 가액이 없는 경우에는 기준시가에 따라서 증여재산가액을 평가한다.

증여재산가액

· 매매사례가액

6개월 증여일 3개월

· 감정가/수용가/경매·공매 낙찰가

· 보충적 평가액: 기준시가

아파트보다 토지·단독주택·상가가 증여에 유리한 이유

아파트는 매매사례가액

아파트는 거래가 많기에 매매사례가액으로 신고하는 경우가 많다. 매매사례가액은 국토교통부 실거래가 공개시스템(http://rt.molit.go.kr)에서 확인할 수 있는데, 동일한 단지에 있으면서 전용면적의 차이가 ±5% 이내이고, 기준시가의 차이도 ±5% 이내인 것을 유사 매매사례가액으로 본다. 따라서 아파트 증여재산가액은 시가와 거의 비슷하다고 보면 된다.

토지, 단독주택, 상가는 기준시가

토지, 단독주택, 상가는 유사한 매매사례가액을 찾기 어렵다. 따라서 감정평가를 받지 않는 이상 기준시가로 평가한다. 수익형 부동산은 기준시가와 임대료 환산가액을 비교하여 둘 중 큰 것을 증여재산가액으로 본다. 임대료 환산가액은 다음과 같이 구한다.

임대료 환산가액 = 임대보증금 + (1년간 월세) ÷ 12%

부동산에 대한 감정평가

그런데 여기에 한 가지 변수가 생겼다. 2019년 2월 상속세 및 증여세법 시행령이 개정되어 납세자가 상속세나 증여세를 신고한 이후에도 법정 결정기한까지 발생한 매매·감정·수용가액 등으로 평가심의위원회의 심의를 거쳐 시가로 인정받을 수 있게 되었다. 법정 결정기한은 상속세는 신고기한으로부터 9개월 이내, 증여세는 신고기한으로부터 6개월 이내이다.

이에 따라 국세청은 2020년부터 부동산* 등의 상속증여 재산을 감정기관에 의뢰해 감정가액으로 평가한 다음, 재산평가심의위원회에서 심의 후 시가로 인정되면 해당 가액으로 상속세나 증여세를 결정한다.

• 시행 초기 국세청은 비주거용 부동산을 대상으로 한다고 발표한 바 있지만, 2021년 일반주택에 감정평가액으로 과세하였고 납세자가 불복하였으나 기각되었다(조심2022서7997).

주로 상가와 같은 비주거용 부동산, 지목이 대지 등으로 지상에 건축물이 없는 나대지로서 시가와 신고가액의 차이가 비교적 커서 과세 형평성이 떨어지는 물건이 대상이다.

만약 과세 관청의 평가심의위원회를 거친 후 추가 납부할 세액이 발생하는 경우에는 신고불성실 및 납부지연 가산세가 면제된다.

예전에는 평가방법의 차이로 인해서 세금을 추가로 내야 하는 경우는 과소신고 가산세는 면제되고, 납부지연가산세만 부과되었다. 하지만 2021년 1월 1일부터는 평가심의위원회의 심의를 거쳐서 재산평가액이 달라진 경우에는 납부지연가산세도 면제해 준다.

2023년 9월, 국세청은 「상속세및증여세법 사무처리규정」에 감정평가 대상을 발표하였다. 추정시가와 보충적 평가액의 차이가 10억원 이상인 경우 또는 추정시가와 보충적 평가액 차이의 비율이 10%이상인 경우, 지방국세청장 또는 세무서장이 정할 수 있도록 하였다.

다만, 위 사무처리규정으로도 납세자 입장에서 어떤 가액으로 신고할 지는 여전히 명확하지는 않은 상태다.

【참고】 상속세 및 증여세법 사무처리규정 제72조 [감정평가 대상 및 절차]

② 지방국세청장 또는 세무서장은 다음 각 호의 사항을 고려하여 비주거용부동산 감정평가 대상을 선정할 수 있으며, 이 경우 대상 선정을 위해 5개 이상의 감정평가법인에 의뢰하여 추정시가(최고값과 최소값을 제외한 가액의 평균값)를 산정할 수 있다.

1. 추정시가와 법 제61조부터 제66조까지 방법에 의해 평가한 가액(이하 "보충적 평가액"이라 한다)의 차이가 10억원 이상인 경우
2. 추정시가와 보충적 평가액 차이의 비율이 10% 이상[(추정시가-보충적 평가액)/추정시가]인 경우

03

부담부증여로 절세하기

수차례에 걸친 부동산 대책들로 다주택자들의 세금부담이 늘어나자 증여에 대한 관심이 높아졌다. 이에 따라 이런 질문을 하는 사람들이 많아졌다.

"친구들 모임에서 부담부증여를 하면 세금을 줄일 수 있다고 들었는데, 부담부증여가 뭐예요?"

부담부증여가 뭐지?

부동산에 들어 있는 대출이나 전세보증금을 같이 넘기는 조건으로 증여하는 것을 '부담부증여'라고 한다. 대출금이나 전세보증금은 나중에 증여받은 사람이 갚아야 할 부채인 셈이다.

부담부증여를 할 경우, 증여받은 사람은 무상으로 증여받은 금액만큼에 대해서 증여세를 내야 한다.

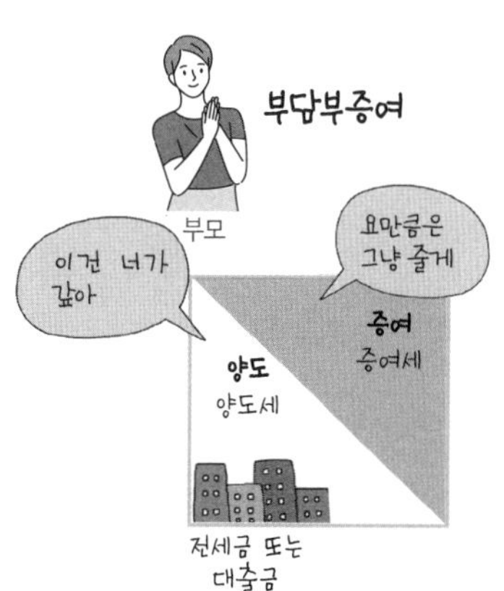

그런데 대출이나 전세보증금은 무상으로 준 것이 아니라 유상으로 넘기는 셈이다. 그래서 이 부분에 대해서는 증여한 사람에게 양도세가 과세

된다. 결국 부담부증여는 증여와 양도가 섞여 있다고 보면 된다.

부담부증여, 어떤 경우에 유리할까?

양도차익 적은 부동산
비과세 주택

양도차익 큰 부동산
다주택자 중과

흔히 부담부증여가 더 유리하다고 생각한다. 정말 그럴까?

부담부증여를 할 경우, 증여받은 자녀는 증여금액에 대해서만 증여세를 내면 된다. 증여금액이 대출금이나 전세보증금만큼 줄어드니 당연히 증여세도 적어진다.

그런데 부담부증여의 핵심은 '증여해 주는 사람이 내야 하는 양도세가 얼마인지'이다. 부담부증여를 할 경우, 대체로 부모의 양도세가 늘어난 폭에 비해, 자녀의 증여세가 더 크게 줄어들어 양측의 총 세금이 감소한다(증여세 감소액 > 양도세).

하지만 모든 경우에 그런 것은 아니다. '양도차익이 큰 부동산'이나 '양도세가 중과되는 부동산'은 양도세가 오히려 증여세 감소폭보다 클 수 있다. 즉, 부담부증여를 했을 때 양측이 내야 하는 세금이 통째로 증여했을 때보다 클 수 있다. 이런 경우 부담부증여는 오히려 독이 될 수 있다.

하지만 '양도차익이 적거나 비과세가 되는 부동산'의 경우에는 부담부증여를 하면 유리하다. 양도세보다 자녀가 내야 할 증여세가 더 많이 줄어들기 때문이다. 뒤의 〈현장사례를 통한 절세전략〉 코너에서 사례를 통해 자세히 살펴볼 것이다.

부담부증여 할 때 주의할 점

국세청에서는 차세대 국세행정시스템(NTIS)을 통해 부채를 사후 관리하고 있다. 부담부증여의 경우 부채로 신고된 금액에 대하여 부채내역과 채무 만기일 등을 체크하고, 상환기간이 지나거나 채권자에 변동이 생기거나 채무가 감소하는지 여부를 모니터링하고 있다. 부담부증여로 증여세를 덜 내고, 나중에 부모가 대출금이나 전세보증금을 대신 갚아주는 방식으로 세금을 탈루하는지 검증하기 위해서다.

따라서 부담부증여를 하고 난 후에는 반드시 자녀의 돈으로 대출이나 전세보증금을 갚아야 한다. 이때 자금출처를 입증할 수 있는 돈이어야 한다. 그래야 나중에 증여세를 추가로 내거나 탈루로 가산세를 내는 일을 피할 수 있으니 명심하자.

04

자녀에게 저가양도 한 경우

다주택자의 세금부담이 늘어나자 이런 질문을 하는 사람들도 자주 만나게 된다.

"아파트가 여러 채 있는데요. 그중 1채를 결혼한 딸에게 시세보다 꽤 싸게 팔아도 될까요?"

자녀에게 팔면 국세청은 일단 증여로 의심한다

부모가 자녀에게 부동산을 팔면, 국세청은 일단 증여로 추정한다. 하지만 무조건 증여로 보는 것은 아니다.

① 자녀가 그 부동산을 살 만한 자금출처가 있고, 실제 돈이 금융거래로 이체된 것이 확인되면 부모가 자녀에게 부동산을 판 것으로 본다.

이때 자녀는 세금으로 신고된 소득금액, 본인 소유의 재산을 처분한 돈, 상속 또는 증여로 받은 돈으로 샀다는 것을 증빙자료로 입증해야 한다.

② 또 하나 주의할 점은 '적정한 매매가로 거래했는지'이다. 제3

자에게는 급매로 아무리 싸게 팔더라도 거래관행상 정당한 사유가 있으면 증여로 보지 않는다.

하지만 부모자식, 형제 등 친족관계에서는 시가보다 너무 싸게 팔면 증여로 본다. 증여로 판단할 때의 기준은 시가의 30%, 3억원 중 작은 금액이다. 즉, 자녀에게 부동산을 팔 때, 시가와 이 정도 차이가 나면 증여로 의심한다. 이때 시가와 거래가의 차이에서 둘 중 작은 금액을 뺀 것을 증여재산가액으로 한다.

질문 O씨는 시가 17억원인 아파트를 아들에게 12억원에 팔았다. 국세청은 이 거래를 어떻게 보고 세금을 매길까?

O씨는 아들에게 시가보다 5억원 싸게 판 것이다. 이 금액은 시가의 30%인 5.1억원(17억원×30%)과 3억원 중에서 작은 금액인 3억원보다 크다. 따라서 국세청은 이 거래를 증여로 판단한다. 즉, 시가보다 싸게 판 5억원에서 3억원을 뺀 2억원을 증여로 보고 증여세를 과세

시가와 거래가의 차이가
시가의 30% or 3억원 } 둘 중 작은 금액보다 크면 증여로 본다.

한다.

이 경우 아들이 실제로 증여받은 5억원보다 적은 2억원에 대해서만 증여세를 내는 셈이니 세금부담이 줄어들고, 부모는 싸게 팔아서 양도세를 줄였으니 어쨌거나 이익이라고 생각할 수도 있다.

그런데 세무당국은 양도세 계산에서 부모가 싸게 판 가격을 그대로 인정해 주지 않는다. 특수관계자의 거래에서 시가와 거래가의 차이가 3억원 이상이거나 시가의 5% 이상이면, 양도가액을 시가로 계산한다. 결국 아버지는 17억원을 양도가액으로 해서 양도세를 내야 한다. 세금부담이 그만큼 커지는 것이다.

저가양도에 따른 과세

구분		특수관계자인 경우	특수관계자가 아닌 경우
자녀 (수증자, 또는 양수자)	증여 판단기준	(시가 − 거래가액) ≥ min[시가의 30%, 3억원] (둘 중 작은 것)	(시가 − 거래가액) ≥ 시가의 30%
	증여 재산가액	(시가 − 거래가액) − min[시가의 30%, 3억원] (둘 중 작은 것)	(시가 − 거래가액) − 3억원 단, 거래의 관행상 정당한 사유가 있는 경우는 증여로 보지 않음
부모 (증여자, 또는 양도자)	양도가액	① (시가 − 거래가액) < min[3억원, 시가의 5%]이면 거래가액 ② (시가 − 거래가액) ≥ min[3억원, 시가의 5%]이면 시가	거래가액

min은 원래 '최저의, 최소한의'라는 뜻이다. 이를테면 min(a,b)라고 하면 a와 b 중에서 작은 값을 선택하겠다는 것이다.

05
자금출처 조사에 미리 대비하자

"아들이 작년에 결혼했고 나이는 30세입니다. 아들 명의로 아파트를 사주려고 하는데요. 직장을 다닌 지 3년 정도 지났는데, 증여세 문제가 생길까요?" 이런 질문을 하는 사람들도 많다.

구입자금의 80% 소명해야 한다

국세청은 직업·나이·소득 및 재산상태 등으로 보아 자기 혼자 힘으로 취득했다고 인정하기 어려운 경우, 다른 사람으로부터 부동산 구입자금을 증여받은 것으로 추정한다. 본인 자금이라는 것을 충분히 소명하면 증여로 과세하지 않고, 소명하지 못하면 증여로 보고 증여세를 과세한다.

그렇다면 자금출처로 소명되는 자금은 어떤 것이 있을까?

세무서에 신고된 소득금액, 상속·증여로 받은 재산, 객관적으로 확인이 되는 대출금 등이다. 어렸을 때부터 명절에 친척들에게 받은 세뱃돈, 결혼식 때 부모님 지인들이 낸 축의금은 자금출처로 인정되지 않는다.

부동산 구입자금 중에서 이처럼 본인 자금으로 인정되는 자금

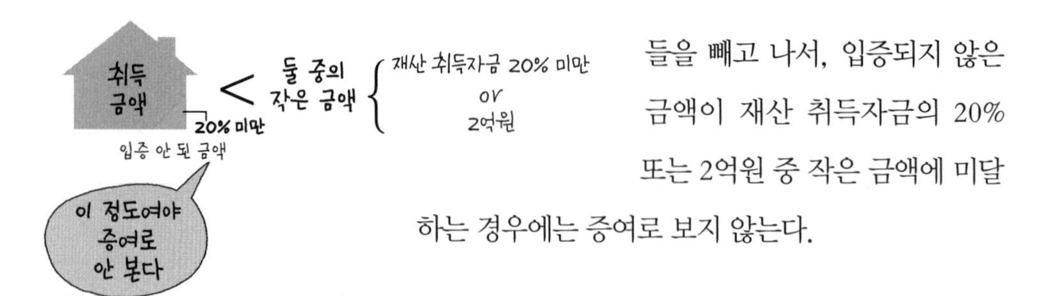

들을 빼고 나서, 입증되지 않은 금액이 재산 취득자금의 20% 또는 2억원 중 작은 금액에 미달하는 경우에는 증여로 보지 않는다.

사례 H씨의 딸은 아파트를 8억원에 샀다. 취직해서 4년 동안 번 세후 소득금액은 2억원•이고, 은행에서 3억원, 회사에서 5,000만원을 대출받았다. 이 경우 세무조사를 받는다면 증여세가 과세될까?

• 세후 소득금액에서 본인 명의 신용카드 사용액이 있다면 그것도 뺀다.

H씨의 딸은 아파트 구입자금 8억원 중에서 5억 5,000만원은 자금출처 소명이 가능하다(4년 동안의 세후 소득금액, 은행 및 회사 대출금). 하지만 2억 5,000만원은 소명을 하지 못했다. 소명하지 못한 이 돈이 주택가격 8억원의 20%인 1억 6,000만원보다 크다. 따라서 H씨의 딸은 자금출처를 소명하지 못한 2억 5,000만원에 대해 증여세를 내야 한다.

일부 증여했다면 어땠을까?

질문 만약 H씨의 딸이 8억원짜리 아파트를 사기 전에, 부모님한테 1억원을 증여받고, 세무서에 증여로 신고했다면 어땠을까?

부모에게 1억원을 증여받으면, 아파트 구입자금 중에서 소명하지 못한 금액이 1억 5,000만원으로 줄어든다. 이 금액은 아파트

취득가액의 20%인 1억 6,000만원보다 작다. 이런 경우에는 증여로 추정되지 않는다.

'증여로 추정되지 않는다'는 것이 100% 증여로 과세되지 않는다는 것은 아니다. '증여받았다는 증거' 없이는 과세하지 않겠다는 것이다.

만약 세무조사로 부모 계좌에서 자녀 계좌로 이체된 증거 등이 발견되면 증여로 과세된다. 다만, 자금출처를 80% 이상 입증할 수 있는 상태에서 주택을 사면 자금출처 조사를 받을 가능성이 낮아진다는 정도로 받아들이는 것이 좋다.

2020년부터 자금출처 조사 더 강화

2020년 10월 27일부터는 '부동산 거래신고 등에 관한 법률'이 개정되어 규제지역(투기과열지구·조정대상지역) 내 주택 거래신고 시 자금조달계획서 제출이 의무화되었다.

예전에는 규제지역 3억원 이상, 비규제지역 6억원 이상 주택 거래 시에만 제출하던 자금조달계획서를 규제지역 내 모든 주택(비규제지역은 기존과 동일) 거래로 확대한 것이다.

특히 투기과열지구 주택의 경우, 주택 실거래 신고 시 자금조달계획서와 함께 객관적 증빙자료•를 제출해야 한다. 따라서 자금출처가 확실하지 않다면 주택을 자녀 명의로 구입하는 것은 더욱 신중해야 한다.

• 객관적 증빙자료는 ① 자기현금(소득금액증명원 등), ② 금융기관 예금액(증빙 가능 예적금 잔고 등), ③ 임대보증금(전세계약서 등), ④ 거래 가능 여부 확인(분양권 전매제한 예외 증빙서류 등)이다.

■ 부동산 거래신고 등에 관한 법률 시행규칙 [별지 제1호의2서식]

부동산거래관리시스템(rtms.molit.go.kr)에 서도 신청할 수 있습니다.

주택취득자금 조달 및 입주 계획서

※ 색상이 어두운 난은 신청인이 적지 않으며, [ ]에는 해당되는 곳에 √표시를 합니다. (앞쪽)

<table>
<tr><td colspan="2">접수번호</td><td colspan="2">접수일시</td><td colspan="2">처리기간</td></tr>
<tr><td rowspan="2">제출인
(매수인)</td><td colspan="3">성명(법인명)[1] 김철수</td><td colspan="2">주민등록번호(법인 · 외국인등록번호)</td></tr>
<tr><td colspan="3">주소(법인소재지)</td><td colspan="2">(휴대)전화번호</td></tr>
<tr><td rowspan="14">① 자금
조달계획</td><td rowspan="4">자기
자금</td><td colspan="2">② 금융기관 예금액[2]
2억원</td><td colspan="2">③ 주식 · 채권 매각대금[3]
5천만 원</td></tr>
<tr><td colspan="2">④ 증여 · 상속 등[4]
1억 5천만원</td><td colspan="2">⑤ 현금 등 기타[5]
원</td></tr>
<tr><td colspan="2">[ ]부부[∨]직계존비속(관계:부)
[ ]기타 (관계:)</td><td colspan="2">[ ]보유 현금
[ ]기타 자산 (종류:)</td></tr>
<tr><td colspan="2">⑥ 부동산 처분대금 등[6]
원</td><td colspan="2">⑦ 소계[7]
4억원</td></tr>
<tr><td rowspan="9">차입금등</td><td rowspan="3">⑧금융기관 대출액 합계[8]
3억 5천만원</td><td>주택담보대출</td><td colspan="2">3억 5천만원</td></tr>
<tr><td>신용대출</td><td colspan="2">원</td></tr>
<tr><td>기타대출</td><td colspan="2">원
(대출종류:)</td></tr>
<tr><td colspan="4">기존 주택 보유 여부 (주택담보대출이 있는 경우만 기재)
[∨]미보유 [ ]보유 (건)</td></tr>
<tr><td colspan="2">⑨ 임대보증금 등[9]
원</td><td colspan="2">⑩ 회사지원금 · 사채 등[10]
원</td></tr>
<tr><td colspan="2">⑪ 그 밖의 차입금[11]
원</td><td colspan="2" rowspan="2">⑫ 소계
3억 5천만원</td></tr>
<tr><td colspan="2">[ ]부부 [ ]직계존비속 (관계:)
[ ]기타 (관계:)</td></tr>
<tr><td>⑬ 합계</td><td colspan="4">7억 5천만원</td></tr>
<tr><td colspan="2">⑭ 입주 계획</td><td colspan="2">[∨]본인입주 [ ]본인 외 가족입주
(입주 예정 시기: 2020 년 10 월)</td><td>[ ]임대
(전 · 월세)</td><td>[ ]기타
(재건축 등)</td></tr>
<tr><td colspan="2" rowspan="5">⑮ 조달자금
지급계획[12]</td><td colspan="2">총 거래금액</td><td colspan="2">7억 5천만원</td></tr>
<tr><td colspan="2">⑯ 계좌이체 등 금액[13]</td><td colspan="2">7억 5천만원</td></tr>
<tr><td colspan="2">⑰ 보증금 · 대출 승계 등 금액[14]</td><td colspan="2">원</td></tr>
<tr><td colspan="2">⑱ 현금지급 등 기타금액[15]</td><td colspan="2">원</td></tr>
<tr><td colspan="4">현금 등 기타방식 지급 사유 ( )</td></tr>
</table>

「부동산 거래신고 등에 관한 법률 시행령」 제3조제1항, 같은 법 시행규칙 제2조제5항부터 제7항까지의 규정에 따라 위와 같이 주택취득자금 조달 및 입주계획서를 제출합니다.

2023년 4 월 28 일

제출인 김철수(서명 또는 인)

이은하 세무사의
현장 목소리

꼬마빌딩 증여세 신고 주의할 점

사례 M씨는 1년 6개월 전에 꼬마빌딩을 50억원에 구입했다. 현재 기준시가는 30억원이다. 이 꼬마빌딩을 자녀에게 현재의 시가가 아니라 기준시가인 30억원에 증여하려고 한다. M씨는 이런 방법으로 세금을 아낄 수 있을까?

상가건물 증여에서 이런 사례를 빈번하게 볼 수 있다. 하지만 이 경우는 안 된다.

상가건물을 증여할 때는 기준시가와 임대료 환산가액 중 큰 금액을 증여재산가액으로 한다. 그래서 대부분 증여재산가액이 시가보다 훨씬 낮은 경향이 있다.

M씨는 기준시가인 30억원으로 신고해서 증여세를 줄이려고 하지만, 세무당국은 증여일 전 2년 안에 매매 등이 있거나, 또는 증여세 과세표준 신고기한부터 6개월 중에 매매 등이 있으면 평가심의위원회의 심의에서 그 가격을 시가로 볼 수 있다.

M씨는 1년 6개월 전에 이 꼬마빌딩을 샀으므로, 증여일 전 2년 안에 매매가액이 있는 셈이다. 그래서 세무당국은 당초 매매가액 50억원 또는 새로 감정평가를 받아 시가로 보고 증여세를 과세하게 된다. 따라서 M씨는 추가로 증여세를 더 내야 한다.

자녀 증여 통한 절세의 기술

사례 C씨는 서울시 동작구에 아파트 2채를 보유하고 있다. 둘 다 15년 전에 샀는데, 그동안 많이 올라서 양도차익이 각각 10억원에 달한다. 시가도 둘 다 18억원이고, 공동주택 공시가격은 12억원이다.

노후에 보유세도 부담이고 팔자니 양도세도 많이 나올 것 같아 C씨는 아파트 1채를 아들에게 증여하는 게 나을지 고민이다. 아들은 결혼해서 따로 살고 있는 무주택자이다.

2채 모두 양도차익이 큰 경우

보통 다주택자는 양도차익이 적은 주택을 먼저 파는 것이 유리하다. 그런 다음에 남은 양도차익이 큰 주택을 1세대 1주택 비과세 요건을 갖추어 팔면 절세할 수 있다. 그런데 C씨의 아파트 2채는 양도차익이 각각 10억원으로 똑같이 크다. 그래서 양도순서를 바꿔도 양도세가 많이 나온다. 어떻게 해야 할까? 이런 경우에는 일단 자녀에게 증여한 후 파는 전략을 고려해 볼 수 있다.

주택 증여 건수가 늘어난 이유

실제로 2021년 1분기 다주택자들이 양도세와 종부세를 절세하기 위해 증여가 폭증했다. 2018년 6월을 제외하고는 가장 많은 증여거래가 발생한 것이다. 2018년 증여는 다주택자 양도세를 피하려는 목적이 컸고,

2021년 1분기의 증여는 상대적으로 종부세를 절세하려는 목적이 큰 것으로 보인다. 2021년 6월 1일을 기준으로 다주택자의 종부세가 대폭 증가했기 때문이다. 2022년 하반기에는 2023년부터 취득세 과세표준이 기준시가에서 시가인정액으로 변경되어 취득세가 오르고, 양도세 이월과세 기간이 5년에서 10년으로 늘어나기 때문에 서둘러 증여를 하는 사람들이 많았다.

현금 증여, 부동산 증여, 무엇이 유리할까?

먼저 시가 18억원 아파트와 현금 18억원을 증여하는 경우를 각각 비교해보자. 아파트든 현금이든, 증여금액이 18억원으로 같으므로 증여세도 5억 4,000만원으로 같다. 하지만 부동산 증여의 경우 취득세 7,200만원*이 별도로 든다. 즉, 세금만 놓고 보면 현금 증여가 총 세금이 덜 든다. 하지만 아파트를 증여하지 않고 그냥 팔았을 때 내게 될 양도세까지 고려하면 얘기가 달라진다.

제3자에게 판 경우

C씨가 시가 18억원의 아파트를 제3자에게 팔면, 1세대 2주택자로 양도세를 낸다. 동작구는 양도일 당시 조정대상지역이 아니기 때문에 중과되지 않는다. 조정대상지역이라도 2025년 5월 9일까지 양도 시 중과되지 않는다. 양도차익 10억원에 대해 양도세는 약 2억 8,200만원이다.

* 서울 마포구는 2023년 1월 5일 이후 비조정대상지역으로 증여 시 취득세율이 중과되지 않는다.

아들에게 증여한 경우

아들은 증여세 5억 4,000만원과 취득세 7,200만원을 합해 세금으로 6억 1,200만원을 내야 한다. 부모인 C씨는 아파트를 양도한 것이 아니므로 양도세를 한푼도 내지 않아도 된다.

한편, 아들이 무주택자이므로 C씨와 아들은 증여하고 나면 각각 1세대 1주택자가 된다. 10년• 후에 아들이 증여받은 아파트를 팔면 취득가액이 18억원으로 올라가기 때문에 양도세 부담이 적어진다.

단, 반드시 10년 후에 팔아야 한다. 1세대 1주택자라도 고가주택이기 때문에, 10년 안에 팔면 이월과세가 적용되어 양도세가 많이 나오기 때문이다(371쪽에서 자세히 설명한다).

부동산을 증여받으면 취득세도 내야 한다. 하지만 절세되는 종부세와 양도세를 고려하면 C씨의 경우 여전히 현금 증여보다 부동산 증여가 유리하다.

만약 자녀가 증여세와 취득세를 자력으로 낼 형편이 안 된다면, 증여세와 취득세까지도 현금으로 증여해 주어야 하는 문제가 발생한다. 실제로 상담을 하다 보면, 부동산을 증여해서 양도세를 아낄 수 있어도 자녀가 부담해야 할 증여세와 취득세까지 증여해야 하는 상황이면 세금부담이 너무 커지기 때문에 망설이는 경우가 많다. 게다가 지금은 다주택자 양도세 중과도 되지 않는 상황이라 이 정도 큰 금액을 자녀에게 증여할 계획이 있는게 아니라면 양도하고 일부 현금만 증여하는 방안, 또는 부담부증여로 증여세를 낮추는 방안도 고민해 볼 만하다.

• 2023년 1월 1일 이후 증여받은 분부터는 10년이 적용된다(종전 5년).

2023년 이후 증여 받으면 이월과세 10년으로 길어진다

질문 O씨가 1억원에 산 아파트를 아내에게 5억원에 증여한 후, 아내가 10년 이내에 6억원에 팔았다고 하자. 이때 취득가액은 얼마일까?

원래 증여받은 재산의 취득가액은 증여가액이다. 그런데 증여받고 10년 이내에 팔면 '이월과세'가 적용되어 취득가액이 남편이 당초 산 가격인 1억원이 된다. 이월과세란 당초 증여자가 취득한 가격을 취득가액으로 하여 양도세를 계산하는 것을 말한다. 취득가액이 이처럼 낮아지니, 양도차익이 무려 5억원이나 되고 양도세가 많이 나오게 될 것이다.

이월과세 규정, 이렇게 바뀌었다

이월과세는 예전에는 토지, 건물, 시설물 이용권(회원권 등)에 한해 적용되었다. 하지만 2019년 2월 12일 이후 양도분부터는 분양권과 조합원 입주권도 추가되었다. 그래서 이제는 배우자에게 분양권이나 조합원 입주권을 증여한 후 바로 파는 경우, 이월과세가 적용되어 양도세를 줄일 수 없다. 또한 2023년 1월 1일 이후 증여받는 분부터 증여받고 보유해야 되는 기간이 종전 5년에서 10년으로 늘어났다(2022년 12월 31일까지 증여받은 부동산 등은 종전규정인 5년이 적용된다). 배우자나 부모로부터 증여를 받았다면, 증여 시기로부터 10년이 지난 다음에 팔아야 한다는 것도 기억하자.

Tip! 주식은 이월과세가 적용 안 된다

소액주주가 시장에서 주식을 팔면 양도세가 과세되지 않지만, 대주주는

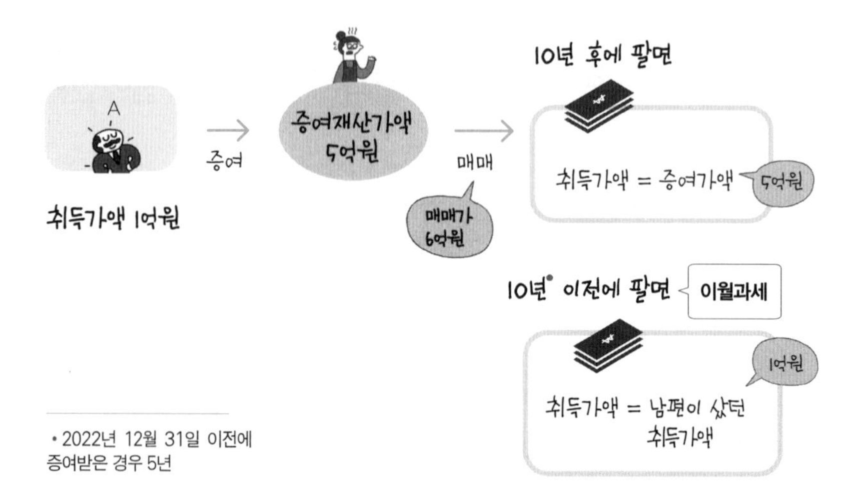

양도차익에 대해 양도세를 내야 한다.

최근 투자자가 늘고 있는 해외주식 직접투자에도 양도세가 과세된다. 이런 경우에는 배우자에게 주식을 증여한 후 바로 팔면 양도세를 아낄 수 있다. 주식에는 이월과세 규정이 적용되지 않기 때문이다.

예를 들어 아마존 주식을 1만 달러어치 사서 6만 달러에 팔면, 양도차익 5만 달러의 20%(지방소득세 포함 22%)를 양도세로 내야 한다. 그런데 아내에게 증여한 후에 팔면 어떨까?

배우자 증여는 10년에 6억원까지는 증여세가 없고, 아내의 취득가액은 증여일 전후 2개월 종가 평균이 된다. 나중에 아내가 이 주식을 팔면 취득가액이 높아졌으므로 양도세가 적게 나오게 된다. 주식에는 이월과세가 적용되지 않으므로, 아내가 주식을 증여받은 후 바로 팔아도 마찬가지의 결과가 나온다. 하지만 2025년부터는 주식도 이월과세 대상에 포함될 예정이다. 다만, 부동산 등과 달리 배우자에게 증여받은 것에 대해서만 증여받고 10년이 아니라 1년 이내에 양도할 때 적용된다는 차이점이 있다.

현장사례로 보는
절세전략

부담부증여 하면
오히려 총 세금 많아지는 경우

사례 P씨는 아파트 2채 중에 1채를 아들에게 부담부증여를 할까 생각 중이다. 이 아파트는 15년 전에 1억원에 사서 현재 시가는 8억원이고, 전세보증금은 5억원이다. 부담부증여를 하는 게 유리할까?

흔히 부담부증여가 부동산을 통째로 증여하는 것보다 세금이 적을 거라고 생각하지만, 항상 그런 것은 아니다.

아파트 단순 증여의 경우: 8억원 아파트를 전체 증여할 경우, 아들이 내야 하는 증여세는 1억 6,500만원이다.

전세 5억원 포함 부담부증여의 경우: 아들의 증여세는 전세금을 제한 3억원에 대해서만 부과된다. 계산해 보면 증여세는 4,000만원이 나온다.

그런데 아버지인 P씨는 전세금 5억원에 대해 양도세를 내야 한다. 이 경우 P씨의 양도차익은 전체 양도차익 7억원(8억원−1억원) 중에서 전세금이 차지하는 비율(62.5%=전세금 5억원/아파트 시가 8억원)로 4억 3,750만원이다. P씨는 2주택자로 양도세가 과세되는데 2025년 5월 9일까지는 조정대상 지역이어도 중과되지 않는다. 양도세를 계산해보면 약 1억 500만원이 나온다.

결국 부담부증여에 따른 총 세금은 아들의 증여세와 아버지의 양도소득세를 더한 1억 4,500만원이다. 이 경우 총 세부담으로 보자면 부담부증여가 2천만원 적다. 하지만 전세보증금은 자녀가 나중에 갚아야 할 채무로 5억원 만큼 증여를 덜 하고, 세금은 겨우 2천만원만 덜 낸 셈이다.

P씨의 단순증여 vs. 부담부증여 시 세부담 비교

세금유형	납세자	단순증여(대출 없음)	부담부증여*(전세금 5억원)
증여세	자녀	1억 6,500만원	4,000만원
양도세	부모(P씨)	없음	약 1억 500만원
총 세부담		1억 6,500만원	약 1억 4,500만원

* 양도세는 지방소득세 포함

게다가 증여하려는 부동산의 양도차익이 너무 크거나, 다주택자로서 중과세율이 적용되어 양도세가 많이 나올 경우, 부담부증여를 하면 단순증여보다 오히려 세금이 많아질 수 있다.

부담부증여가 유리한 경우

사례 K씨는 이사로 인한 일시적 2주택자이다. 종전에 살던 집을 올해 8월까지 못 팔면 1세대 1주택 비과세를 받지 못한다. 그런데 집이 팔리지 않아 걱정이다.

이에 딸에게 종전주택을 부담부증여를 하면 어떨까 고민 중이다. 딸은 30대 미혼 직장인으로 세대분리가 되어 있으며 무주택자이다.

K씨가 올해 8월 전에 부담부증여를 하면, 딸은 전세금을 뺀 나머지 금액에 대해서만 증여세를 내면 된다. 집 전체를 증여받은 것보다 증여세가 적다. K씨 입장에서는 종전주택을 올해 8월 전에 넘기면 1세대 1주택 비과세를 받아 양도세를 한푼도 안 내도 된다. 따라서 총 세금부담이 훨씬 줄어든다.

부담부증여는 양도세가 비과세되어 없거나, 양도차익이 적은 경우에 효과적이다. 또는 증여재산이 너무 커서 전부 증여할 경우 증여세 누진세율이 너무 높아질 때 유리하다.

각 상황에 따라 부담부증여로 아낄 수 있는 세금은 매우 다르다. 그러므로 부담부증여를 고려하고 있다면 미리 시뮬레이션을 해서 세금을 계산해 보고 실행해야 한다.

단순증여 vs. 부담부증여 세부담 비교

세금유형	납세자	단순증여 (대출 없음)	부담부증여 (전세금 5억원)
증여세	자녀	1억 6,500만원	4,000만원
양도세	부모(K씨)	없음	1세대 1주택 비과세
총 세부담		1억 6,500만원	4,000만원

부담부증여 유리

* 주택가액 및 전세보증금, 양도차익의 조건은 앞의 사례와 동일하다고 가정함.

토지 증여 시기 결정은 그해 공시지가가 상승하냐, 하락하냐에 따라 다르다

사례 S씨는 올해 그동안 벼르던 증여를 아들에게 해주려고 한다. 시골에 있는 땅을 증여할 생각인데, 언제 하는 게 좋을까?

부동산을 증여할 계획이 있다면 연초부터 준비하는 것이 좋다. 토지는 유사한 매매사례가액을 찾기 어렵기에 대부분 개별 공시지가로 증여재산을 평가하는데, 토지의 개별 공시지가는 5월 말 무렵에 확정 고시되기 때문에 그 이전에 증여하면 전년도 공시지가가 적용되고, 그 후에 증여하면 당해 연도 공시지가가 적용된다[참고로 개별(공동)주택 공시가격은 매년 4월 말에 고시되며, 오피스텔 및 상업용 건물은 매년 1월 1일에 고시된다].

토지의 경우 올해 고시될 공시지가를 지방자치단체별로 4월 중순부터 5월 초 즈음에 열람할 수 있다. 이때 공시지가가 전년도에 비해 크게 올랐다면 5월 말 전에 서둘러서 증여 등기를 완료하는 것이 좋다. 그러면 증여세뿐만 아니라 취득세도 절감할 수 있다. 반대로 해당 연도가 전년도보다 공시지가가 하락한다면 6월 이후에 증여해서 해당 연도 공시지가를 적용받는 것이 유리하다.

현장사례로 보는
절세전략

부동산 증여 3가지 절세의 기술

사례 서울에 사는 B씨는 지금 살고 있는 아파트 외에, 15년 전에 1억원에 사서 가격이 크게 오른 상가 1채, 그리고 금융재산으로 7억원을 보유하고 있다. 현재 상가의 기준시가는 5억원이고 시가는 12억원이다.

얼마전 친구들 모임에서 증여 얘기가 나왔는데, 어떤 재산을 먼저 증여하는 게 좋을지 고민이다.

예전에는 "일찍 재산을 물려주면 버릇이 나빠진다"는 등의 이유로 증여에 대해 부정적인 시각이 많았다. 하지만 요즘 고액 자산가 부모들은 다르다.

일찍부터 재산을 갖게 된 자녀가 자기 일에 충실하지 않을까 봐 걱정하는 마음은 예나 지금이나 매한가지다. 하지만 요즘 자산가들은 물려줄 재산에 대해 자녀가 낼 세금까지 미리 체크해 보고, 최대한 절세할 수 있는 방향으로 계획을 짜는 꼼꼼함을 보이는 것이 특징이다.

그도 그럴 것이 우리나라의 상속/증여 세율은 10~50%로 세계적으로 높은 편이다. 고액 자산가가 아무 대비 없이 상속을 했다가는, 부모 세대가 가지고 있던 재산의 반이 세금으로 날아가 버릴 수 있다는 얘기다.

B씨는 어떤 순서로 증여하는 게 좋을까?

증여 계획을 세울 때는 먼저 보유하고 있는 자산의 리스트를 만들어야 한다. 그런 후 다음을 참고하여 증여 우선순위를 정하는 것이 좋다.

① 앞으로 가격이 크게 오를 것으로 예상되는 자산

② 시가와 증여재산가액의 차이가 큰 자산

③ 양도차익이 큰 자산

앞으로 큰 폭의 가격 상승이 예상되는 자산

앞으로 자산의 가격이 얼마나 오르느냐에 따라 증여의 절세효과가 다르다. 10년 후 A라는 자산은 그대로 1억원인데, B자산은 1억원에서 10억원으로 오를 것으로 예상된다면, B자산을 증여하는 것이 절세효과가 훨씬 클 것이다.

부동산이 금융자산보다 유리하다

일반적으로 부동산이 금융자산보다 증여에 유리하다. 둘은 증여금액을 평가하는 방법이 다르기 때문이다.

현금이나 주식 등 금융자산은 증여금액, 또는 증여일 현재의 시가잔고액(상장주식은 증여일 전후 2개월 종가평균)으로 평가한다.

반면 부동산의 경우 아파트는 증여재산가액을 매매사례가액으로 평가하지만, 단독주택, 상가나 토지는 유사한 물건의 매매사례가액을 찾기가 어려워 세법상 기준시가•로 평가하는 사례가 많다. 그런데 단독주택, 상가나 토지의 기준시가는 시세보다 훨씬 싼 경우가 많다. 따라서 시가와

• 시가와 기준시가의 차이가 큰 부동산은 과세관청에서 감정평가를 받아 감정평가액으로 과세하는 경우도 있다(355쪽 참고).

기준시가의 차이가 큰 것을 먼저 증여하는 것이 유리하다.

다만, 부동산 증여는 취득세, 등기비용 등 거래비용이 추가로 발생하며, 자녀가 소득이나 재산이 없다면 부모가 납부할 증여세 및 취득세, 등기비용까지 현금으로 증여해 주어야 한다.

한편, 금융자산도 증여를 통해 명의를 분산하면 금융소득 종합과세 부담을 줄일 수 있다. 금융자산을 증여할 때는 취득세, 등기비용 등 거래비용이 없고, 증여절차도 부동산에 비해 훨씬 간단하다.

상가나 임대주택은 임대료 환산가액도 계산해 봐야 한다

상가 등 임대수입이 있는 부동산은 증여 시 임대료 환산가액과 기준시가 중 큰 금액을 증여재산가액으로 한다.

만약 B씨가 가진 상가의 기준시가는 10억원인데, 이것이 임대료 환산가액보다 크다면 기준시가를 증여재산가액으로 한다. 기준시가 5억원에 따른 증여세는 8,000만원이다.

B씨의 자녀가 이 상가를 증여받고 10년* 후에 현재 시세인 12억원에 판다면 양도세는 약 2억 5,000만원이 나온다. 아버지가 바로 팔았다면 취득가액이 1억원이어서 양도세가 약 3억 1,500만원인데, 아들에게 증여한다면 시가보다 낮은 가액으로 증여가 되는 데다가 양도세까지 절세할 수 있는 것이다. 또한 아들 입장에서는 상가 임대수입이 계속 들어오기에, 앞으로 다른 자산을 살 때 자금출처가 마련되는 것도 장점이다.

* 2022년 12월 말까지 증여받은 경우 5년 후에 팔면 이월과세 적용받지 않는다.

8

CHAPTER

부동산 투자자와 세무 상담을 하다 보면 이런저런 사연으로 토지를 소유한 사람들이 많고, 이들의 세금 고민도 깊다. 투자를 위해 사둔 강원도 땅, 농사짓던 부모님으로부터 상속받은 토지, 주말농장을 하느라 사둔 땅…. 8장에서는 비사업용토지와 농지의 양도세 절세기술을 만나본다.

비사업용토지, 농지 양도세 절세법

01

비사업용토지 양도세 7가지 질문

비사업용토지란 소유자가 토지의 용도에 맞게 사용하지 않으면서 보유하고 있는 토지를 말한다. 농사를 짓지 않으면서 농지를 보유하거나, 도시에 살면서 임야를 보유하거나, 건물을 짓거나 주차장 등의 용도로 사용하지 않고 나대지 상태로 보유하고 있는 경우에 이를 '비사업용토지'라고 한다. 나대지는 지목이 대지인데도 지상에 건물이나 주차장 같은 것이 없이 그냥 놀리는 땅을 말한다.

비사업용토지 중과, 어떻게 변했을까?

세무당국은 비사업용토지는 소유자가 투기 목적으로 보유한다고 보기에 양도세를 중과한다. 과거에 비사업용 토지에 대한 양도세 중과가 가장 심했던 시기는 2007년 1월 1일부터 2009년 3월 15일까지였다. 장기보유특별공제도 해주지 않았고 양도세 세율이 무려 66%(지방소득세 포함)였다. 그래서 많은 투자자들이 비사업용토지의 중과를 피하려는 의도로 사업용으로 바꾸기 위해 절치부심했다.

그러다 보니 이른바 몸으로 때우는 절세 사례가 빈번했다. 서울에 살던 사람이 농지가 있는 제주도로 이사가서 2년 간 농사를 짓다가 파는 경우도 있었고, 나대지를 주차장으로 만들어 직접 주차장 사업을 2년 간 하는 경우도 있었다.

지금은 다르다. 비사업용토지도 보유기간에 따라 장기보유특별공제를 받을 수 있고, 양도세 세율도 기본세율에 10%P만 가산된다. 예전에 비해 비사업용토지에 대한 중과가 많이 완화된 상태이다.

사업용/비사업용토지, 세금 얼마나 차이날까?

A씨가 15년 이상 보유한 토지의 양도차익이 5억원이라고 하자. 사업용토지든 비사업용토지든 장기보유특별공제율은 같다. 하지만 비사업용토지는 기본세율에 10%P가 가산된다. 계산해 보면 다음 384쪽의 표처럼 비사업용토지일 경우 사업용토지보다 양도세가 약 3,800만원이 더 나온다. 양도차익이 적으면 둘의 차이가 더 적을 것이고, 양도차익이 크면 비사업용토지라서 추가로 내야 하는 양도세가 더 많아질 것이다.

비사업용토지를 사업용토지로 인정받는 법

① 사업용토지로 인정받으려면 토지를 해당 지목에 맞는 용도로 써야 한다.

사업용토지 vs. 비사업용토지 세부담 비교

구분	사업용토지	비사업용토지
양도차익	500,000,000원	500,000,000원
(-)장기보유특별공제	150,000,000원	150,000,000원
(-)기본공제	2,500,000원	2,500,000원
(=)과세표준	347,500,000원	347,500,000원
(x)세율	40%	세율 10%p 가산 50%
(-)누진공제액	25,940,000원	25,940,000원
(=)산출세액	113,060,000원	147,810,000원
(+)지방소득세	11,306,000원	14,781,000원
(=)총부담세액	124,366,000원	162,591,000원

농지는 농지 소재지 또는 연접한 시·군·구(직선거리 30km 이내 지역 포함)에 살면서 직접 농사를 지어야 한다. 임야는 소재지(연접지와 30km 이내 지역 포함)에 실제로 살아야 하며, 대지는 건물을 짓거나 주차장으로 사용하는 등 생산활동에 사용해야 한다.

② 사용용도뿐만 아니라 기간요건도 만족해야 한다. 양도일 직전에만 사업용토지로 사용한다고 해서 되는 것이 아니라, 세법에서 정한 기간 이상을 사용해야 한다. 토지를 팔기 직전의 3년 중에서 2년, 직전 5년 중에서 3년, 또는 토지 보유기간의 60% 이상 동안에 사업용도에 맞게 써야 한다. 따라서 가장 짧은 기간에 비사업용토지를 사업용토지로 만드는 방법은 팔기 전에 2년을 사업용으로 사용하는 것이다. 이 경우 사업용토지

로 과세된다.

③ 직접 농사를 짓지 않고 사업용토지로 인정받으려면, 농지은행에 8년 이상 위탁하는 방법도 있다.

상속받은 농지, 비사업용토지로 중과될까?

사업용토지로 인정해 주는 사용요건과 기간요건을 만족하지 않더라도, 부득이한 사유가 있다면 사업용토지로 본다. 다음의 경우에는 사업용토지로 보아 기본세율이 적용된다.

① 상속받은 농지는 상속 개시일, 즉 부모 사망일로부터 5년 안에 양도하면 사업용토지로 과세된다.

② 직계존속 또는 배우자가 8년 이상 재촌·자경한 농지, 임야, 목장 용지를 상속 또는 증여받은 경우에도 사업용토지로 본다. 다만, 양도 당시 도시지역(녹지지역 및 개발제한구역 제외) 안의 토지는 제외한다.

③ 공익사업을 위해 수용되는 토지로서 2006년 12월 31일 이전에 사업인정 고시가 되었거나, 사업인정 고시일로부터 5년* 이전에 취득한 경우에도 사업용토지로 인정한다.

• 2021년 5월 4일 이후 사업인정 고시되는 사업에 따라 협의매수 또는 수용되는 토지부터 적용한다.

• 사업인정 고시일이 2021년 5월 3일 이전: 2년 적용

④ 2005년 12월 31일 이전에 종중이 취득한 농지도 사업용토지로 본다.

⑤ 취득기간이 2009년 3월 16일부터 2012년 12월 31일까지인 비사업용토지는 언제 팔더라도 중과세율이 적용되지 않고 기본세율로 과세된다.

회사 다니면서 농사 중, 사업용토지로 인정될까?

회사를 다니면서 퇴근 후나 주말을 이용해서 농사를 짓고 있다면, 그 땅은 사업용토지로 인정받을 수 있을까?

농지는 그 지역, 또는 맞닿아 있는 시·군·구(직선거리 30km 이내 지역 포함)에 살면서 소유자가 직접 농사를 지어야(자경) 사업용토지로 본다. 상시 농업에 종사하거나, 농작업의 2분의 1 이상을 자기 노동력으로 경작 또는 재배해야 한다.

사업용토지로 인정받으려면 직전 3년 중에서 2년은 살면서 직접 경작해야 하는데, 이때 자경기간 중에 총급여나 사업소득(농업·임업 및 비과세 농가부업소득, 부동산 임대소득 제외)의 합계가 3,700만원 이상인 과세기간은 경작기간에서 제외된다. 따라서 근로소득이 있다면 총급여가 한해에 3,700만원 미만이고, 실제 농사를 지었다는 증빙이 있을 때에만 자경기간으로 인정받을 수 있다.

주말농장, 비사업용토지일까?

"주말에 가족들과 주말농장을 하고 있습니다. 직장이 있는데요, 이 경우 비사업용토지가 되나요?"

이런 질문을 하는 사람들을 자주 만난다.

2021년 12월 31일까지 양도하는 경우 주말농장은 일정요건을 만족하는 경우, 근처에 살지 않고 총급여가 3,700만원이 넘어도 비사업용토지로 중과되지 않고 사업용토지로 양도세를 과세

했다. 하지만 세법의 개정으로 2022년 1월 1일 이후에 양도하는 주말농장은 사업용토지로 보지 않는다. 즉, 앞에서 말한 사업용토지로 인정되는 요건을 갖추지 않았다면 비사업용토지로 중과된다.

비사업용토지 여부 알 수 있는 방법은?

"땅 위에 작은 가건물이 하나 있는데, 비사업용토지로 보아 양도세가 중과되는지 궁금합니다."

농지·임야·목장용지가 아닌 땅의 경우, 사업용토지로 사용되고 있는지 여부를 어떻게 알 수 있을까? 가장 손쉬운 방법은 재산세 고지서를 확인하는 것이다.

만약 재산세 과세대상의 '구분' 란에 '별도합산 과세대상' 또는 '분리 과세대상'이라고 되어 있거나, 재산세가 비과세 또는 감면된다면 사업용토지이다. 반면 재산세 과세대상의 '구분' 란에 '종합합산 과세대상'이라고 되어 있으면 비사업용토지로 보면 된다.

토지 위에 일정요건에 맞는 건축물이 있으면, 재산세 별도합산 과세대상이고 사업용토지인 경우가 많다.

하지만 토지 위에 건축물이 있더라도 비사업용토지로 구분될 수 있다. 넓은 토지 위에 작은 평수의 건물이 하나 달랑 있다고 해보자. 그렇다고 토지 전체를 부수토지로 보아 사업용토지라고 할 수 있을까? 세법에서는 건축물의 바닥면적에 용도지역별 적용배율을 곱한 면적까지를 사업용토지로 인정해 준다.

도시의 전용주거지역은 적용배율이 5배, 준주거지역 및 상업지역은 3배, 일반주거지역 및 공업지역은 4배, 녹지지역 및 도시지역 외는 7배이다. 이를테면 시골 땅 900평에 30평짜리 건물이 있다면 7배인 210평만 사업용토지로 보고, 나머지는 비사업용토지로 본다.

사업용토지로 인정받는 용도지역별 적용배율

구분	용도지역별	적용배율
도시지역	1. 전용주거지역	5배
	2. 준주거지역·상업지역	3배
	3. 일반주거지역·공업지역	4배
	4. 녹지지역	7배
	5. 미계획지역	4배
도시지역 외의 용도지역		7배

단, 건축물의 시가표준액이 부속토지 시가표준액의 2% 미만인 경우는 부속토지를 사업용토지로 인정받을 수 없다. 부속토지의 시가표준액이 10억원인데 그 2% 미만인 1,500만원짜리 건물이 있다고, 그 부속토지를 사업용토지로 인정하지는 않는다는 것이다.

따라서 용도지역별 적용배율을 곱한 부속토지 전체를 사업용토지로 인정받으려면, 건축물 시가표준액이 토지 시가표준액의 최소 2% 이상이어야 하고, 건축법 등에 따라 허가 또는 사용승인을 받아야 한다.

02
농지 양도세 감면 3가지 질문

농사짓던 농지를 팔려고 하는데…

사례 W씨는 40대 초에 시골로 귀농했는데, 이제는 나이가 들고 건강이 여의치 않아 농사일을 그만두고 농지를 팔 생각이다. 농지를 산 지 20년이 훌쩍 넘은데다가 주변이 개발되면서 땅값이 크게 올라서 양도차익이 꽤 큰 편이다. 농지의 양도세를 줄여주는 규정이 있는지 물었다.

농지 소재지 또는 연접한 시·군·구(직선거리 30km 이내 지역 포함)에 살면서 8년 이상 직접 지은 농지를 팔 경우, 양도세를 100% 감면받을 수 있다. 비사업용토지와 마찬가지로 자경기간을 산정할 때, 사업소득(부동산 임대, 농업·임업소득 제외) 또는 총급여의 합계액이 3,700만원 이상이거나, 수입금액이 복식부기 의무자*의 수입금액 기준 이상(2020년부터 적용)인 과세기간이 있으면 그만큼은 자경기간에서 제외한다. 이처럼 8년 이상 자경의 경우 양도세를 100% 감면해 주지만, 무한정 감면받을 수 있는 것은 아니다. 양도세 감면액의 한도는 1년에 1억원, 5년 간 2억원이다.

복식부기 의무자
직전 연도 매출액이 일정금액 이상인 사업자
- 도소매업·부동산매매업: 3억원
- 제조업·건설업: 1억 5,000만원
- 부동산임대업 등: 7,500만원

농지 2필지 양도세 줄이려면

사례 H씨는 15년 전에 구입한 농지 2필지에서 직접 농사를 지었다. 내년에 팔 생각인데 양도차익은 각각 2억 5,000만원으로 합하면 5억원으로 예상된다. 양도세 절세법은?

농지 2필지를 한 해에 모두 판다면 양도세로 약 1,436만원을 내야 한다. 하지만 올해와 내년 두 해에 나누어 한 필지씩 팔면 양도세를 전액 감면받아서 한푼도 안 내도 된다.

농지를 두 해에 걸쳐 파는 경우 절세효과

구분	한 해에 모두 파는 경우	두 해에 걸쳐 파는 경우	
		1차 연도	2차 연도 (양도세 0원)
양도차익	500,000,000원	250,000,000원	250,000,000원
(-)장기보유특별공제•	150,000,000원	75,000,000원	75,000,000원
(-)기본공제	2,500,000원	2,500,000원	2,500,000원
(=)과세표준	347,500,000원	172,500,000원	172,500,000원
(x)세율	40%	38%	38%
(-)누진공제액	25,940,000원	19,940,000원	19,940,000원
(=)산출세액	113,060,000원	45,610,000원	45,610,000원
(-)세액감면	100,000,000원	45,610,000원	45,610,000원
(=)결정세액	13,060,000원	0	0
(+)지방소득세	1,306,000원	0	0
(=)납부세액	14,366,000원	0	0

• 15년 이상 보유 가정

하지만 주의할 점이 있다. 최근 심판례(조심2020서1563, 2020. 12.30.)에서 같은 매수인에게 과세기간을 달리해 2회에 걸쳐 양도한 경우 분할 매입할 특별한 사유가 없는 점 등을 근거로 하나의 거래로 보아 양도세를 과세했다. 2필지를 나누어 팔 때는 매수인이 다르다는 등 실제로 2회에 걸쳐 팔아야 하는 이유가 있어야 한다.

상속받은 토지, 자경감면이 될까?

질문 A씨는 아버지가 8년 이상 짓던 농지를 상속받았다. 상속받은 농지를 팔 때 8년 자경감면을 받을 수 있을까?

농지 상속인이 1년 이상 계속 경작하면, 아버지의 경작기간까지도 전부 경작기간으로 보아 8년 이상이면 자경감면을 받을 수 있다. 또한 상속인이 농사를 짓지 않더라도, 아버지가 8년 이상 거주하며 직접 지은 농지를 사망일로부터 3년 안에 양도하면 자경감면을 받을 수 있다. 따라서 농사를 짓지 않는 상속인이라면, 상속 후 3년 안에 파는 것이 양도세를 가장 아낄 수 있는 방법이다.

농사지은 사실을 인정받기 위한 서류

① 농지 구입 후 작성한 농지대장

② 농협 조합원 증명원

③ 농약 및 비료 구입 영수증 또는 농약 등 판매 확인서

④ 농지위원장이 확인한 자경농지 사실 확인서

⑤ 인우보증서 농업일지

부모님이 짓던 농지, 공동상속 유리하다

사례 J씨는 얼마전 시골에서 오래 농사지으며 사시던 아버지가 돌아가셨다. 장례를 치르고 상속절차를 진행하려는데, 아버지가 농사를 크게 지었기에 남긴 농지가 여러 필지다.

게다가 주변 공인중개사무실에 시세를 알아보니, 그중 어떤 필지는 공시지가는 낮은데 현재 땅값이 무척 올랐다. 인근 지역에 터미널이 이전해 오기 때문인지, 현재 시가가 공시지가의 10배에 달했다.

J씨 포함 3형제는 모두 고향을 떠나 도시에 살고 있어서 농사지을 형편이 안 된다. 형제들끼리 상속재산을 분배하면서 농지를 누구 한 명이 받는 게 나을지, 형제 셋이 나누어 받는 게 좋을지 고민이다.

양도차익이 큰 농지를 상속받은 경우

부모님이 8년 이상 거주하며 직접 지은 농지를 상속받으면, 자식들이 농사를 짓지 않더라도 사망일로부터 3년 안에 팔면 8년 자경농지 감면으로 양도세를 감면받을 수 있다.

그런데 8년 자경농지 양도세 감면은 한도가 1년에 1억원, 5년 간 2억원이다. J씨처럼 양도차익이 큰 농지를 상속받았다면 한도에 막혀 100%를 감면받지는 못한다.

필지를 나누어 상속받는 게 유리하다

절세 포인트는 상속인인 형제들이 필지를 나누어 상속받는 것이다. 8년 자경농지 양도세 감면 한도는 양도 소유자별, 즉 형제 각각에게 적용된다. 따라서 여러 명이 필지를 나누어 상속받는다면, 각각 양도세를 2억원까지 감면받을 수 있다. 다시 말해 3형제가 한 해에 팔면 양도세를 최대 3억원, 두 해에 걸쳐서 판다면 최대 6억원을 감면받을 수 있다.

이때 토지의 상속재산가액은 부모님 사망일 당시의 개별공시지가가 되기 때문에 시가보다 훨씬 낮은 가액으로 상속세를 낼 수 있다. 그런데 J씨 형제가 사망일로부터 6개월 안에 토지를 팔려고 매매계약을 하면, 상속세가 시가인 실제 매매가로 과세되어 많아진다.

게다가 2019년 세법 개정으로 사망일로부터 15개월 안에 매매가 있는 경우, 평가심의위원회의 심의를 거쳐 그 매매가액을 상속재산으로 볼 수 있다는 조문이 추가되었다. 따라서 상속받은 농지는 반드시 사망일로부터 15개월이 지난 후에 매매계약을 하는 것이 안전하다.

정리해 보자. 부모님이 8년 이상 농사를 지었으며, 양도차익이 큰 농지를 농사짓지 않는 자녀들이 상속받을 때는 자녀들이 공동으로 상속받아 3년 이내에 양도하면 양도세를 절세할 수 있다. 또한 부모님 사망일로부터 15개월은 지난 후에 팔아야 상속세를 추가로 추징당할 위험이 없다.

9

CHAPTER

토지를 수용당한 경우, 공공의 필요에 따라 어쩔 수 없이 보상금을 받고 팔게 되는 것이므로 여러 세제혜택을 주고 있다. 9장에서는 토지가 수용된 경우 양도세나 취득세 감면을 받기 위한 요건을 알아보고, 토지 보상자들이 조심해야 하는 세무조사 대비법을 살펴보자.

토지 수용과 세금

01
수용토지와 집, 양도세 3가지 질문

수용토지, 양도세 얼마나 감면될까?

"경기도에 토지를 가지고 있는데, 이번에 공공주택지구로 개발되면서 수용당하게 되었습니다. 이처럼 토지를 강제로 수용당해도 양도세를 내야 하나요?"

국가나 지방자치단체, 또는 공공단체가 공공 목적을 위해 내 의사와 상관없이 강제로 토지를 수용한 경우에도 양도차익이 있다면 양도세를 내야 한다. 부동산을 국가 등에 팔고 '보상금'이라는 대가를 받은 유상 양도이기 때문이다. 하지만 공익사업 때문에 어쩔 수 없이 팔게 된 점을 감안해서 양도세 일부를 감면해 준다. 감면을 받으려면 몇 가지 조건이 있다,

① 수용되는 토지의 사업인정 고시일•로부터 2년 전에 취득한 토지여야 한다.

• 사업인정 고시는 국토교통부 장관이 도로 또는 택지 조성 등의 공익사업 시행 여부를 심사한 후, 사업시행 인정 사실을 주요 일간지에 고시하는 것을 말한다.

② 2026년 12월 31일 이전에 양도함으로써 발생하는 소득에 한한다. 조특법에는 언제까지 감면을 해준다는 일몰규정을 두고 있는데, 수용에 대한 양도세 감면의 일몰기한은 2026년 말이다.

사실 일몰규정은 연장되는 경우도 많다.

③ 보상금을 현금으로 받느냐, 채권으로 받느냐에 따라 양도세 감면율이 다르다.

현금보상은 양도세의 10%, 채권으로 보상받는 부분은 15%를 감면해 준다. 3년 또는 5년 만기 보유 특약•으로 감면받은 경우, 특약을 위반하면 즉시 감면받은 세액에서 양도세의 15%(5년 이상 만기는 25%)에 해당되는 금액을 징수한다.

• 채권으로 보상받을 경우, 3년 이상 만기 보유 특약 시 30%, 5년 이상 만기 보유 특약 시 40%를 감면해 준다.

④ 수용으로 인한 토지의 양도세 감면도 한도가 있다. 1년에 1억원, 5년간 2억원 한도 안에서 감면받을 수 있다.

⑤ 감면받은 세액의 20%는 농어촌특별세로 내야 한다.

질문 수용되는 토지의 양도세가 5억원이고 현금으로 보상을 받는다면, 양도세를 얼마나 감면받을 수 있을까?

수용토지의 양도세 감면은 1년에 1억원이 한도이다. 그리고 감면세액의 20%인 2,000만원을 농어촌특별세로 내야 한다. 따라서 감면으로 아낄 수 있는 세금은 최종적으로 8,000만원이다.

수용된 주택, 거주요건 못 채워도 비과세 될까?

질문 작년에 구입해서 살던 주택이 공익사업용으로 수용되었다. 아직 2년 거주요건을 못 채웠는데, 양도세 비과세를 받을 수 있을까?

사업인정 고시일 전에 취득한 주택 및 그 부수토지의 전부 또는 일부가 수용되는 경우, 보유 및 거주 기간에 상관없이 1세대 1주택 비과세를 받을 수 있다.*

• '공익사업을 위한 토지 등의 취득 및 보상에 관한 법률'에 의한 협의매수·수용 및 그밖의 법률에 의해서 수용된 경우에 적용된다.
이 규정은 양도일 또는 수용일부터 5년 이내에 양도하는 그 잔존주택 및 부수토지를 포함한다.

수용된 비사업용토지, 가산세율 적용될까?

질문 비사업용토지를 보유하고 있던 중 공익사업용으로 수용되었다. 비사업용토지는 양도세 세율이 10%P 가산되는데, 수용토지도 그럴까?

협의매수 또는 수용되는 토지는 비사업용토지라도 취득일이 사업인정 고시일부터 5년** 이전이면, 양도세가 중과되지 않고 기본세율로 적용된다.

•• 2021년 5월 4일 이후 사업인정 고시되는 경우에 적용된다.
2021년 5월 3일 이전이면 사업인정 고시일부터 2년이 적용된다.

02
대체취득 세제혜택 4가지 질문

보상금으로 인근 토지 매수, 취득세 비과세는?

"농지를 수용당하고 받은 보상금으로 근처의 다른 농지를 사려고 합니다. 취득세를 면제받을 수 있는 요건은 무엇인가요?"

국가에 토지를 수용당해서 강제로 팔게 된 사람이 다른 부동산을 취득하는 경우를 '대체취득'이라고 한다. 대체취득의 경우 취득세를 면제받을 수 있다. 단, 토지와 소유자가 다음의 요건을 갖추어야 한다.

① 사업인정 고시일 또는 계약일 현재 1년 전부터 계속하여 해당 소재지에 주민등록을 두고 사실상 거주해야 한다.

② 수용된 토지의 계약일 또는 사업인정 고시일 이후에 대체취득할 부동산의 계약을 체결하거나 건축허가를 받아야 한다.

③ 보상금의 잔금을 받은 날(채권 수령 시 채권 만료일)부터 1년(농지는 2년) 이내에 대체 부동산의 취득을 완료해야 한다.•

• 분양받는 경우에는 분양계약을 체결하면 된다.

④ 대체취득 하는 부동산은 농지 또는 농지 외에 따라 다음의 지역에 있어야 한다.

농지 외의 부동산은 수용된 부동산 등이 있는 지역, 또는 인

접하는 지역이어야 한다. 다만, 소득세법에 따른 지정지역은 제외한다. 반면 농지는 소득세법에 따른 지정지역만 제외한다.

위의 4가지 요건들을 다 갖추면, 대체취득을 할 때 취득세를 면제받는다. 하지만 한도가 있다. 종전 부동산 등의 가액 합계액까지만 면제받을 수 있고, 초과하는 금액에 대해서는 취득세를 부과한다. 또한 별장, 골프장, 고급주택, 고급 오락장 등 사치성 재산을 대체취득 하는 경우에는 취득세를 면제해 주지 않는다.

대토보상 특례는 어떻게?

질문 토지가 수용당하게 되어 다른 지역의 토지(대토)로 보상을 받으려고 한다. 양도세 혜택을 받으려면 어떤 요건을 갖추어야 할까?

토지가 국가에 강제로 수용당하면서 현금 또는 채권 대신 토지로 보상받는 경우를 '대토보상'이라고 한다. '대토받은 토지에 해당하는 양도세의 40%(2020년 1월 1일 이후 양도분부터임, 2019년 12월 31일까지 양도분은 15%) 세액 감면', '양도세 과세이연' 둘 중 하나를 선택할 수 있다. 이 또한 강제수용에 따른 불이익을 주지 않기 위해서이다. 과세이연이란 양도세를 이번에 내지 않고, 대토 받은 토지를 팔 때 내는 것을 말한다.

대토보상 특례를 받으려면 다음의 요건을 갖추어야 한다.

① 수용당한 토지의 취득일이 사업인정 고시일 2년 이전이어야 한다.
② 대토보상 특례의 일몰기한은 2026년 12월 31일이다. 따라서 그 이전에 공익사업의 시행자에게 양도하는 것에 한해 특례가 적용된다.
③ 대토보상으로 새롭게 취득하는 토지의 등기부등본에 '토지에 관한 소유권 이전 등기'의 등기원인이 대토보상으로 기재되어야 한다.

단, 대토를 소유권 이전 등기를 완료한 후 3년 이내에 양도하면, 감면 또는 과세이연을 받은 세액을 추징당하며, 아울러 이자상당액까지 추가로 내야 하니 주의해야 한다.

농지를 대토로 받을 경우 양도세 혜택 더 크다

"직접 짓던 농지가 수용당해서 다른 농지로 대토를 받으려고 합니다. 양도세 감면혜택이 더 크다고 들었는데, 사실인가요?"

이런 질문을 받은 적이 더러 있다.

근처에서 4년 이상 살면서 직접 지은 농지라면 양도세 감면혜택이 더 크다. 종전 농지가 국가에 수용되고, 양도일로부터 2년 이내에 다시 새로운 농지를 취득(대토)할 경우, 1억원 한도 내에서 양도세를 100% 감면받을 수 있다.

이때 새로 취득하는 농지의 면적은 수용당한 농지면적의 2/3

이상, 또는 농지가액이 종전 농지가액의 1/2 이상이어야 한다. 또한 종전 농지의 경작기간과 새로운 농지를 취득하고 계속하여 거주하면서 자경한 기간을 합산하여 8년 이상이어야 혜택을 받을 수 있다.

보상에 이의신청을 한 경우는?

질문 토지보상이 확정되었는데, 보상금에 합의할 수 없어서 이의신청을 했다. 현재 보상금이 공탁되어 있는 상태이다. 이 경우 양도세를 신고하지 않아도 될까?

수용 보상금에 이의가 없는 경우, 수용토지의 양도일은 보상금 수령일이 된다. 하지만 보상금이 지나치게 낮다고 생각하는 경우에는 합의하지 않고, 수용재결이나 이의신청 또는 행정소송 절차를 밟게 된다.

만약 아직 협의가 안 되었지만 보상금에 대한 협의, 재결보상금 및 공탁금을 이의 없이 수령한 경우에는 수용토지의 양도일은 공탁일이 된다.

하지만 재결에 불복하여 이의신청 또는 행정소송을 하여 토지보상금이 바뀐 경우, 수용토지의 양도일은 변동 보상금 확정일과 소유권 이전 등기 접수일 중 빠른 날이 된다. 따라서 변동 보상금이 확정되기 전에 소유권 이전 등기를 했다면, 보상금을 공탁해 둔 상태로 받지 않았더라도 등기접수일이 속하는 달의 말일부터

2개월 이내에 양도세를 신고·납부해야 한다. 나중에 보상금이 바뀌면 수정신고를 해서 추가로 납부하면 된다.

수용토지 핵심 절세 체크리스트

① 사업인정 고시일 전에 취득한 주택은 보유 및 거주 기간에 관계없이 1세대 1주택 비과세를 받을 수 있다.

② 사업인정 고시일 5년* 이전에 취득한 토지는 비사업용토지로 보지 않는다. 즉, 양도세에 가산세율이 붙지 않으며 기본세율로 과세된다.

③ 대체취득 시 취득세 감면을 받을 수 있다. 단, 사업인정 고시일 1년 전부터 계속 해당 주소지에 주민등록을 두고 사실상 거주해야 한다.

④ 대토보상 감면을 받기 위해서는 사업인정 고시일 2년 이전에 취득한 토지여야 한다.

• 사업인정 고시일이 2021년 5월 3일 이전이면 '2년' 적용

03

거액 보상금, 세무조사에 대비하는 법

사례 L씨는 30년 이상 보유한 평택 땅이 수용되어 30억원의 보상금을 받았다. 큰돈이 생기자 자식들 살림에 보태주고 싶은 마음에 집을 사라고 몇 억원씩 나눠 줄 생각이다. 그런데 토지보상을 같이 받은 이웃집 친구가 세무조사를 받을 가능성이 크다며 조심하라는 이야기를 해주었다. 어떻게 대비하면 될까?

보상금 증여신고 없이 주면 위험하다

국세청은 사업시행자로부터 토지 보상금 관련 자료를 받아 보상금 수령자 및 그 가족의 부동산 거래내역을 상시 점검한다. 편법증여 여부를 조사하기 위해서이다. 탈세 혐의가 나오면 과거 5년간의 부동산 거래내역에 대해 자금출처를 조사하고 증여세 등 탈루 세액을 추징한다. 따라서 L씨가 거액의 보상금으로 증여신고 없이 수억원씩 나누어 주고, 자녀들이 그 돈으로 집을 사는 것은 위험천만한 일이다. 자녀들에게 목돈을 줄 때는 증여신고를 해서 적법한 증빙을 남겨두는 것이 나중에 세무조사로 인한 막대한 가산세를 아끼는 길이다.

거액 보상금 받은 부모님, 사용증빙이 필요하다

부모님이 사망일로부터 1년 안에 보상금을 2억원 이상 받았거나, 2년 이내에 5억원 이상을 받은 경우, 상속인들이 부모님이 보상금을 어떻게 사용했는지 입증해야 한다. 만약 부모님의 보상금 사용처를 입증하지 못하면, 국세청은 입증 못한 금액 정도를 상속재산으로 추정한다.

질문 J씨의 아버지는 30억원의 보상금을 받고 1년 후 사망했다. 그런데 사망일 현재 남은 현금은 10억원이었다. 이 경우 상속재산으로 10억원만 신고하면 될까?

이런 경우에 상속인들은 사라진 20억원을 부모님이 어디에 사용했는지 입증해야 한다. 만약 입증하지 못하면 국세청은 사라진 20억원에서 2억원을 차감한 18억원을 상속재산으로 추정한다. 결과적으로 국세청은 28억원(남은 현금 10억원 + 18억원)을 상속재산으로 보고 상속세를 과세한다.

따라서 부모님의 토지가 수용되어 거액 보상금을 받았다면, 실제로 부모님이 사용한 금액의 증빙을 꼼꼼히 챙겨두어야 한다. 그래야 나중에 억울하게 세금을 더 내는 일이 없을 것이다.

특집 1

법인에 대한 과세

다주택자에 대한 양도세 중과, 종부세 강화에 따라 한때 법인 설립이 유행했다. 그러자 2020년 6.17 부동산 대책에서 법인에 대한 과세를 대폭 강화했다가 일부 완화되었다.

1. 법인이 주택 보유 시 종부세

법인이 주택을 보유하면 기본공제 9억원을 공제받을 수 없고 전년도 대비 일정금액 이상 올리지 못하게 하는 세부담상한도 적용받을 수 없다. 세율은 2주택 이하이면 2.7%, 3주택 이상인 경우 5% 세율로 과세된다.

다만, 공공주택사업자 등·법인에 대한 종부세율은 보유 주택 수에 관계없이 기본 누진세율(0.5~2.7%)을 적용받고, 기본공제와 세부담상한도 적용받을 수 있다.

2. 양도세 세율

법인이 주택을 양도할 때 양도세 추가세율도 인상되었다. 기존에는 주택의 양도소득에 대해서는 법인세가 10%P 추가되었지만, 2021년 1월 1일 이후부터는 20%P가 추가되고, 양도대상도 주택과 별장에서 입주권과 분양권도 추가되었다.

3. 취득세율

2020년 8월 12일 이후부터 법인이 주택을 취득하는 경우 취득세가 12% 세율로 중과된다. 다만, 공시가격 1억원 이하 주택(정비구역 사업시행구역 소재 주택 제외) 및 가정어린이집 등은 제외된다.

4. 초과배당 증여세

법인의 최대주주가 배당을 포기해서 자녀 등 특수관계인이 초과배당을 받는 경우, 종전에는 소득세와 증여세를 비교하여 소득세가 더 크면 소득세만 과세되고 증여세는 과세되지 않았다. 여기에서 '최대주주'란 주주 등 1인과 그 특수관계인의 보유주식 등의 합계가 가장 많은 경우, 해당 주주와 그의 특수관계인 모두를 말한다. 하지만 2021년 1월 1일 이후부터는 초과배당을 받으면, 초과배당을 받은 금액에서 초과배당에 대해 낸 소득세만큼을 차감한 금액에 대해서 증여세도 과세된다.

5. 현물출자 법인전환 시 취득세 감면 배제

부동산 소유를 개인에서 법인으로 바꾸어 세부담을 회피하는 것을 방지하기 위해 법인 전환 시 취득세 감면혜택을 제한했다. 2020년 8월 12일 이후부터는 부동산 매매·임대업 법인은 현물출자에 따른 취득세 감면혜택(75%)을 받을 수 없다.

특집 2

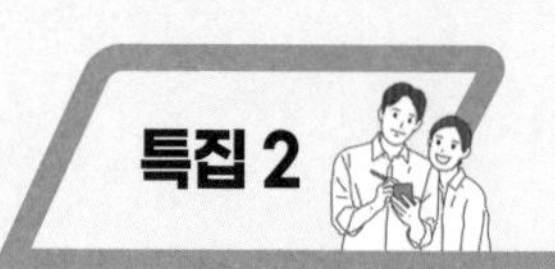

해외 부동산과 세금

2008년 외국환거래법에서 투자 목적의 해외 부동산 취득금액에 대한 제한이 폐지되었다. 이후 고액 자산가를 중심으로 해외 부동산에 대한 관심이 계속 늘어나고 있다. 해외 부동산은 살 때부터 팔 때까지 모두 세무 신고를 반드시 해야 한다. 그런데 해외라는 이유로 잘 알지 못해서 세무 신고를 누락하다가 나중에 가산세 및 과태료까지 내야 하는 경우를 자주 본다. 국세청은 특히 역외탈세를 면밀히 보고 있음을 기억하자.

해외 부동산 취득, 세금신고를 어떻게 할까?

해외 부동산을 살 때, 우리나라에서는 취득세를 낼 필요가 없다. 현지에서 관련 세금을 내면 된다. 하지만 자금출처가 없는 자녀 명의로 해외 부동산을 사는 경우는 증여로 보기 때문에, 사전에 증여세 신고를 하는 등 자금출처를 마련해 놓아야 한다.

또한 2억원 이상의 해외 부동산을 살 때는 다음을 챙겨야 한다.

① 거주지 관할 세무서에 '해외 부동산 취득·투자운용 및 처분 명세서'를 제출해야 한다.

② 부동산을 살 돈을 송금한 후 3개월 이내에 지정거래 외국환은행에 '해외 부동산 취득 보고서'를 제출해야 한다(외국환거래법).

③ 해외 부동산을 사기 위해 외화를 송금할 때는 세무서에서 '납세증명서'를 발급받아 외국환은행에 제출해야 한다.

해외 부동산 보유, 어떤 세금이 있을까?

해외 부동산의 경우 재산세·종부세 등 보유세를 우리나라에서 낼 필요가 없다. 현지에만 내면 된다. 하지만 임대수입이 생기면, 5월 종소세 신고기간에 다른 소득과 합산하여 신고·납부해야 한다. 이때 현지에서 납부한 소득세가 있다면, 외국납부 세액공제나 필요경비로 빼준다. 2억원 이상 해외 부동산의 경우 보유기간 동안 매년 6월까지 관할 세무서에 '해외 부동산 취득·투자운용 및 처분 명세서'를 제출해야 한다.

해외 부동산 양도, 어떤 세금을 낼까?

해외 부동산을 파는 날까지 국내에 5년 이상 계속 주소를 두었거나 실제 살아온 거주자라면, 해외 부동산에 대해 양도세를 내야 한다. 해외 부동산은 1세대 1주택 비과세가 해당되지 않는다. 다만, 다주택자 중과를 판단할 때 '주택 수'에 포함되지 않아 기본세율로 과세된다. 하지만 매도 시 다른 점도 있다.

① 보유기간에 따른 장기보유특별공제를 해주지 않는다.

② 국내 부동산과 해외 부동산을 같은 해에 양도했더라도 양도소득이 합산되지 않는다. 단, 다른 해외 부동산의 양도차익과만 합산해 준다.

③ 현지에서 양도세를 냈다면 외국납부 세액공제 또는 필요경비로 공제받을 수 있다. 2억원 이상의 해외 부동산이라면 '해외 부동산 취득·투자운용 및 처분 명세서'를 함께 제출해야 한다.

④ 해외 부동산을 처분한 3개월 이내에 '해외 부동산 처분 보고서'를 지정 외국환은행에 제출해야 한다.

해외 부동산 미신고, 어떻게 될까?

해외 부동산을 살 때, 보유할 때, 팔 때, 그리고 임대소득이 생겼을 때 신고를 하지 않으면 과태료가 부과된다. 따라서 '해외 부동산 취득·투자운용 및 처분 명세서'를 반드시 기간 내에 제출해야 한다. 2022년 1월 1일 이후 자료 제출분부터는 보유 시 보유명세서 제출도 의무화되었다.

해외 부동산 미신고 과태료(국제조세조정에 관한 법률)

구분	서류	신고기한	미신고 과태료
취득	해외부동산 등 명세서	취득한 다음해 6월까지	취득가액의 10%
임대소득	해외부동산 등 명세서	임대소득 발생한 다음해 6월까지	임대소득의 10%
보유 시	해외부동산 등 명세서	다음해 6월까지	취득가액의 10%•
처분	해외부동산 등 명세서	처분한 다음해 6월까지	처분가액의 10%

* 과태료 한도: 1억원

해외 부동산 세금 신고, 환율은 어떻게 환산할까?

해외 부동산의 양도세 신고서를 작성할 때는 현지 통화를 원화로 환산한 금액으로 작성해야 한다. 달러 등의 외화는 수령하거나 지급한 날의 기준환율•• 또는 재정환율을 적용하여 원화로 환산해 신고한다.

• 과태료는 2023년 1월 1일 이후 자료제출 불이행 분부터 적용

•• 기준환율은 미국 달러의 매매기준율을 말한다. 재정환율은 미국 달러 외의 모든 통화에 적용되는 환율로서 유로화, 엔화, 위안화는 재정환율을 사용한다. 기준환율과 재정환율은 금융결제원 산하 서울외국환중개 사이트(www.smbs.biz)에서 조회할 수 있다.

해외부동산 신고절차

출처: 국세청

은행 절차	세무 절차
해외 부동산 취득 계약	※신고·수리를 위한 서류 준비
해외 부동산 취득 신고·수리 (외국환 거래은행 전 영업점)	※해외 부동산 취득 신고 수리는 외국환 거래은행 한 곳만을 지정하여 거래해야 하며, 사후관리도 지정거래 외국환은행을 통해서 해야 한다(신고 수리은행의 영업점).
취득자금 송금 후 3개월 이내에 '취득 보고서' 제출 (지정거래 외국환은행)	※취득대금 해외송금 시 납세증명서(전국 세무서 발급) 제출(지정거래 외국환은행 영업점) • 취득 다음해 종합소득세 확정신고 기간 중 '해외 부동산 취득 및 투자운용(임대) 명세서'를 주소지 관할 세무서에 제출
신고 수리 후 일정 시점마다 사후관리 서류 제출 (지정거래 외국환은행)	※해외 부동산 임대소득에 대해 다음 연도 종합소득세 확정신고 기간 중 종합소득세 신고 납부 • '해외부동산 취득 및 투자운용(임대) 명세서'를 주소지 관할 세무서에 함께 제출
해외 부동산 처분 (양도) 처분 후 3개월 이내(수령시점)에 '처분 보고서' 제출 (지정거래 외국환은행)	※해외 부동산 처분(양도)한 달의 말일부터 2개월 이내에 부동산 양도세 예정 신고·납부 ※처분 다음해 종합소득세 확정신고 기간 중에, 주소지 관할 세무서에 부동산 양도세 확정신고·납부(주소지 관할세무서)

부동산 시장의 흐름과 세금정책

– 정부의 세금정책에 올라타는 법

정부는 주택경기를 조절하는 핵심 카드 중 하나로 세금정책을 활용한다. 주택경기가 활황일 때와 침체일 때 쓰는 세금정책은 어느 정도 정형화되어 있다.

부동산 시장 과열 때의 5가지 세금정책

1 1세대 1주택 비과세 실거주 요건 강화

주택경기가 과열되고 아파트 가격이 계속 급등하면, 실거주가 아닌 투기 목적으로 주택을 사는 것을 강력하게 규제한다. 2017년 주택가격이 크게 오르자, 8.2 부동산 대책에서 조정대상지역 내에서 새로 취득하는 주택은 2년을 실거주해야 1세대 1주택 비과세 혜택을 받을 수 있다는 조항을 추가했다.

2 일시적 2주택자 종전주택 처분기간 축소

주택경기가 과열되자 2018년 9.13 부동산 대책으로 조정대상지역에서 새로운 주택을 산 일시적 2주택자의 경우, 1세대 1주택 비과세를 받을 수 있는 종전주택 처분기간을 3년에서 2년으로 줄였다.

그래도 주택경기 과열이 계속되자, 2019년 12.16 부동산 대책에서 조정대상지역 일시적 2주택자의 종전주택 처분기간을 2년에서 1년으로 줄였다. 여기에 전입요건도 추가했다.

- 2022년 5월 10일 이후 양도분부터는 일시적 2주택자의 종전주택 처분기간을 2년으로 늘리고 전입요건은 폐지했다.
- 2023년 1월 12일 이후 양도분부터는 조정대상지역의 일시적 2주택자의 종전주택 처분기간을 3년으로 늘렸다.

3 1세대 1주택 장기보유특별공제율 실거주 요건 강화

과거 주택경기가 과열되자 1세대 1주택을 대상으로 한 장기보유특별공제율의 실거주 요건을 강화했다. 2021년 1월 1일 이후 양도분부터는 실거주 요건을 강화해 장기보유특별공제율을 보유 및 거주 기간에 따라 각각 연 4%씩 적용했다.

4 다주택자 최종주택 비과세 요건 강화

(2022년 5월 10일 이후 양도분부터 폐지)

과거에는 다주택자가 다른 집들을 모두 양도한 후 남은 최종주택의 경우, 양도일 현재 1주택이라면 언제 팔아도 1세대 1주택 비과세를 받을 수 있었다. 하지만 2021년 1월 1일 이후 다주택자는 다른 집을 모두 판 날로부터 2년 이상 보유 및 거주한 후에 팔아야 비과세를 받을 수 있게 했다. 과열된 주택경기를 잡겠다는 지난 정부의 의지가 그만큼 컸다고 볼 수 있다. 이 또한 9.13 부동산 대책에서 새롭게 등장한 규제정책이다.

- 시행령 개정으로 다주택자의 최종주택도 2022년 5월 10일 이후 양도분부터는 해당 주택의 취득일부터 양도일까지의 보유 및 거주 기간을 계산해 1세대 1주택 비과세를 적용한다.

5	다주택자 양도세, 종부세, 취득세 중과 규제정책 발표

과거 주택경기가 과열되자 다주택자는 주택 수에 따라 양도세 세율을 중과하며, 종부세 세율도 가산세율을 적용했다. 또한 조정대상지역에서 2주택 이상을 취득하는 경우 취득세에 중과세율을 적용했다.

- 한시적 유예기간(2022년 5월 10일~2025년 5월 9일)에는 양도세가 중과되지 않는다.
- 2023년 종부세부터 기본공제를 6억원에서 9억원으로 상향하고 세율을 인하했다.

부동산 시장 침체 때 6가지 세금정책

부동산 시장이 너무 침체되면 국가 경제 전반에 걸쳐 악영향을 주므로, 정부는 주택경기를 부양하기 위해 주택경기 안정화 정책을 발표한다.

1	1세대 1주택 비과세 요건 완화
2	• 조정대상지역의 실거주 요건 해제 • 조정대상지역 해제
3	일시적 2주택자의 종전주택 처분기간 완화
4	다주택자 양도세 중과 종부세 중과 유예 또는 해제
5	조특법에서 미분양주택 특례나 신축주택 감면 신설
6	취득세 감면 카드

정부정책에 올라타는 똑똑한 투자자들

부동산 침체기, 정부의 세금정책에 올라탄 사람들

정부가 세제혜택을 발표하면, 부동산 시장이 바닥임을 확인하고 주택을 사들이는 경우도 있다. 2013년 주택경기 침체가 계속되자, 정부가 양도세 감면 혜택을 발표했을 때 발빠르게 아파트를 산 사람들이 그 예이다. 이때 양도세 감면 혜택이 있는 아파트를 산 사람들은 후에 집값이 무려 10억원 넘게 올랐는데도, 1세대 2주택임에도 불구하고 양도세를 한푼도 안 내도 되었다(농어촌특별세만 냄).

부동산 상승기, 집값 안정화 정책에 발빠르게 대응하는 사람들

한편 2017년과 2018년에 걸쳐 다주택자 중과가 실시되자, 다주택자들은 세금을 줄이기 위한 방안을 적극적으로 모색했다. 이는 다양한 형태의 거래건수와 통계로도 확인할 수 있다.

① 2018년 자녀에게 주택을 증여한 건수가 역대 최고치를 기록했다. 다주택자의 양도세 부담이 커지자, 주택을 파는 대신 자녀에게 증여하는 것을 선택한 것이다.

② 임대주택 등록 건수도 역대 최대를 기록했다.
정부가 주택시장 안정을 위해 임대주택 카드를 많이 활용하여, 임대주택으로 등록하면 양도세를 중과하지 않고 종부세 비과세 혜택을 주자(2018년 9.13 부동산 대책으로 1주택 이상자가 조정대상지역 내 주택을 추가 취득 시 양도세 중과배제 및 종부세 세제혜택은 종료됨), 2018년 3월 임대주택 등록 건수는 사상 최대를 기록했고, 2019년 2월 등록된 임대사업자는 총 41만 8,000명, 임대주택은 총 138만 8,000채로 증가했다. 다주택자들이 정부의 세금정책을 얼마나 잘 이해하고 발빠르게 움직이는지를 확인할 수 있는 대목이다.

③ 국세청은 그동안 과세 사각지대에 있었던 주택 임대수입에 대한 소득세도 철저히 과세하겠다는 입장을 발표했다.

④ 주택 임대수입에 대한 소득세를 철저하게 과세하게 되면 건강보험료 부담도 늘어나게 된다. 이것은 사람들이 주택 수를 더 이상 늘리는 것을 주저하게 되는 원인이 되기도 한다.

⑤ 이에 따라 시장에서는 '똘똘한 한 채'라는 말이 등장했다. 집을 여러 채를 가지고 있어서 세금을 두들겨 맞느니, 똘똘한 한 채를 붙잡자는 사고의 전환이 일어난 것이다.

부동산 세금은 주택경기에 후행적이다. 주택경기가 잔뜩 과열되었을 때, 또는 침체되었을 때, 앞에서 소개한 세금정책들이 나온다. 그래서 세금을 보고 주택경기를 예단할 수는 없다.

또한 시장은 정부가 정책을 쓰는 방향으로 항상 움직이는 것이 아니다. 하지만 정부가 강력한 세금규제 정책을 쓸 때는 투자를 한 템포 쉬어가며 추이를 지켜보는 것도 좋다. 반면, 정부가 주택 구입에 세제혜택을 준다고 발표할 때는 이것을 유리하게 활용하는 것이 좋다. 또한 항상 그런 것은 아니지만, 어떤 경우에는 '지금이 주택경기의 바닥'이라는 시그널일 수도 있으니 투자에 나서는 것을 고려해 볼 수도 있을 것이다.